교단에 서는 첫걸음

알아야 할 모든 교직실무

정주영 · 홍광표 · 이미화

교육과학사

머리말

교육은 인류의 발전을 이끌어 온 가장 중요한 동력 중 하나입니다. 교육을 통해 사람들은 자신의 잠재력을 깨닫고, 더 나아가 사회와 문명을 발전시키는 데 기여해 왔습니다. 오늘날의 교사는 단순히 지식을 전달하는 역할을 넘어, 미래 사회를 준비하는 학생들의 길잡이로서 중요한 역할을 담당하고 있습니다. 이러한 교사의 역할을 효과적으로 수행하기 위해서는 탄탄한 이론적 지식과 더불어 실질적인 교직 실무에 대한 깊이 있는 이해가 필수적입니다.

이 책, 『교단에 서는 첫걸음: 알아야 할 모든 교직실무』는 예비 교원들이 교육 현장에서 마주하게 될 다양한 상황에 효과적으로 대응할 수 있도록 돕기 위해 집필되었습니다. 본 교재는 총 3개의 부와 13장으로 구성되어 있으며, 각 부는 교직 실무의 중요한 측면들을 체계적으로 다루고 있습니다.

제1부에서는 교직을 이해하기 위한 일반적인 내용을 다룹니다. 예비 교원들이 교직에 임하는 데 필요한 기본적인 교육의 개념과 윤리, 교원복무 및 교원 인사 그리고 교권보호와 교육실습 등 교직을 이해할 수 있도록 돕습니다. 제1장은 교육의 개념과 본질을 다루며, 교육이란 무엇인지, 그 목적과 역할은 무엇인지를 탐구합니다. 이어지는 제2장에서는 교원의 윤리와 복무에 대해 심도 있게 논의하며, 교사로서 지켜야 할 윤리적 책임과 복무규정에 대해 다룹니다. 제3장은 교직의 본질과 교사의 역할에 대한 깊이 있는 이해를 바탕으로, 현대 사회에서 요구되는 교직관과 아울러 교원 인사 제도의 핵심 요소들을 살펴볼 것입니다. 제4장은 교원능력개발평가와 수업컨설팅을 다루며, 이를 통해 끊임없는 자기개발과 전문성 향상의 중요성을 인식할 것입니다. 제5장은 교권보호의 중요성과 구체적인 방안, 그리고 교원단체의 역할과 기능에 대해 살펴볼 것입니다. 제6장은 교사로서의 정체성 확립과 교육의 사회적 책임감에 대해 이해할 수 있도록 교육실습과 교원자격무시험검정을 다룰 것입니다.

제2부는 교직 실무의 실제적인 측면을 중점적으로 다룹니다. 예비 교원들이 교육 현장에서 실질적으로 수행해야 할 학생과 교과 관련한 수업이론, 교육과정 및 평가, 디지

털교육과 혁신적 교수법에 대해 다룹니다. 제7장에서는 행동주의, 인지주의, 구성주의 수업이론과 마이크로티칭을 다룹니다. 제8장에서는 교육과정의 기본 개념, 구성 요소, 한국 교육과정의 변천 과정과 2022 개정 교육과정 그리고 학교 교육과정의 편성·운영에 대해 살펴봅니다. 제9장에서는 디지털 시대의 교육 환경 변화와 그에 따른 디지털 리터러시 교육 그리고 에듀테크(EdTech)와 AI 기반 교육에 대해 다룰 것입니다. 제10장에서는 디지털 기술의 발전에 따른 주요 학습자 중심 교육방법에 대해 살펴볼 것입니다.

제3부는 학교 행정을 이해하기 위한 내용으로 구성되었습니다. 제11장은 학교업무와 학사운영의 주요 요소와 역할 그리고 이를 효율적으로 관리하기 위한 방법을 살펴볼 것입니다. 제12장은 학교안전사고와 학교폭력예방의 중요성을 강조하고, 이를 위한 체계적이고 효과적인 방안을 제시합니다. 마지막 제13장은 학교 업무관리와 학교 회계라는 두 가지 핵심적인 영역을 심도 있게 다룰 것입니다.

본 교재는 예비 교원들이 교직에 임할 때 필요한 이론적 기반과 실무적 지식을 종합적으로 제공하여, 자신감 있게 교단에 서도록 돕기 위해 기획되었습니다. 이 책을 통해 예비 교원들이 교사의 역할을 깊이 이해하고, 학생들의 성장과 발전에 기여하는 훌륭한 교육자로 성장하기를 바랍니다.

마지막으로, 좋은 책이 될 수 있도록 물심양면으로 지원하신 교육과학사의 한정주 사장님과 늘 편안하게 지원 및 격려해 주신 이주표 부장님 그리고 멋지게 편집해 주신 이정호 실장님과 편집 디자이너분들의 헌신에 깊은 감사를 드립니다.

2024년 9월 동의대 엄광산 자락에서

저자 일동

목 차

제2부_학생과 교과에 대한 이해

제3부_학교 행정에 대한 이해

제 1 부

교직의 이해

제1장

교육의 개념

인간의 잠재력을 일깨우고 문명의 지평을 넓혀온 교육은 그 개념 속에 과거의 지혜와 미래의 희망을 동시에 담아내는 인류 진화의 근간이자 끊임없는 탐구의 대상이다. 인류 역사와 함께 발전해 온 교육은 개인의 성장과 사회의 진보를 이끄는 핵심 동력으로, 그 개념을 이해하는 것은 현대 사회에서 더욱 중요해지고 있다. 이에 본 장에서는 교육의 어원과 다양한 정의를 살펴보며, 교육의 구성요소를 분석할 것이다. 이를 통해 예비 교원들은 교육의 이론적 기반을 이해하고, 이를 실제 교실 상황에 어떻게 적용할 수 있을지 고민하게 될 것이다. 또한, 급변하는 현대 사회에서 교육의 역할과 책임에 대해 논의하며, 미래 교육자로서의 역량을 함양하는 데 필요한 통찰을 제공하고자 한다.

1. 교육의 개념

가. 교육의 어원

교육(教育)이라는 한자어가 처음 등장한 문헌은 『맹자(孟子)』이다. 『맹자(孟子)』의 진심장(盡心章) 상(上)편에는 군자의 세 가지 즐거움이 있는데, 세 번째 즐거움으로 得天下英才而教育之三樂也(득천하영재이교육지삼락야)가 제시되어 있다. 즉, 군자의 세 번째 즐거움은 '천하의 영재를 얻어 교육하는 것이다'인데 여기서 처음으로 교육이라는 단어가 등장하고 있다(정주영, 천정미, 2022).

〈표 1-1〉 교육의 어원적 의미

구분	어원적 의미
동양	• 가르칠 교(教)+기를 육(育) • 지식과 기술을 전수하는 것뿐만 아니라 인격을 형성하고 성장을 돕는 전인적인 과정
서양	• e(밖으로)+ducare(이끌어 내다) • 개인의 잠재력을 키우고 이끌어 내는 과정

교육(教育)이라는 단어는 동양과 서양에서 각각 다른 어원을 가지고 있다. 먼저, 동양적 의미를 살펴보면, 교육(教育)은 '가르칠 교(教)'와 '기를 육(育)'이라는 두 한자의 결합이다. '교(教)'는 윗사람이 아랫사람에게 지식이나 기술을 가르치는 것을 의미하고, '육(育)'은 자라나는 것을 돕고 양육한다는 뜻이다. 따라서 교육은 '가르치고 기른다'는 의미로, 지식과 기술을 전수하는 것뿐만 아니라 인격을 형성하고 성장을 돕는 전인적인 과정을 나타낸다. 다음으로 서양적 의미를 살펴보면, 영어의 'education'은 라틴어에서 유래했다. 'educare(bring up)'는 '기르다', '양육하다'라는 뜻으로, 주로 신체적 양육을 의미한다. 'educere(lead out, draw out)'는 '이끌어내다', '끌어올리다'라는 뜻으로, 잠재능력을 끌어내는 것을 의미한다. 이 두 단어의 의미를 종합하면, 즉, education은 e(밖으로)+ducare(이끌어 내다)의 합성어로서, '개인의 잠재력을 키우고 이끌어 내는 과정'으로 해석할 수 있다.

이러한 어원적 의미를 종합해 볼 때, 교육은 단순히 지식을 전달하는 것을 넘어서 개인의 전인적 성장과 잠재력 개발을 목표로 하는 포괄적인 과정임을 알 수 있다.

나. 교육의 비유

교육의 본질을 이해하는 것은 복잡하고 다면적인 과제이다. 이를 돕기 위해 인류는 오랫동안 다양한 비유를 활용해 왔다. 이러한 비유들은 단순히 교육을 설명하는 도구를 넘어, 각 시대와 문화가 교육을 어떻게 바라보았는지를 보여주는 창문이 된다. '정원사와 식물', '주형', '여행', '건축', '비계' 등의 비유는 각각 교육의 다른 측면을 강조하며, 교육의 목적, 교사와 학생의 역할, 학습 과정의 특성 등에 대한 우리의 이해를 풍부하게 한다. 이러한 비유들을 탐구함으로써, 우리는 교육의 복잡성을 더 깊이 이해하고, 현대 교육이 직면한 도전과 가능성을 새로운 시각에서 바라볼 수 있게 된다.

〈표 1-2〉 교육의 비유

비유	설명	특징	대표적 사상가
정원사	• 교사는 정원사, 학생은 꽃이나 나무 • 교사는 학생들이 아름답고 건강하게 성장하도록 지원	• 학생의 개별성을 존중하고, 잠재력을 끌어내는 데 도움 • 교사의 역할이 지나치게 강조될 수 있으며, 학생의 자율성의 제한 가능성 • 학생의 자연스러운 성장을 돕는 교사의 역할 강조	루소 피아제 프뢰벨
여행	• 교육은 탐험이나 여행 • 교사는 안내자 • 학생은 여행자	• 교육의 과정적 특성과 경험(호기심, 탐구 정신)의 중요성 강조 • 교육 과정이 방향성을 잃거나, 체계적인 학습이 어려울 수 있음	존 듀이 킬패트릭
주형	• 교육은 주형의 과정 • 교사는 주형이고, 학생은 쇳물이나 진흙 • 교사는 학생들을 원하는 형태로 만듦	• 명확한 교육 목표를 설정하고, 효율적인 교육을 제공하는 데 도움 • 학생의 창의성과 개성을 제한할 수 있으며, 권위적인 교육 방식으로 이어질 수 있음	플라톤 에밀 뒤르켐 코메니우스

비유	설명	특징	대표적 사상가
건축	• 교육은 건축 과정 • 교사는 건축가 • 학생은 건물	• 교육의 구조적, 체계적 특성을 강조하며, 교육과정을 설계하고 구현하는 과정을 건물을 설계하고 짓는 과정에 비유 • 지나치게 구조화된 접근이 유연성을 저해할 수 있음, 학습자의 자율성을 제한할 수 있음	캐롤 블룸
비계	• 교육은 건물을 짓는 과정 • 교사는 비계(scaffolding)를 설치하는 사람 • 학생은 건물을 짓는 사람	• 학습자의 현재 수준과 잠재적 발달 수준 사이의 간격을 메우는 일시적인 지원을 강조 • 개별 학습자의 수준에 맞는 맞춤형 지원 가능, 학습자의 자율성과 독립성 증진, 복잡한 과제를 관리 가능한 단계로 나누어 접근 가능 • 적절한 수준의 지원을 결정하는 것이 어려울 수 있음, 많은 시간과 노력이 필요한 접근 방식 • 개별화 학습, 협동 학습, 문제 기반 학습 등에서 활용 • 디지털 학습 환경에서의 적응형 학습 시스템 설계에 적용	비고츠키 브루너

교육의 비유들을 탐구하면서 우리는 교육의 다면적이고 복잡한 본질을 더욱 깊이 이해하게 되었다. 정원사와 식물, 여행, 주형, 건축, 비계 등의 비유들은 각각 교육의 특정 측면을 강조하며, 동시에 그 한계도 보여 준다. 이러한 비유들은 단순히 교육을 설명하는 도구를 넘어, 우리의 교육관과 실천에 깊은 영향을 미치고 있다. 그러나 우리는 어느 한 비유에 고착되지 않고, 이들을 비판적으로 검토하고 통합적으로 이해할 필요가 있다. 더불어, 급변하는 현대 사회에서 교육의 역할과 방식이 변화함에 따라, 새로운 비유의 창출과 기존 비유의 재해석도 요구된다. 궁극적으로, 이러한 비유들에 대한 깊이 있는 이해는 우리가 더 나은 교육의 미래를 그리고 실현하는 데 중요한 토대가 될 것이다.

다. 교육의 정의

교육의 개념을 정의하는 것은 교육학의 근본적인 과제 중 하나이다. 이는 단순히 학문적 호기심을 충족시키는 것을 넘어, 교육 실천의 방향과 목적을 설정하는 데 중요한 역할을 한다. 교육에 대한 정의는 시대와 문화, 그리고 학자들의 철학적 배경에 따라 다양하게 제시되어 왔다. 이러한 다양성은 교육의 복잡성과 다면성을 반영하며, 동시에 교육이 인간과 사회에 미치는 광범위한 영향력을 보여준다. 여기서는 교육의 본질에 대한 여러 학자들의 관점을 살펴봄으로써, 교육의 다차원적 성격을 이해하고 그 의미를 종합적으로 파악하고자 한다.

〈표 1-3〉 교육의 정의

정의	핵심 개념	제안자
인간 행동의 계획적 변화	• 의도성, 행동 변화	Good
경험의 계속적인 재구성	• 경험, 성장, 연속성	Dewey
바람직한 행동 변화를 위한 학습 경험의 총체	• 학습 경험, 행동 변화	Tyler
지식, 기능, 가치관의 전달 과정	• 지식 전수, 가치관 형성	Peters

1) 인간행동의 계획적 변화

카터 V. 굿(Carter V. Good)은 20세기 중반의 저명한 미국 교육학자로, 그의 교육 정의는 교육의 목적성과 과정적 특성을 강조한다. 이 정의의 핵심 요소들을 살펴보면 다음과 같다.

① 계획성

- 교육은 우연히 일어나는 것이 아닌 의도적이고 체계적인 과정
- 교육자는 명확한 목표와 전략을 가지고 교육 활동을 설계

② 행동 변화

- 교육의 궁극적 목표는 학습자의 행동을 변화시키는 것
- 여기서 '행동'은 단순한 외적 행동뿐만 아니라 사고방식, 가치관, 태도 등 내적

변화도 포함

③ 인간 중심

- 교육의 대상이 '인간'임을 명확히 하고 있음
- 인간의 고유한 특성과 잠재력을 고려한 교육 접근을 강조

④ 과정적 관점

- 교육을 일회성 사건이 아닌 지속적인 변화의 과정
- 단기적 성과보다는 장기적인 성장과 발전에 초점

⑤ 목표 지향성

- 교육은 특정한 목표를 향해 나아가는 과정
- 이 목표는 사회적으로 바람직하다고 여겨지는 방향성을 갖음

⑥ 평가의 중요성

- 행동 변화를 강조함으로써, 교육의 효과성을 측정하고 평가할 수 있는 기준을 제시

⑦ 교육자의 역할

- 교육자가 변화를 이끌어내는 적극적인 주체임을 암시
- 교육자는 학습자의 변화를 촉진하는 안내자이자 조력자 역할

굿의 정의는 교육의 실용적 측면을 강조하며, 특히 행동주의 심리학의 영향을 받았다. 그러나 이 관점은 때로 교육을 지나치게 기계적이고 선형적인 과정으로 볼 수 있다는 비판도 받는다. 또한, 개인의 내적 성장이나 창의성 등 쉽게 관찰되거나 측정되기 어려운 교육의 측면을 충분히 반영하지 못할 수 있다는 지적도 있다.

그럼에도 불구하고, 굿의 정의는 교육의 목적성과 체계성을 명확히 하고, 교육의 효과를 실제적인 변화로 연결 짓는다는 점에서 여전히 중요한 의미를 갖는다. 특히 교육과정 설계나 교육정책 수립 등 실제 교육 현장에서 유용한 관점을 제공하고 있다.

2) 경험의 계속적인 재구성

존 듀이(John Dewey)의 "경험의 계속적인 재구성"이라는 교육 정의는 20세기 교육 철학에 큰 영향을 미쳤다.

① 경험 중심 교육

- 듀이는 교육의 핵심을 '경험'으로 보고, 경험은 단순한 감각적 체험을 넘어 개인과 환경의 상호작용을 의미
- 학습자의 직접적이고 능동적인 경험을 통해 진정한 학습이 이루어진다고 주장

② 연속성의 원리

- 교육은 단절된 사건들의 연속이 아니라, 과거의 경험이 현재에 영향을 미치고 미래의 경험을 형성하는 연속적인 과정
- 이전 경험을 바탕으로 새로운 경험을 해석하고 의미를 부여하는 과정을 강조

③ 상호 작용의 원리

- 개인의 내적 조건(흥미, 필요, 기존 지식 등)과 외적 조건(환경, 교육적 자극 등)이 상호작용하며 경험이 형성
- 이 상호작용을 통해 개인과 환경 모두 변화

④ 성장으로서의 교육

- 듀이에게 교육의 목적은 더 많은 교육, 즉 지속적인 성장
- 경험의 재구성 과정을 통해 개인은 계속해서 성장하고 발전

⑤ 반성적 사고의 중요성

- 단순한 경험의 축적이 아닌, 경험에 대한 반성적 사고를 통해 의미를 구성하는 과정을 강조
- 이러한 반성적 사고는 문제 해결 능력과 비판적 사고력 발달에 기여

⑥ 민주주의와 교육

- 듀이는 교육을 통해 민주적 시민을 양성하고 사회의 민주적 가치를 실현할

수 있다고 믿음

- 학교를 작은 사회 공동체로 보고, 그 안에서의 경험을 통해 민주적 가치를 내면화할 수 있다고 주장

⑦ 교육과정의 유연성

- 고정된 교육과정보다는 학습자의 경험과 흥미에 기반한 유연한 교육과정을 주장
- 실생활과 연계된 문제 해결 중심의 학습을 강조

⑧ 교사의 역할

- 교사는 지식의 전달자가 아닌, 학습 환경을 조성하고 학생의 경험을 안내하는 조력자 역할
- 학생의 흥미와 필요를 파악하고 이를 바탕으로 의미 있는 교육적 경험을 제공

듀이의 정의는 전통적인 교육관에 대한 비판과 함께 진보주의 교육운동의 토대가 되었다. 그의 사상은 현대 교육에서 경험학습, 프로젝트 기반 학습, 문제 중심 학습 등 다양한 교육 방법의 이론적 기초가 되었다. 그러나 이 접근법은 때로 체계적인 지식 전달이 부족할 수 있다는 비판을 받기도 한다. 또한 모든 경험이 교육적인 것은 아니므로, 어떤 경험이 가치 있는 교육적 경험인지 판단하는 기준이 필요하다는 지적도 있다. 그럼에도 듀이의 "경험의 계속적인 재구성" 개념은 학습자 중심 교육, 평생학습, 그리고 교육의 사회적 역할에 대한 현대적 이해에 큰 영향을 미쳤다.

2. 교육의 구성요소와 역할

가. 교육의 구성요소

일반적으로 교육의 4요소는 교육환경, 교수자, 학습자, 교육과정으로 구분된다. 이 요소들은 교육 시스템의 핵심을 이루며 체제적인 접근(systems approach)을 통해 서

로 긴밀하게 상호작용하고 있다.

〈표 1-4〉 교육의 구성요소

구성 요소	설명
1. 교육환경	• 학습이 이루어지는 물리적, 심리적, 사회적 맥락
2. 교수자	• 교육을 계획하고 실행하는 주체
3. 학습자	• 교육의 대상이 되는 개인 또는 집단
4. 교육과정	• 교육 목표, 내용, 방법, 평가를 포함하는 종합적 계획

1) 교육환경

- 물리적 환경: 교실, 강의실, 온라인 플랫폼 등 학습이 실제로 일어나는 공간
- 심리적 환경: 학습 분위기, 동기부여, 스트레스 수준 등
- 사회적 환경: 학교 문화, 동료와의 관계, 교사-학생 관계 등
- 중요성: 적절한 교육환경은 학습 효과를 극대화하고 학습자의 참여를 촉진함

2) 교수자

- 역할: 지식 전달, 학습 촉진, 멘토링, 평가 등
- 자질: 전문성, 의사소통 능력, 학생에 대한 이해, 교수 기술 등
- 책임: 교육과정 설계, 학습 자료 개발, 학생 지도, 평가 실시 등
- 중요성: 교수자의 역량과 태도가 학습 효과에 직접적인 영향을 미침

3) 교수자

- 특성: 연령, 배경, 사전 지식, 학습 스타일, 동기 수준 등
- 역할: 적극적인 학습 참여, 자기주도적 학습, 동료 학습 등
- 발달 영역: 인지적, 정서적, 사회적, 신체적 발달
- 중요성: 학습자 중심 교육의 핵심으로, 개별화된 학습 경험 제공의 기준이 됨

4) 교육과정

- 교육 목표: 학습을 통해 달성하고자 하는 구체적인 성과
- 교육 내용: 학습해야 할 지식, 기술, 태도 등
- 교육 방법: 강의, 토론, 프로젝트 학습, 실험 등 다양한 교수-학습 전략
- 평가: 학습 성과를 측정하고 피드백을 제공하는 과정
- 중요성: 체계적이고 일관된 교육 경험을 제공하며, 교육의 질을 결정하는 중요한 요소임

이 네 가지 요소는 서로 밀접하게 연관되어 있으며, 효과적인 교육을 위해서는 이들 간의 조화로운 상호작용이 필요하다. 예를 들어, 교육과정은 학습자의 특성과 요구를 고려하여 설계되어야 하며, 교수자는 교육환경과 교육과정을 고려하여 적절한 교수 방법을 선택해야 하고, 교육환경은 교육과정의 효과적인 실행을 지원할 수 있도록 구성되어야 한다. 이러한 요소들의 균형 잡힌 고려와 통합이 양질의 교육을 제공하는 데 핵심적인 역할을 한다.

나. 현대사회에서 교육의 역할

교육은 인류 역사상 가장 강력한 변화의 도구 중 하나로 인식되어 왔다. 그러나 21세기에 들어서면서 교육의 역할과 의미는 그 어느 때보다 급격한 변화를 겪고 있다. 기술의 비약적인 발전, 글로벌화의 가속화, 사회 구조의 복잡화, 그리고 예측 불가능한 미래에 대한 불안 등이 교육에 새로운 도전과 기회를 제공하고 있다. 이제 교육은 단순히 지식을 전달하는 것을 넘어, 빠르게 변화하는 세계에 적응하고 이를 선도할 수 있는 인재를 양성해야 하는 막중한 책임을 지고 있다.

1) 지식과 기술의 전수

- 디지털 리터러시: 정보통신기술의 발달로 디지털 도구를 효과적으로 사용할 수

있는 능력이 필수
- STEAM 교육 강화: 과학, 기술, 공학, 예술, 수학 교육의 중요성이 더욱 부각
- 평생학습: 급변하는 사회에서 지속적인 학습과 재교육의 필요성이 증가

2) 비판적 사고와 창의성 개발

- 문제 해결 능력: 복잡한 현대사회의 문제들을 해결할 수 있는 능력을 키우는 것이 교육의 주요 목표
- 창의적 사고: 혁신과 창의성이 경쟁력의 핵심이 되면서, 창의적 사고를 키우는 교육이 강조
- 미디어 리터러시: 다양한 정보를 비판적으로 평가하고 활용할 수 있는 능력이 필요

3) 사회화와 시민성 교육

- 다문화 이해: 글로벌화된 사회에서 다양한 문화와 가치관을 이해하고 존중하는 태도를 기르는 것이 중요
- 민주시민 교육: 민주주의 사회의 구성원으로서 필요한 지식, 기능, 태도를 기르는 교육이 강조
- 윤리 교육: 기술 발전에 따른 새로운 윤리적 문제들에 대처할 수 있는 능력이 요구

4) 개인의 잠재력 개발과 자아실현

- 개별화 학습: 학습자 개개인의 특성과 요구에 맞는 맞춤형 교육이 강조
- 정서적 지능 개발: 자기 이해와 대인 관계 능력을 포함한 정서적 지능의 중요성이 부각
- 진로 교육: 빠르게 변화하는 직업 세계에 대응할 수 있는 진로 탐색과 설계 능력이 중요

5) 사회 변화의 동력

- 혁신의 원천: 새로운 지식과 기술의 창출을 통해 사회 혁신을 주도
- 사회 문제 해결: 교육을 통해 사회 문제에 대한 인식을 높이고 해결 방안을 모색
- 지속가능한 발전: 환경, 경제, 사회의 지속가능한 발전을 위한 교육의 역할이 강조

6) 글로벌 경쟁력 강화

- 국제화 교육: 글로벌 시대에 필요한 언어 능력, 문화 이해력 등을 키우는 교육이 강조
- 혁신 인재 양성: 4차 산업혁명 시대에 필요한 창의적, 융합적 인재를 양성하는 것이 교육의 주요 과제

현대사회에서 교육의 역할은 더욱 다양하고 복잡해지고 있다. 단순한 지식 전달을 넘어, 비판적 사고와 창의성 개발, 시민성 함양, 개인의 잠재력 개발, 사회 변화의 동력, 글로벌 경쟁력 강화 등 다양한 측면에서 중요한 역할을 수행하고 있다. 이러한 복합적인 역할을 효과적으로 수행하기 위해서는 교육 시스템의 지속적인 혁신과 발전이 필요하다.

생각해 볼 문제

1. 교육의 어원적 의미와 현대적 정의를 비교하고, 이를 바탕으로 현대사회에서 교육의 역할이 어떻게 변화했는지 생각해 봅시다. 특히 인공지능(AI) 기술 발전과 글로벌화가 이러한 변화에 미친 영향을 고려해 봅시다.
2. 교육의 4요소(교육환경, 교수자, 학습자, 교육과정) 중 두 가지를 선택하여, 이들이 현대사회의 요구에 맞춰 어떻게 변화해야 하는지 설명해 보세요. 이러한 변화가 교육의 전반적인 목표 달성에 어떤 영향을 미칠 수 있는지도 함께 고려해 봅시다.
3. 현대사회에서 교육의 역할 중 가장 중요하다고 생각하는 것을 하나 선택하고, 이를 효과적으로 수행하기 위해 교육의 구성요소들이 어떻게 조화를 이뤄야 하는지 제안해 봅시다.

학습활동

• 교육의 어원적 의미를 바탕으로 현대사회에 미친 영향을 적어봅시다.

구분	어원적 의미	현대사회에 미친 영향
동양		
서양		

• 교육의 4요소에 대해 설명해 봅시다.

구성요소	주요 내용

• 현대사회에서 교육의 역할을 설명해 봅시다.

현대사회에서 교육의 역할

제2장

교원윤리와 복무

교육은 우리 사회의 근간이며, 그 중심에는 교원이 있다. 교원의 윤리의식과 복무 자세는 단순히 개인의 문제를 넘어 교육의 질과 학생들의 미래에 직접적인 영향을 미친다. 본 장은 급변하는 사회 속에서 교원들이 직면하는 윤리적 책무와 딜레마, 그리고 교원 복무에 관한 다양한 내용을 다루고자 한다. 우리는 이를 통해 교원의 전문성과 도덕성을 제고하고, 궁극적으로는 우리 교육의 발전에 기여할 수 있기를 희망한다.

1. 교원윤리

가. 교원윤리의 개념

교원윤리란 교육자로서 지켜야 할 도덕적 원칙과 행동 규범을 의미한다. 이는 단순히 법적 의무를 넘어서는 것으로, 교육자의 전문성과 품위를 유지하고 학생들의 전인적 성장을 돕기 위한 지침이기도 하다.

교원윤리의 주요 요소를 전문성, 공정성, 책임감, 성실성, 정직성 측면에서 살펴보면 다음과 같다.

〈표 2-1〉 교원윤리의 주요 요소

요소	정의	중요성	실천방안
전문성	교육 분야에서의 지식, 기술, 태도를 지속적으로 향상시키는 것	• 질 높은 교육 제공 • 교육 환경 변화에 대응 • 학생의 학습 효과 증진	• 지속적인 연수 참여 • 최신 교육 연구 동향 파악 • 동료 교사와의 지식 공유
공정성	모든 학생을 편견 없이 평등하게 대우하는 것	• 교육 기회의 균등 보장 • 학생의 자존감 향상 • 건전한 학습 환경 조성	• 객관적 평가 기준 수립 • 다양성 존중 교육 • 개인적 편견 인식 및 극복 노력
책임감	학생의 안전, 복지, 교육적 성장에 대한 책임을 지는 것	• 학생의 전인적 발달 도모 • 안전한 학습 환경 제공 • 교육의 사회적 책무 이행	• 학생 개개인의 특성 파악 • 안전 교육 및 위기 대응 능력 향상 • 학부모와의 긴밀한 소통
성실성	교육 활동에 대한 진심 어린 헌신과 지속적인 노력	• 학생의 학습 동기 부여 • 교육의 질적 향상 • 교직에 대한 사회적 신뢰 구축	• 철저한 수업 준비 • 학생 상담 및 지도에 충분한 시간 할애 • 교육 관련 행정 업무의 성실한 수행
정직성	언행일치를 통해 진실성을 유지하고 투명하게 소통하는 것	• 교육자로서의 신뢰성 확보 • 학생들의 도덕성 발달 모델 제공 • 건강한 학교 문화 조성	• 실수를 인정하고 개선하는 태도 • 평가 및 의사결정 과정의 투명성 확보 • 학생, 학부모, 동료와의 열린 의사소통

나. 교원의 윤리적 책무

교원은 다음과 같은 윤리적 책무를 가진다.

1) 학생에 대한 책무

- 학생의 인격 존중
- 개별 학생의 잠재력 개발 지원
- 차별 없는 교육 제공
- 학생의 프라이버시 보호

2) 학부모와 지역사회에 대한 책무

- 교육 과정과 학생 발달에 대한 정확한 정보 제공
- 학부모와의 협력적 관계 구축
- 지역사회 발전에 기여

3) 동료 교원과 학교에 대한 책무

- 상호 존중과 협력
- 학교 정책과 규정 준수
- 교육의 질 향상을 위한 노력

4) 교직에 대한 책무

- 교육자로서의 품위 유지
- 지속적인 전문성 개발
- 교육 정책 개선을 위한 참여

다. 디지털 시대의 교원윤리

디지털 기술의 발전으로 교육 환경이 변화함에 따라, 교원윤리도 새로운 도전에 직면하고 있다.

1) 디지털 리터러시

- 교육 기술의 효과적 활용 능력 개발
- 학생들의 디지털 역량 강화 지원

2) 온라인 상호작용

- 적절한 온라인 의사소통 방식 숙지
- 소셜 미디어 사용에 있어서의 주의사항

3) 정보 보안과 프라이버시

- 학생 정보의 안전한 관리
- 온라인 플랫폼 사용 시 개인정보 보호

4) 디지털 저작권 존중

- 온라인 자료 사용 시 저작권 준수
- 학생들에게 올바른 디지털 자료 사용법 교육

5) 사이버 윤리 교육

- 학생들의 사이버 폭력 예방 및 대응
- 건전한 인터넷 사용 문화 조성

6) AI와 교육윤리

- AI 기술의 교육적 활용에 대한 윤리적 고려
- AI 시대의 인간 교육자의 역할에 대한 성찰

교원은 이러한 디지털 시대의 윤리적 과제들을 인식하고, 지속적으로 학습하며 대응해 나가야 한다.

라. 교원윤리헌장

1981년 11월 30일 경서중학교 이윤상 군의 유괴 살인사건의 범인이 바로 해당 학교의 체육교사인 주영형으로 밝혀진 사건은 교원의 윤리문제가 사회적 관심사로 크게 대두되는데 결정적으로 작용했다. 이에 대한교육연합회(현 한국교원단체총연합회)는 1982년도에 들어서자마자, 우선 실추된 교권의 회복이 무엇보다 중요하다고 생각하고 교육자 스스로의 윤리적 자각을 바탕으로 한 「교원윤리헌장」을 제정키로 했다. 정부에서도 교사의 권위회복이 교육발전의 관건임을 밝히고, 1982년도를 '교권확립의 해'로 설정하였다(국가기록원, 2024).

「사도헌장」

오늘의 교육은 개인의 성장과 사회의 발전과 내일의 국운을 좌우한다. 우리는 국민교육의 수임자로서 존경받는 스승이요, 신뢰받는 선도자임을 자각한다. 이에 긍지와 사명을 새로이 명심하고 스승의 길을 밝힌다.

1. 우리는 제자를 사랑하고 개성을 존중하며 한 마음 한 뜻으로 명랑한 학풍을 조성한다.
1. 우리는 폭넓은 교양과 부단한 연찬으로 교직의 전문성을 높여 국민의 사표가 된다.
1. 우리는 원대하고 치밀한 교육계획의 수립과 성실한 실천으로 맡은 바 책임을 완수한다.
1. 우리는 서로 협동하여 교육의 자주혁신과 교육자의 지위향상에 적극 노력한다.
1. 우리는 가정교육 · 사회교육과의 유대를 강화하여 복지국가건설에 공헌한다.

2. 교원복무

가. 교육공무원의 복무상 의무(국가공무원법 제7장)

① 직무상 의무: 성실 의무, 복종의 의무, 직장이탈 금지, 친절·공정의 의무, 종교중립의 의무, 비밀엄수의 의무, 청렴의 의무

② 신분상 의무: 품위유지의 의무, 정치운동의 금지, 집단행위의 금지, 영리업무 및 겸직 금지

나. 출장

'출장'이라 함은 상사의 명에 의하여 정규 근무지 이외의 장소에서 공무를 수행하는 것을 말하며, 출장명령권자의 소속기관장이 사안별로 공무와의 관련 여부와 학교 운영 등 제반 사정을 고려하여 명령한다.

출장 명령의 요건은 다음과 같다.

① 출장명령은 해당 교원의 업무관련성, 출장내용, 출장목적 등의 요건을 종합적으로 고려하여 명령권자가 판단하는 사항이다.

② 출장 명령의 자세한 사항은 복무지도감독권이 있는 교육청이나 학교장이 관련 법령 및 교육청이나 학교의 복무처리지침에 따라 처리한다.

출장은 근무지내 출장, 근무지외 출장으로 구분한다. 국외출장에 관하여는 시도교육감의 소속 공무원국외여행규정에 따른다.

출장공무원의 의무는 다음과 같다(국가공무원 복무규정 제6조).

① 상사의 명을 받아 출장하는 공무원(이하 "출장공무원"이라 한다)은 해당 공무 수행을 위하여 전력을 다하여야 하며, 사적인 일을 위하여 시간을 소비해서는 아니 된다(복무규정 제6조 제1항).

② 출장공무원은 지정된 출장기간 내에 그 업무를 완수해야 하며, 출장기간을 변경할 사유가 발생하면 지체 없이 전화, 팩스 또는 그 밖의 방법으로 소속 기관의

장에게 보고하고 그 지시를 받아야 한다. 다만, 신속히 업무를 수행해야 하는 긴급한 사정이 있는 경우에는 사후에 보고할 수 있다(복무규정 제6조 제2항).

③ 출장공무원은 그 출장 용무를 마치고 사무실로 돌아왔을 때에는 지체 없이 소속 기관의 장에게 결과 보고서를 제출하여야 한다. 다만, 경미한 사항에 대한 결과 보고는 말로 할 수 있다(복무규정 제6조 제3항).

다. 휴업과 복무

〈표 2-2〉 휴업

구분	주요 내용
휴업 근거	• 초중등교육법 제64조 및 동법 시행령 제47조
휴업 효력	• 휴업은 휴업기간 중 수업과 학생의 등교가 정지된다.
휴업 실시 절차	① 관할청의 휴업명령 • 관할청은 재해 등의 긴급한 사유로 정상수업이 불가능하다고 인정하는 경우에는 학교의 장에게 휴업을 명할 수 있다. • 관할청의 명령을 받은 학교의 장은 지체 없이 휴업을 하여야 한다. ② 학교장의 휴업결정 • 학교의 장이 매 학년도가 시작되기 전에 학교운영위원회의 심의를 거쳐 정한다. 이때 관공서의 공휴일 및 여름, 겨울 휴가가 포함되어야 한다. • 학교의 장이 비상재해 기타 급박한 사정이 발생한 때 실시한다. 이 경우 지체없이 관할청에 보고하여야 한다.

휴업일은 교육공무원인 교원의 공휴일이 아니므로 수업이 없다하더라도 근무일에 당연히 출근해야 하고, 소속 학교장의 허가 또는 정당한 이유없이 직장을 이탈할 수 없다. 학교운영위원회에서 개교기념일 또는 일부학교의 이른바 효도휴가일, 가정학습 체험일 등을 휴업일로 정하였다 하더라도 관공서의 공휴일은 아니므로 교원의 복무는 정당한 절차에 의하여 관리하여야 한다.

휴업일에 교육공무원법 제41조의 규정에 의한 근무장소 이외에서의 연수를 승인할 경우, 연수 목적, 연수의 적합성, 지역사회와의 관계 등을 종합적으로 고려하여 근무지 이외에서의 연수효과가 나타나도록 조치하여야 한다.

한편, 휴교는 관할청에서 명령할 수 있으며, 휴교기간 중 단순한 관리 업무 외에는 학교의 모든 기능이 정지된다.

라. 휴가

휴가는 연가(年暇), 병가, 공가(公暇) 및 특별휴가로 구분한다.

1) 연가

가) 재직기간별 연가일수

〈표 2-3〉 재직기간별 연가일수(국가공무원 복무규정 제15조)

재직기간	연가일수	재직기간	연가일수
1개월 이상 1년 미만	11일	4년 이상 5년 미만	17일
1년 이상 3년 미만	15일	5년 이상 6년 미만	20일
3년 이상 4년 미만	16일	6년 이상	21일

나) 연가계획 및 승인(국가공무원 복무규정 제16조)

① 행정기관의 장은 소속 공무원이 자유롭게 연가를 사용하여 심신을 새롭게 하고 공·사(公·私) 생활의 만족도를 높여 직무 생산성을 높일 수 있도록 특정한 계절에 치우치지 아니하게 연가계획을 수립하여 실시하여야 한다.

② 삭제

③ 연가는 오전 또는 오후의 반일(半日) 단위로 승인할 수 있으며, 반일 연가 2회는 연가 1일로 계산한다.

④ 행정기관의 장은 연가 신청을 받았을 때에는 공무 수행에 특별한 지장이 없으면 승인하여야 한다.

⑤ 공무상 연가를 승인할 수 없거나 해당 공무원이 연가를 활용하지 아니한 경우에는 예산의 범위에서 연가 일수(제11조 제4항에 따라 전환된 연가는 제외하되, 인사혁신처장이 정하는 사유에 해당하는 경우에는 포함한다. 이하 이 항에서

같다)에 해당하는 연가보상비를 지급하는 것으로 연가를 갈음할 수 있다. 이 경우 연가보상비를 지급할 수 있는 연가대상 일수는 20일을 초과할 수 없다.

⑥ 행정기관의 장은 소속 공무원에게 제15조 제1항에 따른 연가 일수가 없거나 재직기간별 연가 일수를 초과하는 휴가 사유가 발생한 경우에는 제15조 제1항에 따른 재직기간 구분 중 그 다음 재직기간의 연가 일수를 다음 표에 따라 미리 사용하게 할 수 있다.

〈표 2-4〉 미리 사용할 수 있는 최대 연가

재직기간	최대 연가	재직기간	연가일수
1년 미만	5일	3년 이상 4년 미만	8일
1년 이상 2년 미만	6일	4년 이상	10일
2년 이상 3년 미만	7일		

다) 연가 일수에서의 공제(국가공무원 복무규정 제17조)

① 결근 일수, 정직 일수, 직위해제 일수 및 강등 처분에 따라 직무에 종사하지 못하는 일수는 연가 일수에서 뺀다. 다만, 「공무원임용령」 제31조 제2항 제2호에 따른 기간 중 직무에 종사하지 못하는 일수는 연가 일수에서 빼지 아니한다.

② 연도 중 임용되거나 휴직 또는 퇴직하는 등의 사유로 인사혁신처장이 정하는 사실상 직무에 종사하지 아니한 기간이 있는 경우의 연가 일수는 다음의 계산식에 따라 산정한다. 이 경우 해당 연도 중 사실상 직무에 종사한 기간은 개월 수로 환산하여 계산하되, 15일 이상은 1개월로 계산하고, 15일 미만은 산입하지 아니하며, 계산식에 따라 산출된 소수점 이하의 일수는 반올림한다.

$$\frac{\text{해당연도 중 사실상 직무에 종사한 기간(개월)}}{\text{12(개월)}} \times \text{해당 연도의 연가 일수}$$

③ 제2항에 따른 사실상 직무에 종사하지 아니한 기간이 있는 공무원이 같은 항의 계산식에 따른 연가 일수(제16조의3에 따른 저축연가 일수를 포함한다)를 초과

하여 사용한 연가 일수(인사혁신처장이 정하는 경우에는 제16조 제6항에 따라 미리 사용한 연가 일수를 포함한다)는 결근으로 본다.

④ 질병이나 부상 외의 사유로 인한 지각·조퇴 및 외출은 누계 8시간을 연가 1일로 계산한다.

⑤ 제18조 제1항에 따른 병가 중 연간 6일을 초과하는 병가 일수는 연가 일수에서 뺀다. 다만, 의사의 진단서가 첨부된 병가 일수는 연가 일수에서 빼지 아니한다.

2) 병가(국가공무원 복무규정 제18조)

① 행정기관의 장은 소속 공무원이 다음 각 호의 어느 하나에 해당할 경우에는 연 60일의 범위에서 병가를 승인할 수 있다. 이 경우 질병이나 부상으로 인한 지각·조퇴 및 외출은 누계 8시간을 병가 1일로 계산하고, 제17조 제5항에 따라 연가 일수에서 빼는 병가는 병가 일수에 산입하지 아니한다.

1. 질병 또는 부상으로 인하여 직무를 수행할 수 없을 때
2. 감염병에 걸려 그 공무원의 출근이 다른 공무원의 건강에 영향을 미칠 우려가 있을 때

② 행정기관의 장은 소속 공무원이 공무상 질병 또는 부상으로 직무를 수행할 수 없거나 요양이 필요할 경우에는 연 180일의 범위에서 병가를 승인할 수 있다.

③ 병가 일수가 연간 6일을 초과하는 경우에는 의사의 진단서를 첨부하여야 한다.

3) 공가(국가공무원 복무규정 제19조)

행정기관의 장은 소속 공무원(제11호의 경우 「공무원의 노동조합 설립 및 운영 등에 관한 법률 시행령」 제3조의3 제2항에 따른 근무시간 면제자는 제외한다)이 다음 각 호의 어느 하나에 해당하는 경우에는 이에 직접 필요한 기간 또는 시간을 공가로 승인해야 한다.

1. 「병역법」이나 그 밖의 다른 법령에 따른 병역판정검사·소집·검열점호 등에 응하거나 동원 또는 훈련에 참가할 때

2. 공무와 관련하여 국회, 법원, 검찰, 경찰 또는 그 밖의 국가기관에 소환되었을 때
3. 법률에 따라 투표에 참가할 때
4. 승진시험 · 전직시험에 응시할 때
5. 원격지(遠隔地)로 전보(轉補) 발령을 받고 부임할 때
6. 「산업안전보건법」 제129조부터 제131조까지의 규정에 따른 건강진단, 「국민건강보험법」 제52조에 따른 건강검진 또는 「결핵예방법」 제11조 제1항에 따른 결핵검진등을 받을 때
7. 「혈액관리법」에 따라 헌혈에 참가할 때
8. 「공무원 인재개발법 시행령」 제32조 제5호에 따른 외국어능력에 관한 시험에 응시할 때
9. 올림픽, 전국체전 등 국가적인 행사에 참가할 때
10. 천재지변, 교통 차단 또는 그 밖의 사유로 출근이 불가능할 때
11. 「공무원의 노동조합 설립 및 운영 등에 관한 법률」 제9조에 따른 교섭위원으로 선임(選任)되어 단체교섭 및 단체협약 체결에 참석하거나 같은 법 제17조 및 「노동조합 및 노동관계조정법」 제17조에 따른 대의원회(「공무원의 노동조합 설립 및 운영 등에 관한 법률」에 따라 설립된 공무원 노동조합의 대의원회를 말하며, 연 1회로 한정한다)에 참석할 때
12. 공무국외출장등을 위하여 「검역법」 제5조 제1항에 따른 검역관리지역 또는 중점검역관리지역으로 가기 전에 같은 법에 따른 검역감염병의 예방접종을 할 때
13. 「감염병의 예방 및 관리에 관한 법률」에 따른 제1급감염병에 대하여 같은 법 제24조 또는 제25조에 따라 필수예방접종 또는 임시예방접종을 받거나 같은 법 제42조 제2항 제3호에 따라 감염 여부 검사를 받을 때

4) 특별휴가: 경조사별 휴가일수(국가공무원 복무규정 제20조)

〈표 2-5〉 미리 사용할 수 있는 최대 연가

구분	대상	일수
결혼	본인	5
	자녀	1
출산	배우자	10
입양	본인	20

구분	대상	일수
사망	배우자, 본인 및 배우자의 부모	5
	본인 및 배우자의 조부모, 외조부모	3
	자녀와 그 자녀의 배우자	3
	본인 및 배우자의 형제자매	1

휴가기간 중의 토요일 또는 공휴일은 그 휴가 일수에 산입하지 아니한다. 다만, 연가를 제외한 휴가 일수가 30일 이상 계속되는 경우에는 그 휴가 일수에 토요일 또는 공휴일을 산입한다.

마. 징계

'징계'란 공무원의 의무 위반에 대하여 공무원 관계의 목적을 달성하기 위하여 국가(지방자치단체)가 그의 사용자로서의 직위에서 과하는 행정상 제재를 말한다. 징계는 파면・해임・강등・정직・감봉・견책(譴責)으로 구분한다(국가공무원법 제79조). 파면・해임은 공무원 신분을 완전히 해제함을 내용으로 하는 배제징계이고, 강등・정직・감봉・견책은 공무원의 신분을 보유하면서 신분상・보수상 이익의 일부를 제한함을 내용으로 하는 교정징계이다.

징계사유란 공무원이 징계처분을 받지 않으면 안 될 의무위반 행위를 말한다. ① 국가공무원법과 동 법에 의한 명령을 위반하였을 때 ② 직무상의 의무(다른 법령에서 공무원의 신분으로 인하여 부과된 의무를 포함한다)를 위반하거나 직무를 태만히 한 때 ③ 직무의 내외를 불문하고 그 체면 또는 위신을 손상하는 행위를 한 때가 해당된다.

※ 공무원의 8대 의무
① 선서 의무 ② 성실 의무 ③ 복종의 의무 ④ 친절・공정의 의무 ⑤ 종교 중립의 의무
⑥ 비밀 엄수의 의무 ⑦ 청렴의 의무 ⑧ 품위 유지의 의무

※ 공무원의 4대 금지
① 직장이탈 금지 ② 영리 업무 및 겸직 금지 ③ 정치 운동의 금지 ④ 집단 행위의 금지

〈표 2-6〉 징계의 종류와 효력(국가공무원법 제79조, 제80조)

정의		처분기간	신분	보수
중징계	파면	-	• 공무원 관계로부터 배제 • 5년간 공무원에 임용될 수 없음	• 퇴직급여 1/4(재직기간 5년 미만인 자) 감액 • 퇴직급여 1/2(재직기간 5년 이상인 자) 감액
	해임	-	• 공무원 관계로부터 배제 • 3년간 공무원에 임용될 수 없음	• 퇴직급여 전액 지급 • 금품 및 향응수수, 공금횡령 유용일 때 - 퇴직 급여 1/8(재직기간 5년 미만인 자) 감액 - 퇴직 급여 1/4(재직기간 5년 이상인 자) 감액
	강등	3월	• 3개월간 직무에 종사하지 못함	※ 2016.6.25.이후부터는 보수 전액 삭감 • 정근수당 지급대상 기간 중 강등 처분을 받는 경우, 정근수당 지급 안함 • 3개월간 정근수당 가산금, 가족수당, 자녀학비보조수당은 수당액의 2/3 감액 • 〈18월+3개월〉 승급 제한 ※ 국가공무원법 제78조의2 제1항에 의한 징계처분과 성폭력, 성희롱 및 성매매에 따른 징계처분의 경우 각각 3개월 가산
	정직	1월~3월	• 신분보유, 직무종사 못함 • 18개월+정직처분기간 승진 제한 • 처분기간 경력평정 제외	※ 2016.6.25.이후부터는 보수 전액 삭감 • 정근수당 지급대상 기간 중 정직 처분을 받는 경우, 정근수당 지급 안함 • 처분기간(1~3개월간) 정근수당 가산금, 가족수당, 자녀학비보조수당은 수당액의 2/3 감액 • 〈18월+정직처분기간〉 승급 제한 ※ 국가공무원법 제78조의2 제1항에 의한 징계처분과 성폭력, 성희롱 및 성매매에 따른 징계처분의 경우 각각 3개월 가산
경징계	감봉	1월~3월	• 12월+감봉처분기간 승진제한	• 보수의 1/3 감액 • 정근수당 지급대상 기간 중 감봉 처분을 받는 경우, 정근수당 지급 안함 • 처분기간(1~3개월간) 정근수당 가산금, 가족수당, 자녀학비보조수당은 수당액의 2/3 감액 • 〈12월+감봉처분기간〉 승급 제한 ※ 국가공무원법 제78조의2제1항에 의한 징계처분과 성폭력, 성희롱 및 성매매에 따른 징계처분의 경우 각각 3개월 가산
	견책	-	• 6개월간 승진 제한	• 수당 등 전액지급 다만, 정근수당 지급대상 기간 중 견책 처분을 받는 경우, 정근수당 지급 안함

정의	처분기간	신분	보수
			• 6개월간 승급 제한 ※ 국가공무원법 제78조의2 제1항에 의한 징계처분과 성폭력, 성희롱 및 성매매에 따른 징계처분의 경우 각각 3개월 가산

「교육공무원 징계령」 제2조 제1항에 따른 교육공무원징계위원회(이하 "징계위원회"라 한다)는 징계혐의자의 비위(非違) 유형, 비위 정도 및 과실의 경중(輕重)과 혐의 당시 직급, 비위행위가 공직 내외에 미치는 영향, 평소 행실, 공적(功績), 뉘우치는 정도 또는 그 밖의 사정 등을 고려하여 별표의 징계기준에 따라 징계를 의결해야 한다.

바. 휴직과 복직

공무원이 재직 중 일정한 사유로 직무에 종사할 수 없는 경우에 면직시키지 아니하고 일정기간 동안 신분을 유지하면서 직무에 종사하지 않고 질병치료, 법률상 의무이행, 능력개발을 위한 연수기회를 부여하는 등 공무원의 신분을 보장하기 위함이다.

〈표 2-7〉 휴직제도

구분 임용권자	직권휴직	청원휴직
학교장	• 질병휴직(제1호)	• 육아휴직(제7호) • 간병휴직(제9호)
교육감	• 병역휴직(제2호) • 생사불명(제3호) • 법정의무수행(제4호) • 노조전임자(제11호)	• 유학휴직(제5호) • 고용휴직(제6호) • 입양휴직(제7호의2) • 연수휴직(제8호) • 동반휴직(제10호) • 자율연수휴직(제12호)

1) 휴직사유 및 기간

① 직권휴직: 본인의 의사와 관계없이 휴직을 명하는 것을 말한다.

휴직사유 발생	→	휴직여부 판단(교육감)	→	휴직 발령(교육감)
		• 학교장 의견서(단, 질병휴직은 학교장 휴직발령)		• 직권휴직 보고 • 휴직교사 점검카드 작성

〈표 2-8〉 직권휴직(교육공무원법 제44조)

종류	질병휴직	병역휴직	생사불명	법정의무수행	노조전임자
근거	제1호	제2호	제3호	제4호	제11호
요건	신체성·정신상의 장애로 장기요양이 필요할 때(불임·난임으로 인하여 장기간의 치료가 필요한 경우)	「병역법」에 따른 병역 복무를 위하여 징집되거나 소집된 경우	천재지변·전시·사변, 그 밖의 사유로 생사나 소재를 알 수 없게 된 경우	그 밖에 법률에 따른 의무를 수행하기 위하여 직무를 이탈하게 된 경우	교원노동조합 전임자로 종사하게 된 경우
기간	• 1년 이내(부득이한 경우 1년 연장) • 공무상 질병은 3년 이내	복무기간	3개월 이내	복무기간	전임기간
승진 경력 인정	불인정(단, 공무상 질병 또는 부상인 경우는 인정)	인정	불인정	인정	인정
결원 보충	6개월 이상 휴직 시 결원 보충 가능	6개월 이상 휴직 시 결원 보충 가능	결원 보충 없음	6개월 이상 휴직 시 결원 보충 가능	6개월 이상 휴직 시 결원 보충 가능
보수 지급	• 1년 이하: 7할 지급 • 1년 초과 2년 이하: 5할 지급 • 공무상 질병은 전액지급	지급 안함	지급 안함	지급 안함	지급 안함
수당	• 공통수당: 보수와 같은 비율 지급 • 기타수당: 휴직 사유별 차등 지급	지급 안함	지급 안함	지급 안함	지급 안함

② 청원휴직: 본인이 원하면 휴직을 명하는 것을 말한다.

본인 휴직 신청	→	휴직여부 판단(교육감)	→	휴(복)직 발령 및 보고
• 휴직원 • 서약서 • 휴직사유 증빙서류		• 휴직 여부 판단(단, 육아·간병 휴직은 학교장 휴직발령)		• 청원휴직 보고 • 휴직교사 점검카드 작성

〈표 2-9〉 청원휴직(교육공무원법 제44조 제1항, 제45조 제1항))

종류	유학휴직	고용휴직	육아휴직	입양휴직	연수휴직	간병휴직	동반휴직	자율연수 휴직
근거	제5호	제6호	제7호	제7호의2	제8호	제9호	제10호	제12호
요건	학위취득을 목적으로 해외유학을 하거나 외국에서 1년 이상 연구 또는 연수를 하게 된 경우	국제기구, 외국기관, 국내외의 대학·연구기관, 다른 국가기관, 재외교육기관 또는 대통령령으로 정하는 민간단체에 임시로 고용되는 경우	만8세 이하 또는 초등학교 2학년 이하의 자녀를 양육하기 위하여 필요하거나 여자 교육공무원이 임신 또는 출산하게 된 경우	만19세 미만의 아동을 입양하는 경우(육아휴직대상 제외)	교육부장관이 지정하는 국내 연구기관이나 교육기관 등에서 연수하게 된 경우	사고 또는 질병 등으로 장기간 요양이 필요한 조부모, 부모(배우자부모), 배우자, 자녀, 또는 손자녀의 간호가 필요한 경우, 다만, 조부모, 손자녀는 대통령령으로 정하는 요건 필요	배우자가 국외 근무를 하거나 제5호에 해당하게 된 경우	교원이 자기개발을 위하여 학습·연구 등을 하게 된 경우
기간	• 3년 이내(학위 취득의 경우 3년 범위내 연장 가능)	고용기간	자녀 1명에 대하여 3년 이내	6월 이내 (입양자녀 1명당)	3년 이내	1년 이내 *재직기간 중 총3년)	3년 이내 (3년의 범위에서 연장 가능)	1년 이내 (재직기간 중 1회 한함)
승진 경력 인정	5할 인정	인정 (비상근 5할)	첫째·둘째 최초1년 인정, 셋째 이후 휴직 전 기간 인정	인정	5할 인정	불인정	불인정	불인정
결원 보충	6개월 이상 휴직 시 결원 보충 가능	6개월 이상 휴직 시 결원 보충 가능	6개월 이상 휴직 시 결원 보충 가능 (출산휴가와 연속하여 3개월 이상 휴직하는 경우는 출산휴가일부터 결원보충 가능)	6개월 이상 휴직 시 결원 보충 가능	6개월 이상 휴직 시 결원 보충 가능	6개월 이상 휴직 시 결원 보충 가능	6개월 이상 휴직 시 결원 보충 가능	6개월 이상 휴직 시 결원 보충 가능

종류	유학휴직	고용휴직	육아휴직	입양휴직	연수휴직	간병휴직	동반휴직	자율연수 휴직
보수 지급	봉급 5할 지급 (3년 이내)	지급 안함	지급 안함	지급 안함	지급 안함	지급 안함	지급 안함	지급 안함
수당	• 공통수당: 5할 지급 (3년 이내) • 기타수당: 미지급	지급 안함	육아수당 최초1년간 휴직개시일 기준 기본급의 40%(하한50~상한100만원) 지급. 단, 지급액의 15%는 복직 6개월 후 일시불로 지급(2008.1.1.이후부터 임신 중 육아휴직 수당 지급)	지급 안함	지급 안함	지급 안함	지급 안함	지급 안함

③ 학교장에게 위임된 휴직(질병휴직, 육아휴직, 간병휴직)

휴(복)직 신청	→	휴(복)직여부 판단(학교장)	→	휴(복)직 발령 및 보고
• 휴(복)직원 • 서약서 • 휴(복)직사유 증빙서류	→	• 휴(복)직 여부 판단 • 휴(복)직 임용 - 임용조사서 - 휴(복)직 신청서류	→	• 휴(복)직 인사발령 • 휴(복)직 NEIS 임용발령 • 휴(복)직 교육청 보고 • 휴(복)직 교원관리카드 작성

2) 휴직의 효력 및 복직(국가공무원법 제73조)

가) 휴직의 효력

① 휴직 중인 공무원은 신분은 보유하나 직무에 종사하지 못한다.

② 휴직중이라도 공무원의 신분은 보유하므로 신분상의 의무(외국정부의 영예수여, 겸직금지, 집단행위의 금지, 정치운동의 금지, 비밀엄수 등)을 위반하였을

때는 징계처분의 대상의 된다.

③ 휴직 중에 정년이 도래한 자는 정년퇴직이 가능하며, 명예퇴직요건에 해당되면 명예퇴직 신청도 가능하다. 또한, 교육공무원법 제53조 제3항의 사유에 해당될 때에는 직권면직처분도 가능하다. 이 경우 별도의 복직절차 없이 바로 퇴직 또는 면직처분할 수 있다.

※ 유학휴직, 고용휴직 등 휴직기간이 호봉승급 특례로 인정되는 경우 복직절차를 거쳐 호봉 재획정 후 면직절차를 밟아 호봉승급에 다툼이 없도록 한다.

나) 복직

① 휴직 기간 중 휴직사유 소멸 시 30일 이내에 임용권자 또는 임용제청권자에게 신고 → 지체없이 복직 조치

② 휴직 기간 만료 시 30일 이내에 복귀 신고 → 당연 복직

③ 휴직사유 소멸자의 복직 절차

본인		복직여부판단(교육감)		복직발령(임용권자) 및 통보
• 복직원 • 사유서 • 휴직사유 소멸 증빙서류	→	• 학교자 의견서 (육아, 질병, 간병휴직 제외) • 호봉획정표	→	

※ 휴 · 복직 업무 처리 시 주의사항

- 모든 휴직은 가급적 학생의 학습권 보호와 안정적인 학교운영, 학교의 특수성 등을 고려하여 학기단위로 기간을 정하여 휴직하도록 적극 권장하고, 휴직에 따른 기간제교원 임용도 학기 단위로 임용하여 정원관리에 적정을 기하도록 함
- 휴직사유의 소멸 또는 휴직기간이 만료된 후 다른 사유로 계속 휴직하고자 할 경우에는 당초의 휴직에 대하여 복직신고를 함과 동시에 다른 사유로의 휴직신청을 하도록 함
- 휴직 중에 있는 자가 교육공무원법 제45조에 규정된 휴직기간 범위 내에서 휴직기간을 연장하고자 할 때에는 휴직기간 만료일 15일 전까지 신청하여야 함
- 휴직 중에 있는 자는 6개월마다 소재지와 휴직사유의 계속여부를 소속기관의 장에게 보고하여야 하며, 소속 기관의 장은 휴직자의 실태를 항상 파악하고 필요시 이에 대한 조치를 취하여야 함
- 휴직기간의 만료 또는 휴직사유가 소멸된 후에도 직무에 복귀하지 아니하거나, 직무를 감당할 수 없을 때는 직권면직 처분함

- 교원이 전보와 동시에 휴직하려는 경우
  - 기존학교(ⓐ)에서 휴직신청서류를 접수하여 전보발령 이후 전출학교(6)에 전자문서로 서류 이관→전출학교(ⓑ)에서 휴직 처리
- 휴ㆍ복직원 및 서약서 확인 절차
  - 전체 문구를 자필로 작성해야 하고, 임용권자별로 제출대상 확인 필요
- 복직 시 호봉재획정은 학교에서 처리해야 함
- 휴복직, 정기승급, 호봉재획정 등 NEIS 시행은 시기에 맞춰서 처리
  - NEIS 사용과 급여자료에 영향을 미침(급여작업 종료 후 시행버튼 누름)
- 복직일자와 휴직일자가 같은 경우 호봉재획정 안함
- 육아휴직 발령 처리 시 자녀를 구분하여 발령 처리
- 육아휴직 자녀변경은 복직 후 육아휴직(둘째) 발령 처리, 육아휴직(첫째) 복직(2019.03.01.)→ 육아휴직(둘째)(2019.03.01.)
- 자녀변경 없는 육아휴직(첫째 첫째) 연장은 복직 처리 안하고 휴직연장 발령 처리

생각해 볼 문제

1. 최근 인공지능(AI) 기술을 활용한 교육적 이점과 윤리적 문제와의 관련 이슈를 찾아보고 토론해 봅시다.
2. 교사들의 전문성과 교육의 질 보장을 위해 교원복무규정이 존재하는데, 최근 현직 교원들의 유튜브(youtube) 활동, 교육콘텐츠 개발 및 컨설팅 등의 활동을 통해 수익창출까지 이뤄지는 경우가 있습니다. 이런 상황에서의 딜레마를 어떻게 해결할 수 있을지 생각해 봅시다.

학습활동

• 다음은 교원윤리에 대한 상황으로, 생각할 점에 대해 설명해 봅시다.

<table>
<tr><th colspan="2">상황</th></tr>
<tr><td colspan="2">김 교사는 고등학교 2학년 담임입니다. 어느 날, 반 학생 중 한 명인 민수가 김 교사에게 비밀리에 상담을 요청합니다. 민수는 자신이 우울증 진단을 받았으며, 현재 상담치료를 받고 있다고 털어놓습니다. 민수는 이 사실이 다른 학생들이나 교사들에게 알려지는 것을 매우 두려워하며, 특히 대학 입시에 부정적인 영향을 미칠까 봐 걱정하고 있습니다.
그러나 김 교사는 민수의 상태가 학업 수행과 학교생활에 영향을 미칠 수 있다고 판단하여, 이 정보를 학교 관리자나 다른 교사들과 공유해야 할지 고민하고 있습니다. 또한, 민수의 부모님께 이 사실을 알려야 할지에 대해서도 갈등하고 있습니다.</td></tr>
<tr><td>생각할 점</td><td>1. 이 상황에서 고려해야 할 교원윤리의 주요 요소는 무엇인가요? 각 요소별로 설명해 주세요.
2. 김 교사가 취할 수 있는 행동 방안을 두 가지 이상 제시하고, 각 방안의 장단점을 분석해 보세요.
3. 여러분이 김 교사라면 어떤 결정을 내리겠습니까? 그 결정의 윤리적 근거를 설명해 주세요.
4. 이러한 상황을 예방하거나 더 잘 대처하기 위해 학교나 교육 시스템 차원에서 어떤 정책이나 가이드라인이 필요할까요?</td></tr>
</table>

• 경조사별 휴가일 수를 기록해 봅시다.

구분	대상	일수
결혼	본인	
	자녀	
출산	배우자	
입양	본인	
사망	배우자, 본인 및 배우자의 부모	
	본인 및 배우자의 조부모, 외조부모	
	자녀와 그 자녀의 배우자	
	본인 및 배우자의 형제자매	

제3장

교직관과 교원인사

교직은 단순한 직업을 넘어 사회의 미래를 이끌어가는 숭고한 사명이다. 이 장에서는 교직의 본질과 교사의 역할에 대한 깊이 있는 이해를 바탕으로, 현대 사회에서 요구되는 교직관을 살펴보고자 한다. 아울러 교원 인사 제도의 핵심 요소들을 분석하여, 교육의 질을 높이고 교사의 전문성을 지원하는 효과적인 인사 관리 방안을 모색할 것이다. 이를 통해 예비 교원들이 교직의 가치를 재확인하고, 미래의 교육 현장에서 더욱 효과적으로 역량을 발휘할 수 있도록 돕고자 한다.

1. 교직관

교직관은 교사가 자신의 직업에 대해 가지는 기본적인 인식과 태도를 의미한다. 이는 단순히 개인의 견해를 넘어 교육의 본질과 목적, 교사의 역할과 책임에 대한 철학적 고찰을 포함한다. 교직관은 교사의 일상적인 교육 활동뿐만 아니라 학생들과의 관계, 학교 운영에 대한 참여, 그리고 사회적 책임에 이르기까지 광범위한 영향을 미친다. 따라서 올바른 교직관의 정립은 교사의 전문성 향상과 교육의 질적 제고를 위한 근본적인 토대가 된다. 본 장에서는 교직관의 주요 유형인 성직관, 노동직관, 전문직관, 기술직관을 살펴보고, 각각의 특징과 의의를 탐구하고자 한다.

가. 성직관

성직관은 교사의 직업을 신부직, 목사직, 승려직 등과 같이 소명의식(mission)을 가지는 성직자들의 업무와 동일시하는 관점이다. 1990년대까지의 학부모들이 교사에게 보여 주었던 모습에서 쉽게 찾을 수 있는 관점이다. 즉, '선생님의 그림자도 밟아선 안 된다.'라는 시선이 바로 교직을 성직으로 보는 관점인 것이다. 이 관점을 지닌 교육학자들은 교직이 주로 학생들의 인격 형성을 돕는 직업으로서 단순한 지식과 기술 대신에 참다운 인격을 갖추는 데 도움을 주는 정신적 직종이어야 한다고 본다. 교직이 돈, 명예, 권력 따위와는 거리가 먼 직업이라는 생각이다.

나. 노동직관

성직관과는 아주 대조적인 관점이다. 교사직도 다른 세속적인 직업과 마찬가지로 생계를 유지하기 위해 노동의 대가로 보수를 받는 직종의 하나라는 관점이다. 그러므로 교직을 노동직으로 보는 사람들은 교사들도 보수 인상, 처우 개선, 인사 문제해결, 근무조건 향상 등을 위하여 노동조합을 결성하거나 심지어 단체행동을 통해 투쟁하는 것도 당연하다고 주장한다.

다. 전문직관

오늘날 가장 널리 받아들여지고 있는 교직에 대한 관점으로서, 교직은 교사만이 가지는 책임과 업무의 한계를 바탕으로 한 전문적 직업이라는 입장이다. 즉, 교사는 '학교'라는 교육활동의 장에서 학생들의 생활지도를 비롯하여, '수입'이라는 시간을 통해 지식을 전달하는 전문적인 사람이라고 보는 관점이다. 교직은 일반직업과 달리 교육에 몸담고 있는 교사들의 전문성을 인정하고, 그에 따라 교사의 자격이 엄격히 규제되어야 하며, 교육활동에 책임과 그에 수반되는 윤리성이 강조되어야 한다고 보는 교직관이다.

전문직관은 또한 교사들이 스스로 자질을 향상하기 위한 권리를 가지며, 교권을 확립하고 경제·사회적 지위를 향상시키기 위하여 교직 단체를 구성하거나 단체 행동을 할 수 있다고 본다. 이와 같이 전문직관이 교직은 지성적이고, 자율적이며, 이타적 봉사활동이면서 고도의 자율성과 직업윤리가 요구된다고 강조함과 동시에 교직 단체를 결성하고 단체행동을 통해 소기의 목적을 쟁취하는 것이 마땅하다고 보는 점에 비추어 볼 때, 전문직관은 성직관과 노동직관이 통합된 교직관이라고 말할 수 있다.

라. 기술직관

교직이 교과목의 내용을 전수 전달하는 기능직의 일종이라는 교직관이다. 이 교직관은 참다운 교육이란 반드시 가르쳐야 할 것만을 가르치되 학생들을 인간답게 하는 것이라 보고, 교직은 문화와 사회 속에 형성된 교과내용을 가르치는 방법과 기능이 요구된다는 입장을 나타낸다. 한마디로 교사는 학생들을 올바르게 길러 낼 수 있는 방법과 기술을 지니고 있어야 한다는 입장이다.

현대사회는 교육의 전문성이 과거 어느 때보다도 강조되고 있으며, 교직을 그 직업에만 독특한 요소로 특징지음으로써 일반 직업과 엄격하게 구분하고 있다. 그런데 현실적으로는 전문직으로서의 교직의 특성이 일관성 있게 체계화되어 있지 않은 실정이며, 여러 가지 기준에 따라 다양한 형태로 특징지어지고 있다. 그러나 지금까지 제시된 전문직으로서의 교직이 지니는 특성을 분석해 볼 때, 그것이 무엇을 의미하는

지는 대강 가늠할 수 있다.

교직은 전문적 지식을 필요로 하며, 그것을 확보하기 위해 장기간에 걸친 훈련과 교육이 요구되며, 자율적 통제 기능이 보장되고, 확고한 책임 및 윤리의식이 필요한 직종이라고 말할 수 있다.

〈표 3-1〉 교직관

교직관	특징	장점	단점
성직관	• 교직을 신성한 소명으로 보는 관점 • 교사는 학생들의 인격 형성과 영적 성장을 돕는 역할 • 헌신과 봉사 정신을 강조	높은 도덕성과 사명감을 갖게 함	현실적인 처우 개선 요구를 어렵게 만들 수 있음
노동직관	• 교직을 하나의 직업으로 보는 관점 • 교사도 노동자로서의 권리를 가지며, 적절한 보수와 근무 조건을 요구할 수 있음	교사의 권리 보호와 처우 개선에 도움이 됨	교직의 특수성을 간과할 수 있음
전문직관	• 교직을 전문적인 지식과 기술이 필요한 직업으로 보는 관점 • 교사는 지속적인 연구와 자기계발을 통해 전문성을 키워야 함 • 높은 수준의 자율성과 책임감이 요구됨	교사의 전문성 향상과 사회적 지위 향상에 도움이 됨	과도한 경쟁과 성과주의를 초래할 수 있음
기술직관	• 교직을 효율적인 교수 기술을 적용하는 직업으로 보는 관점 • 교사는 다양한 교수법과 기술을 습득하고 적용하는 데 중점을 둠 • 교육의 효율성과 효과성을 강조함	실용적이고 효과적인 교육 방법 개발에 도움이 됨	교육의 인간적, 정서적 측면을 간과할 수 있음

2. 교원인사

가. 교원인사

1) 교육공무원이란?

공무원은 임용 주체와 보수지급 주체에 의해 국가공무원과 지방공무원으로 구분한다. 교육공무원은 경력의 특정직에 속한다. 교육공무원이란 교육공무원법 제2조(정의)에 의해 다음 각 호의 어느 하나에 해당되는 사람을 말한다.

1. 교육기관에 근무하는 교원 및 조교
2. 교육행정기관에 근무하는 장학관 및 장학사
3. 교육기관, 교육행정기관 또는 교육연구기관에 근무하는 교육연구관 및 교육연구사

2) 인사관련 법규

법률이 상충할 때는 상위법 우선원칙, 신법 우선원칙, 특별법 우선원칙에 따른다.

〈표 3-2〉 인사관련 법규

헌법	• 교육권리 및 의무, 균등교육, 의무교육, 평생교육 등 (제31조) • 교육의 자주성, 전문성, 정치적 중립성 등 (제31조)
법률	• 교육기본법, 유아교육법, 초·중등교육법, 고등교육법, 교원의 지위 향상 및 교육활동 보호를 위한 특별법, 국가공무원법, 교육공무원법, 지방교육자치에 관한 법률, 상훈법 등
명령	• 대통령령: 유아교육법 시행령, 초·중등교육법 시행령, 교육공무원 임용령, 교육공무원 승진규정, 국가공무원 복무규정, 공무원 보수규정, 교육공무원 징계령, 교원예우에 관한 규정, 교원소청에 관한 규정, 교육공무원 인사위원회 규정 등 • 총리령, 교육부령: 교육공무원인사기록 및 인사사무처리규칙 • 공무원 근무사항에 관한 규칙, 교육공무원 징계양정에 관한 규칙, 인사기록 및 인사사무처리 규칙 등
자치법규	• 조례: 학생수련장설치조례 등 • 교육규칙: 교육위원회 규칙 등
기타	• 훈령: 교육공무원 인사관리규정, 교원능력개발평가 실시에 관한 훈령, 연구대회 관리에 관한 훈령, 교장·원장 임기제 실시 업무처리지침 등 • 예규: 인사관련예규, 교원휴가업무처리요령 등

3) 교육공무원 임용

가) 교육공무원법 제2조 제6항에 따르면 "임용"이란 신규채용, 승진, 승급, 전직(轉職), 전보(轉補), 겸임, 파견, 강임(降任), 휴직, 직위해제, 정직(停職), 복직, 면직, 해임 및 파면을 말한다.

나) 임용시기(교육공무원임용령 제5조)

① 교육공무원은 임용장이나 임용통지서에 적힌 일자에 임용된 것으로 보며, 임용일자를 소급해서는 안 된다.

② 사망으로 인한 면직은 사망한 다음 날에 면직된 것으로 본다.

③ 임용할 때에는 임용일자까지 그 임용장 또는 임용통지서가 임용될 사람에게 도달할 수 있도록 발령해야 한다.

다) 임용원칙(교육공무원법 제10조)

① 교육공무원의 임용은 그 자격, 재교육성적, 근무성적, 그 밖에 실제 증명되는 능력에 의하여 한다.

② 교육공무원의 임용은 교원으로서의 자격을 갖추고 임용을 원하는 모든 사람에게 능력에 따른 균등한 임용의 기회가 보장되어야 한다.

라) 채용의 제한(교육공무원법 제10조의3)

다음 각 호의 어느 하나의 행위로 인하여 파면・해임되거나 금고 이상의 형을 선고받은 사람은 교원으로 채용될 수 없다.

① 금품 수수(授受) 행위

② 시험문제 유출 및 성적조작 등 학생성적 관련 비위 행위

③ 학생에 대한 신체적 폭력 행위

또한 결격사유로 다음 어느 하나에 해당되는 사람은 교육공무원으로 임용될 수 없다.

①「국가공무원법」 제33조

② 미성년자에 대한 다음 각 목의 어느 하나에 해당하는 행위로 파면·해임되거나 형 또는 치료감호를 선고받아 그 형 또는 치료감호가 확정된 사람(집행유예를 선고받은 후 그 집행유예기간이 지난 사람을 포함한다)

가. 「성폭력범죄의 처벌 등에 관한 특례법」 제2조에 따른 성폭력범죄 행위

나. 「아동·청소년의 성보호에 관한 법률」 제2조 제2호에 따른 아동·청소년대상 성범죄 행위

③ 성인에 대한 「성폭력범죄의 처벌 등에 관한 특례법」 제2조에 따른 성폭력범죄 행위로 파면·해임되거나 100만원 이상의 벌금형이나 그 이상의 형 또는 치료감호를 선고받아 그 형 또는 치료감호가 확정된 사람(집행유예를 선고받은 후 그 집행유예기간이 지난 사람을 포함한다)

④ 마약·대마 또는 향정신성의약품 중독자

4) 근무성적 평정

가) 평정의 기준(교육공무원 승진규정 제16조, 제28조의2)

① 교감·장학사 및 교육연구사(이하 "교감등"이라 한다)의 근무성적의 평정은 당해 교감등의 근무실적·근무수행능력 및 근무수행태도를 평가한다(제16조).

② 교사의 근무성적의 평정은 해당 교사의 근무실적, 근무수행능력 및 근무수행태도에 관하여 근무성적평정과 다면평가를 정기적으로 실시하고 각각의 결과를 합산한다(제28조의2).

③ 근무성적평정자는 평정대상자로 하여금 평정대상기간동안의 업무수행실적에 대하여 매 학년도 종료일을 기준으로 자기실적평가서를 작성하여 제출하게 하여야 한다(제16조).

④ 근무성적평정자는 근무성적평정 시 다음 각호의 기준과 제2항의 규정에 의하여 평정대상자가 작성하여 제출한 자기실적평가서를 참작하여 평가하여야 한다(제16조).

1. 직위별로 타당한 요소의 기준에 의하여 평정할 것
2. 평정자의 주관을 배제하고 객관적 근거에 의하여 평정할 것

3. 신뢰성과 타당성을 보장하도록 할 것

4. 평정대상자의 근무성적을 종합적으로 분석·평가할 것

나) 교사다면평가관리위원회 및 다면평가자 구성(교육공무원 승진규정 제28조의4)

① 다면평가관리위원회 구성

〈표 3-3〉 다면평가관리위원회 구성

구분	주요 내용
구성	• 근무성적 확인자(교장·원장)은 다면평가를 실시하기 위해 다면평가관리위원회를 구성·운영함 • 위원장: 근무성적의 평정자, 위원: 동료교사 중 3명 이상 7명 이하 • 당해 학교 근무기간, 교육경력, 담당과목, 학년(교과전담), 업무 부서 및 교사 성별 등을 고려하여 구성하되, 위원회 구성이 불가능할 경우 학교장이 지정할 수 있음
선정 요건	• 평가일 현재(해당 학년도 종료일) 해당학교에서 10개월 이상 실제 근무한 교사 중 평가대상자의 업무 실적 등을 종합적으로 파악할 수 있는 교사 • 비교과(보건, 영양, 사서, 전문상담)교사 1명 이상 참여 권장

※ 다면평가관리위원 및 다면평가자 선정 제한 사유
- 수석교사, 휴직, 파견, 직위해제 중인 교사
- 계약직 교사(기간제교원, 산학겸임교사, 전일제강사, 종일반강사 등)

② 다면평가자 구성

〈표 3-4〉 다면평가자 구성

구분	주요 내용
구성	• 학교별로 다면평가관리위원의 추천을 받아 평가대상자의 근무실적·근무수행능력 및 근무수행태도를 잘 아는 동료교사 중에서 3명 이상으로 구성 • 교사 선정 시에는 당해 학교 근무기간, 교육경력, 담당과목(교과전담), 학년, 업무 부서 및 교사 성별 등을 고려하여 구성하되, 평가자 구성이 불가능할 경우 학교장이 지정할 수 있음 • 평가일 현재(해당 학년도 종료일) 해당학교에서 10개월 이상 실제 근무한 교사 중 평가대상자의 업무 실적 등을 종합적으로 파악할 수 있는 교사 • 다면평가관리위원으로 선정된 교사도 다면평가자를 겸임할 수 있음 ※ 평가대상자가 소수인 경우, 교사 전원이 참여하는 방법도 고려할 수 있음

구분	주요 내용
유의사항	• 다면평가자로 선정된 교사에게는 서약서를 제출받고, 서약서의 내용을 위해한 경우에는 평가자에서 제외시키며, 해당 교사의 다면평가 행위를 무효화 함 - 평가의 공정성과 객관적인 평가를 위해 다면평가자의 익명성을 보장(비공개 원칙) • 다면평가자로 선정된 교사의 평가 시에는 평가자 본인을 제외한 나머지 평가자들만이 다면평가자가 됨 - 교과 및 비교과 교사의 '다면평가(동료고사)' 및 '근무성적평정'(교감, 교장), '교사 근무성적평정 및 다면평가 합산점'은 단일평가단에 의해 교과 및 비교과교사 구분없이 통합하여 산출함 - 유 · 초 · 중등 교사가 동일학교 내에 근무하는 특수학교는 단일평가단에 의해 다면평가는 유 · 초 · 중등교사 구분없이 산출하고, 근무성적평정은 별도로 산출함 - 병설유치원의 유치원교사는 근무성적평정 등을 별도로 산출함 - 교육(지원)청 소속 순회교사는 근무성적확인자가 교육(지원)청 내 관할 교육기관(학교, 교육청 등)에 소속 또는 근무하는 3명 이상의 교육공무원인 교사를 선정하여 다면평가자 구성(비교과 통합 및 초 · 중등을 통합하여 평정함. 근무성적평정도 동일하게 함께 평정함 • 교사의 근무성적평정과 다면평가 결과의 합산은 근무성적의 평정자와 확인자가 행함

※ 다면평가관리위원 및 다면평가자 선정 제한 사유
- 수석교사, 휴직, 파견, 직위해제 중인 교사
- 계약직 교사(기간제교원, 산학겸임교사, 전일제강사, 종일반강사 등)

다) 평정의 대상 및 시기(교육공무원 승진규정 제2조, 제19조)

① 평정대상: 평정일 현재 근무하는 교감, 장학사, 교육연구사 및 교사

② 평정기준: 매 학년도 종료일을 기준으로 하여 정기적으로 실시함

③ 평정기간: 당해 학년도(***0.03.01~***1.02.28)

라) 평정 등의 예외(교육공무원 승진규정 제20조, 제28조의5)

① 교감 등이 휴직, 직위해제 또는 그 밖의 사유로 평정단위 학년도 중 2개월 미만을 근무한 경우에는 평정하지 아니한다.

② 교감 등이 평정단위 학년도의 10개월을 초과한 연수나 교육기관 · 교육행정기관 또는 교육연구기관 외의 기관에의 파견으로 인하여 근무성적을 평정할 수 없을 때에는 직무에 복귀한 후 최초의 정기평정이 있는 때까지 파견 전 2회의 근무성

적평정의 평균을 당해 교감 등에 대한 평정으로 갈음한다.

③ 교감 등이 2개월 이상 교육기관·교육행정기관 또는 교육연구기관의 다른 직위를 겸임하거나 연수외의 사유로 교육기관·교육행정기관 또는 교육연구기관에 파견 근무하게 된 경우에는 겸임기관 또는 파견되는 기관의 의견을 반영하여 평정한다.

마) 평정점의 분포비율(교육공무원 승진규정 제21조, 제28조의6)

① 교감 등의 근무성적 평정결과 및 교사의 근무성적평정점과 다면평가점을 합산한 결과는 다음의 분포비율에 맞도록 해야 한다.

〈표 3-5〉 다면평가자 구성

평어	평정점	분포비율	비고
수	95점 이상	30%	• '양'에 해당하는 자가 없거나 그 비율 이하일 때에는 '양'의 비율을 적용하지 아니하고 이를 '미'에 가산할 수 있다.
우	90점 이상~95점 미만	40%	
미	85점 이상~90점 미만	20%	
양	85점 미만	10%	

※ 단, '양'의 경우, 최초 정기승급 예정일부터 6개월 승급 제한(「공무원보수규정」 제14조 제1항 제3호)

② 평정자 및 확인자는 소속 평정대상자의 직위별로 평정분포 비율에 맞도록 평정하여야 한다.

③ 평정대상 교감 등의 근무성적 총평정점은 특별한 사정이 없는 한 동일하지 아니하도록 하여야 한다.

④ 평정대상 교사의 합산점은 특별한 사정이 없는 한 동일하지 아니하도록 하여야 한다.

바) 평정의 채점(교육공무원 승진규정 제22조, 제28조의7)

① 교감 등의 근무성적의 평정점은 100점을 만점으로 하되, 평정자의 평정점과 확인자의 평정점을 각각 50퍼센트로 환산한 후 그 환산된 점수를 합산하여 산출한다.

〈표 3-6〉 평정의 채점

평정 대상	환산율			비고
	평정자	확인자	다면평가자	
교사	20%	40%	40%	
교감	50%	50%	-	
장학사 · 교육연구사	50%	50%	-	

② 확인자가 교감 등의 근무성적을 평정할 때에는 근무성적평정확인위원회의 심의를 거쳐야 한다.

③ 근무성적평정확인위원회는 근무성적평정확인자가 소속된 기관에 설치하되, 그 구성 및 운영 등에 관하여 필요한 사항은 설치기관의 장이 정한다.

아) 근무성적평정 및 합산점의 조정(교육공무원 승진규정 제23조, 제24조, 제28조의8)

① 교감 등의 근무성적을 평정할 때에는 근무성적평정조정위원회(이하 "조정위원회"라 한다)의 심의 · 조정을 거쳐야 한다.

② 조정위원회는 승진후보자명부작성 단위기관별로 둔다. 다만, 초등학교 또는 이와 같은 등급학교의 교감의 경우에는 승진후보자명부작성 단위기관 외에 교육장 소속하에 둘 수 있다.

③ 조정위원회는 평정대상자의 상위직공무원 중에서 그 설치기관의 장이 지정하는 5인 이상 7인 이내의 위원으로 구성하고, 위원장은 그 설치기관의 장의 차순위자가 된다.

④ 조정위원회는 다음 각호의 사항을 참작하여 평정대상 교감등의 평정점을 조정할 수 있다.

1. 평정대상 교감등 전원의 분포비율
2. 소속기관간 및 보조기관간의 균형
3. 기타 근무성적평정의 신뢰성과 타당성을 높이기 위하여 필요한 사항

⑤ 조정위원회의 설치기관의 장은 제1항의 규정에 의한 조정결과가 심히 부당하다고 인정하는 경우에는 당해 조정위원회에 대하여 이의 재조정을 요구할 수 있다.

자) 평정결과의 보고(교육공무원 승진규정 제25조, 제28조의9)

① 확인자는 10일 이내에 평정대상자의 임용권자에게 보고하여야 한다.

② 근무성적의 확인자는 근무성적평정표와 다면평가표, 근무성적평정 및 다면평가 합산표를 모두 평정대상자의 임용권자에게 보고하여야 한다.

차) 평정결과의 공개(교육공무원 승진규정 제26조, 제28조의9)

① 평정대상자의 요구가 있는 때에는 특별한 사정이 없는 한 본인의 최종 근무성적 평정점을 알려주어야 한다.

② 청구인 '본인'의 정보에 한해 공개하며, 청구와 관계없이 일괄공지하거나, 본인이 아닌 제3자에게 공개하지 아니한다.

③ 공개 주체는 근무성적평정조정위원회 설치기관에서 한다. 다만, 「공공기관의 정보공개에 관한 법률」 제9조 제1항 제5호에 의거 공개될 경우 인사관리 업무의 공정한 수행에 현저한 지장을 초래한다고 인정할 만한 상당한 이유가 있는 경우 일정기간 비공개할 수 있다.

카) 근무성적평정 결과의 활용(교육공무원 승진규정 제27조, 제28조의9)

① 교감 등의 근무성적평정의 결과는 전보・포상등 인사관리에 반영하여야 한다.

② 근무성적평정과 다면평가의 결과를 합산한 때에 그 결과 보고에 관하여는 제14조를 준용하되, 근무성적의 확인자는 근무성적평정표와 다면평가표, 근무성적평정 및 다면평가 합산표를 모두 평정대상자의 임용권자에게 보고하여야 한다.

③ 근무성적평정점과 다면평가점을 합산한 결과의 공개 및 활용에 관하여는 제26조 및 제27조를 각각 준용하되, 제26조의 최종 근무성적평정점은 최종 합산점으로 본다.

④ 교사의 특별근무성적평정에 관하여는 제28조를 준용한다.

타) 기타 근무성적평정 시 유의사항

감사결과 행정처분 및 징계처분자 근무성적 감정처리

〈표 3-7〉 행정처분 및 징계처분자 감점 처리(울산광역시의 사례)

구분	근무성적 반영	비고
주의	주의 2건부터 0.1점 감점 (추가 건강 0.1점씩 감점)	• 감점 영역: 조정점에서 감정
경고, 불문(경고)	1건당 0.5점 감점	
징계(견책 이상)	'우' 이하	

2) 교원 호봉

가) 교원 초임호봉획정 (교육부, 2024b)

① 근거: 공무원보수규정, 교육공무원 호봉획정 시 경력환산율표의 적용 등에 관한 예규

② 대상 및 시기: 신규로 채용되는 교육공무원의 신규채용일

③ 방법

• 경력환산율표 적용 → • 학령가감 산정 → • 기산호봉 적용 → • 호봉경력 평가 심의 → • 초임호봉 획정

〈표 3-8〉 초임호봉획정

구분	내용	비고
경력환산율표	• 교원 관련 근무경력 • 교원 외 공무원 근무경력 • 유사한 경력 ※군복무, 대학원은 경력으로 처리함	• 교사→10할
학령가감 산정	• (학령-16)+가산연수 • 학령:4년제 대학 졸업 16년 • 가산연수: 사범계 1년, 특수학(급)교 2년	• 사대, 교대 졸업: 가산연수1 • 사대 특수교육과 졸업: 가산연수2
기산호봉 적용	• 정교사(1급): 9호봉 • 정교사(2급): 8호봉	• 전문상담 · 사서 · 보건 · 영양교사(1급): 9호봉, (2급): 8호봉
초임호봉획정	• 경력확산연수+학력가삼산연수+기산호봉	

직종	유치원 · 초 · 중등학교 교원 등	국립대학 교원 등
경력환산율표 적용 • 영 별표 22 • 예규 [별표 1]	- 경력기간 합산신청서 배부(보수지침 별지 제1호 서식) - 경력의 증명 및 전력조회(경력인정 여부 결정) - 교육공무원 등의 경력환산율표(예규 별표 1, 별표 2 적용)	

+

학령 및 경력연수 가감 산정
• 영 별표 23, 별표 24
• 예규 Ⅲ-1, Ⅲ-2

(학령-16)+가산연수	
학령	초등학교: 6년 중학교: 3년 고등학교: 3년 대학(전문대학): 법정수학연수
가산연수	사범계 가산연수: 1년 특수학교(특수학급) · 특수교육 지원센터 가산연수 - 사범계 학교 졸업자: 2년 - 비사범계 학교 졸업자: 1년

대학 또는 전문대학의	대학 졸업자	전문대학 졸업자
교수		
부교수		
조교수		
전임강사		
조교		

+

기산호봉 적용
• 예규 Ⅲ-3

유치원 · 초 · 중등학교 교원 등	
정교사(1급)	9
정교사(2급)	8
준교사	5
전문상담교사(1급)	9
전문상담교사(2급)	8
사서교사(1급)	9
사서교사(2급)	8
실기교사	5
보건교사(1급)	9
보건교사(2급)	8
보건교사(3급)	9
보건교사(4급)	8

국립대학 교원 등	
교수	15
부교수, 장학관, 교육연구관	12
조교수	9
전임강사	7
조교	2

⬇

초임호봉 확정	- 초임호봉표 적용 - 잔여기간 계산(호봉계산)

⬇

호봉경력 평가 · 심의	- 기관별 「호봉경력 평가 심의회」 개최 - 이 예규 별표2에 따른 상향 인정대상 여부 등 심의 후 경력인정 여부 결정 * 심의회 세부 구성 · 운영에 관한 사항은 「보수 지침」을 따름

⬇

호봉재획정 승급 · 강임시 획장	- 해당 사유가 발생하는 경우에만 해당 (「보수지침」 준용)

④ 교육공무원의 경력환산율표 적용 기준

- 교원경력(환산율 80~100%)

〈표 3-9〉 교원경력

주요 경력	환산율
• 유 · 초 · 중 · 고 · 대학 · 교육기관의 교육공무원(기간제교사 포함), 교육전문직원 ※ 소지자격 달리 근무(중등 교원자격증 → 초등학교 근무)	100% 80%
• 사립학교 교원(기간제교사 포함) ※ 소지자격 달리 근무(중등 교원자격증 → 초등학교 근무)	100% 80%
• 학력이 인정되는 학교형태의 평생교육시설에서 교원으로 근무	100%
• 한국학교 근무	100%
• 시 · 군 · 구에 임면 보고된 보육교직원으로 어린이집 근무	100%

- 교원 외의 공무원 경력(환산율 80~100%)

〈표 3-10〉 교원 외의 공무원 경력

주요 경력	환산율
• 국가공무원, 지방공무원 근무(군 경력, 보충역 경력 포함)	100%
• 고용직 공무원 근무	80%

- 유사 경력(환산율 30~100%)

〈표 3-11〉 유사 경력

주요 경력	환산율
• 강사 등 경력: 유치원 종일반 강사, 영어회화강사, 스포츠강사, 수준별 이동수업 강사, 특수센터 순회강사, 방과후학교 강사, 인턴교사, 산학겸임교사 등(근무기간 ×주당 실근무기간/평균 주당 근무시간) ※ 전일제 또는 종일제(1일 8시간 이상) 강사 근무	30% 100%
• 연구경력: 대학 또는 대학원 연구원 상근, 정부출연연구기관 등 연구원 상근, 대학원 연구전담 조교 상근, 대학원 석사 및 박사학위 취득 최저 수업연한(박사 3년 범위, 계절학기제 대학원 석사 2년 범위 인정)	100%
• 국가 또는 지방자치단체 등 임시직, 촉탁, 잡급 등 상근 근무	80%

주요 경력	환산율
• 그 밖의 경력	
- 변호사 또는 법무사 상근 근무	70%
- 교원단체 또는 교원노동조합 상근 근무	70%
- 비영리 종교법인에서 교육활동과 관련된 직무 상근 근무	60%
- 공공법인에서 행정 · 경영 · 연구 · 기술 분야 상근 근무	50%
- 한국학교 또는 교육원을 제외한 재외교육단체 상근 근무	50%
- 학원 또는 교습소 상근(미신고 3할) 근무	50%
- 회사 상근 근무	40%
- 그 밖의 직업 종사한 경력	30%

※ 같은 수준의 2개 이상의 학교를 졸업한 경우에는 1개 학교 외의 수학 연수는 80%의 비율을 적용한다.
※ 경력과 경력, 학력과 경력이 중복된 경우에는 그 중 유리한 경력, 학력 하나에 대하여만 계산한다.

나) 정기승급(NEIS)

공무원의 호봉 간 승급에 필요한 기간은 1년으로 하며, 공무원의 호봉은 매달 1일자로 승급한다.

① 메뉴: 교원인사 > 호봉 > 정기승급

② 정기승급 절차

〈표 3-12〉 정기승급 절차

절차
1. 호봉개요등록 - 호봉획정작업을 하려면 반드시 작업개요를 등록해야 함. 이미 개요를 등록했다면 개요명을 선택함
2. 정기승급대상자 선정 및 조회 - 정기승급대상자를 선정하고 선정된 대상자를 조회, 관리함 - 학교장이나 승급제한 대상자(정기승급일 휴직예정자)가 있을 경우 [체크]하여 삭제함
3. 정기승급 호봉 자동산정 및 결과조회 - 자료일괄작업이 끝난 후 자동 조회됨
4. 근무년수 변경 대상자 관리 - 교원은 해당 없으며, 추출되는 교원은 반드시 최종승급기록을 확인 후 교육청 담당부서에 근무년수 변경신청을 해야 함
5. 정기승급 작업마감 - 마감여부를 [Y]하면 교육청에서 관할학교의 정기승급작업 진행상황을 조회할 수 있음

절차
6. 임용발령자료 생성 - 정기승급작업한 내용을 기안문으로 작성하여 보내주는 기능을 함 - 임명권자로 'OO중학교장'으로 입력함
7. 임용기안문 작성(호봉) - 기안상신, 승인, 시행 등의 절차를 거침
8. 인사기록 근무사항 및 승급기록 반영 확인 - NEIS 인사기록에서 근무사항 및 승급기록 반영사항 확인함
※ 정기승급 관련 유의사항 - 학교장 정기승급권자: 교육감, 시교육청 담당부서에서 처리함 - 3.1자 전보 시 정기승급 발령기관은 이전 학교에서 하며, 누락 시 새 학교에서 처리함 - 3.1자 정기승급대상자가 동일자로 휴직하는 경우 정기승급 하지 않음 - 호봉 관련 인사발령통지서는 본인의 NEIS 인사기록 확인 안내로 대체할 수 있음

다) 호봉재획정

① 호봉재획정 사유 및 내용

〈표 3-13〉 호봉재획정 사유 및 내용

사유	내용
새로운 경력 합산	• 초임호봉 획정 시 반영되지 않았던 경력 산입 • 호봉재획정일: 경력합산을 신청하는 날이 속하는 달의 다음달 1일
자격변동이 생긴 경우	• 임용된 교과목의 상위자격을 취득한 경우 • 호봉재획정일: 경력합산을 신청하는 날이 속하는 달의 다음달 1일
휴직에서 복직하는 경우	• 휴직 종류별 호봉승급기간 포함 여부 확인 필요 • 호봉재획정일: 복직일자
징계처분이 말소된 경우	• 휴직 종류별 호봉승급기간 포함 여부 확인 필요 • 호봉재획정일: 복직일자
해당 공무원에게 적용되는 호봉획정의 방법이 변경되는 경우	• 개정된 법령의 적용 등 해당 공무원에 적용되는 호봉획정 방법이 변경된 경우 • 호봉재획정일: 당해 관련 법령과 그에 대한 지침 등에 의함

※ 호봉재획정에 반영되지 않은 잔여기간이 있으면 다음 승급기간 때 산입함

② 경력 인정 및 전력 조회

• 전직 재직기관장이 발급한 경력증명 증빙서류가 구비되었을 때에 한하여 누락경

력을 인정함

- '호봉획정을 위한 경력기간 합산신청서' 활용 신청함
- 경력의 증명은 인사발령을 위한 구비서류로 제출된 경력증명서에 의함
- 경력증명서의 내용이 불확실한 경우, 전력조회 실시함
- 유사경력은 반드시 전력조회 실시, 3개월 이내 완료함
- 전력조회 확인사항: 담당업무, 경력기간, 직위, 정규직원, 유급·상근 여부 등 경력 인정과 관련된 사항

③ 호봉재획정 절차

〈표 3-14〉 호봉재획정 절차

절차
1. 호봉개요등록
2. 재획정 대상자 조회 및 인정내역 설정 - 대상자가 조회되며, 대상자를 추가할 수 있음
2-①. 대상자 등록 - 2자 이상의 성명 입력하여 조회 후 대상자 등록함
2-②. 학력 가져오기 - 최종학력 1개만 선택함
2-③. 전력 가져오기 - 임용 전 경력 가져오기 - 경력과 중복되는 기간은 가져오지 않음 - 임용 전 최종 졸업한 학교 외의 동등 학력은 80% 인정 - 임용 전 대학원 석사학위 취득의 경우 100% 인정
2-④. 임용 가져오기 - 전 기간을 가져오기를 한 후, 중복되는 기간은 삭제, 기간 수정함
2-⑤. 가산하기 - 가산연수를 입력함(사범계졸업 1년, 특수학교/학급 2년)
2-⑥. 획정사유 입력하기 - 호봉재획정 사유(휴직, 자격변동, 징계말소 등)에 대하여 기재함
3. 재획정 자동산정 및 결과조회
4. 임용발령자료 생성
5. 임용기안문 작성(호봉)
6. 인사기록 근무사항 및 승급기록 반영 확인

예시

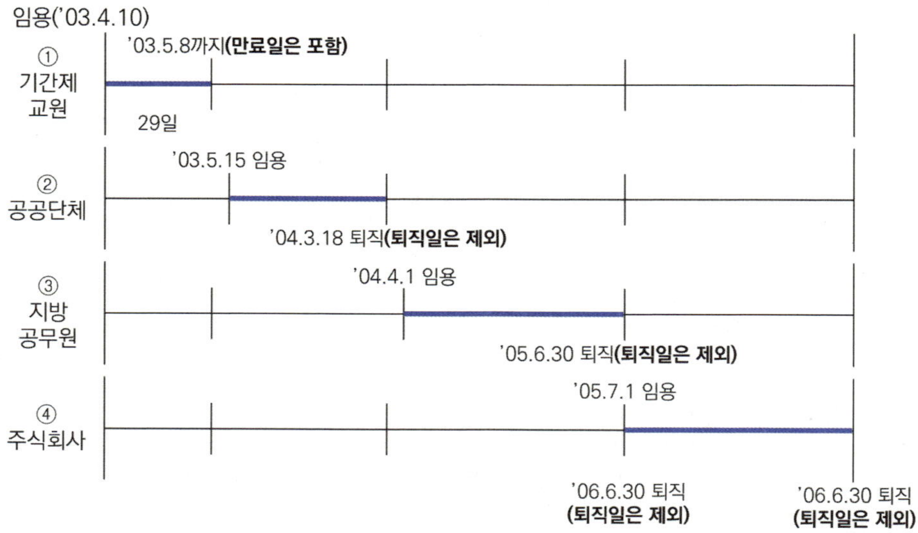

☞ 기간계산: 임용일은 산입하고 퇴직일은 제외하되, 군복무기간의 퇴직(전역)일 및 근무기간이 정해진 계약직 공무원(기간제 교사 포함) 등의 계약기간 만료일은 산입한다.

☞ 환산율 10할: ①경력(29일)+③경력(1년2월29일)=**1년2월58일**

환산율 5할: ②경력(10월3일) ⇒ 10월 3일×50%=**5월1일(소수점이하 절사)**

환산율 4할: ④경력(11월29일)=(11월 29일)×40%

=(11월×40%)+(29일 × 40%)=4.4월+11.6일

=4월+0.4월+11.6일=4월+12일(0.4월×30일)+11.6일

=4월 23.6일 ⇒ **4월 23일(소수점이하 절사)**

∴ **총합계: 1년 11월82일=2년 1월 22일**

※ 환산율 적용후의 경력기간은 「12월은 1년으로, 30일은 1월」로 각각 계산.

예시

〈학력과 경력의 중복〉

- 학력과 경력이 중복되는 경우 1개만 산입 (예규 [별표 3] "2. [비고 3] 학력과 경력의 중복" 참고)

① 2006.2.21. 대학졸업 ② 2006.1.20. 회사입사

☞ 대학은 2월말까지 다닌 것으로 계산, 회사는 3월1일부터 근무한 것으로 간주하여 계산 (2006.1.20. ~ 2006.2.28.은 학·경력 중복으로 봄)

예시

〈석사 · 박사 학위취득 시 경력계산〉

- 초 · 중 · 고등학교 및 **대학졸업 학력**은 '학령가감'을 통해 호봉에 반영
  ※ 영 [별표 23] 참고
  ☞ 이 예규 'Ⅲ-1', 'Ⅲ-2'에 따라, 법정 수학연한을 통산하는 방법에 따름
- **석사 · 박사학위 취득**을 위해 대학원에 다닌 기간은 학령(학력)이 아닌, 경력으로 계산
  ※ 영 [별표 22] '3. 유사경력 - 나. 연구경력 - 4)'
  단, 학위취득 없이 **수료**만 한 경우에는 **학위취득 전까지 당해 경력 인정 불가**
  ☞ 경력기간 계산 시에는 학기단위 인정방법을 따름
  (1학기: 3. 1.~8. 31. / 2학기: 9. 1.~2. 28(말일))

예시

〈초임호봉 획정 시 임용전 경력의 가감〉

- A교사
  ① 2000.3.1. 교원임용　② 2002.1.1.~2002.12.31. <u>국내연수휴직.</u>
  ③ 2003.1.1. 복직　④ 2004.8.31. 면직 ⇒ 이후 재임용에 따른 초임호봉 획정 문제
- B교사
  ① 2000.3.1. 교원임용　② 2002.1.1.~2002.12.31. <u>육아휴직.</u>
  ③ 2003.1.1. 복직　④ 2004.8.31. 면직 ⇒ 이후 재임용에 따른 초임호봉 획정 문제

☞ A교사: 임용전 경력을 인정에 있어 교원경력 중 국내연수휴직 기간을 제외
B교사: 교육공무원법의 개정('00년)으로 육아휴직 기간 중 최초 1년 이내의 기간은 호봉 승급기간에 산입 ⇒ 육아휴직기간 1년은 임용 전 경력기간에 포함

※ 초임호봉 획정 시 인정되는 임용 전 경력(영 [별표 22] 참조) 중에서 특별승급 또는 승급제한 등의 사유가 있는 때에는 이를 가감함

예시

〈유 · 초 · 중등 시간강사 근무경력 환산 예시〉
⇒ [별표1] 3-가, '강사 등 경력' 참고

- 2002. 4. 1~2002. 7. 20까지 주당 22시간의 계약으로 근무한 경력을 가진 시간강사가 교원으로 채용될 경우: 3월 20일
  ※ '05. 2. 28. 이전 경력으로 <u>주당평균근무시간 44시간</u> 기준 적용
  - 3월×(22시간/44시간) = 1.5월 = 1월 15일(0.5월×30일 = 15일)

- 20일×(22시간/44시간)=10일

☞ **경력기간: 1월 25일**

- 2005. 4. 4 ~ 2005. 7. 19까지 주당 22시간의 계약으로 근무한 경력을 가진 시간강사가 교원으로 채용될 경우: 3월 16일

  ※ '05. 3. 1부터 '06. 2. 28. 사이의 경력이므로, **주당평균근무시간 43시간** 기준 적용
  - 3월×(22시간/43시간)=1.5월=1월 15일(0.5월×30일=15일)
  - 16일×(22시간/43시간)=8일(소수점 이하 절사)

  ☞ **경력기간: 1월 23일**

- 2011. 3. 1부터 2011. 7. 11까지 A학교(주당 6시간), B학교(주당 10시간), C학교(주당 6시간) 시간강사로 근무한 경력을 가진 사람이 교원으로 채용될 경우: 4월 11일

  ※ '06. 3. 1이후의 경력이므로, **주당평균근무시간 42시간** 기준 적용
  동일 기간 중 여러 학교에서 시간강사로 근무한 경력은 경력의 중복으로 볼 수 없으므로 각 학교에서의 강의 시간을 합산하여 계산
  - 4월×(22시간/42시간)=2.1월=2월 3일(0.1월×30일=3일)
  - 11일×(22시간/42시간)=5일(소수점 이하 절사)

  ☞ **경력기간: 2월 8일**

∴ 총 경력환산 기간: 4월 56일 ⇒ 5월 26일

예시

〈통상적인 근무시간보다 짧게 근무한 교원경력 및 유사경력 기간 예시〉
⇒ [별표1] 3-라, ' 그 밖의 경력' 참고

- 2015. 4. 1~2017. 7. 20까지 교원 임용 전 공공기관에서 주당 30시간 근무한 경력을 가진 자가 교원으로 채용될 경우: 2년 3월 20일
  - 2년×(30시간/40시간)×5할=9월
  - 3월×(30시간/40시간)×5할=1.125월=1월 3.75일(0.125월×30일=3.75일)
  - 20일×(30시간/40시간)×5할=7.5일

  ☞ **경력기간: 10월 11.25일 ⇒ 10월 11일**(소수점 이하 절사)

- 2017. 9. 1~2019. 12. 20까지 교원 임용 전 초등교원자격을 갖추고 중학교에서 주당 30시간 기간제 교원으로 근무한 경력을 가진 자가 교원으로 채용될 경우: 2년 3월 20일
  - 2년×(30시간/40시간)×8할=14.4월=1년 2월 12일(0.4월×30일=12일)
  - 3월×(30시간/40시간)×8할=1.8월=1월 24일(0.8원×30일=24일)
  - 20일×(30시간/40시간)×8할=12일

  ☞ **경력기간: 1년 4월 18일**

∴ **총 경력환산 기간: 2년 2월 29일**

라) 호봉정정

① 호봉정정 시기는 호봉획정 또는 승급이 잘못된 것이 발견된 때 정정한다.

② 호봉의 획정 또는 승급이 잘못된 경우 그 잘못된 호봉발령일로 소급하여 호봉을 정정하되, 정정 방법은 사유 및 근거를 명확히 하여 호봉재획정 방법과 동일하다.

③ 호봉정정은 현재 호봉획정 및 승급시행권자가 하며, 필요하면 종전의 호봉획정 및 승급시행권자에게 호봉정정을 위하여 필요한 사항을 확인할 수 있다.

④ 호봉정정에 따른 보수는 보수지급일 현재의 소속 기관에서 정산한다.

⑤ 봉급 청구권・반환청구권의 소멸시효

- 과소지급된 봉급된 청구권(공무원 → 국가): 민법 적용, 3년
- 과다지급된 봉급된 청구권(국가 → 공무원): 국가재정법 적용, 5년

생각해 볼 문제

1. 인공지능(AI) 기술의 급속한 발전이 교육 현장에 미치는 영향을 고려할 때, 미래 교사의 역할과 교직관은 어떻게 변화해야 하는지 생각해 봅시다.
   - AI가 일부 교육 내용 전달과 평가를 대체할 수 있게 되면서, 교사의 고유한 가치와 역할은 무엇이 되어야 하는가?
   - 디지털 리터러시와 AI 활용 능력이 교사의 필수 역량으로 부각되는 상황에서, 전통적인 교직관은 어떻게 재해석되어야 하는가?
   - AI와의 협업을 통해 개별화된 학습을 제공하는 미래 교육 환경에서, 교사-학생 관계의 본질은 어떻게 유지되거나 변화해야 하는가?
   - 급변하는 기술 환경에서 교사의 평생 학습과 적응 능력의 중요성이 커지고 있는데, 이는 교직의 전문성과 어떻게 연계되어야 하는가?

2. K교사가 2024. 3. 1.부터 2024. 7.20.까지 A학교(주당 6시간), B학교(주당 12시간), C학교(주당 5시간) 시간강사로 근무한 경력을 가진 사람이 교원으로 채용될 경우, 경력기간을 환산해 봅시다.

학습활동

• 교직관에 대해 설명해 봅시다.

교직관	특징	장점	단점
성직관			
노동직관			
전문직관			
기술직관			

• 교원 초임호봉획정 방법 중 기산호봉에 대해 설명해 봅시다.

• 경력환산율표 적용 → • 학력가감 산정 → • 기산호봉 적용 → • 호봉경력 평가 심의 → • 초임호봉 획정

제4장

교원능력개발평가와 수업 컨설팅

교육 현장의 질적 향상과 교사의 전문성 개발은 현대 교육의 핵심 과제이다. 본 장에서는 이러한 목표를 달성하기 위하여 교원능력개발평가와 수업컨설팅에 대해 심도있게 살펴본다. 교원능력개발평가는 교사의 역량을 체계적으로 평가하고 개선점을 파악하는 데 중요한 역할을 하며, 수업컨설팅은 실제 교육 현장에서 교사의 수업 능력을 향상시키는 실천적 도구이다. 이 장을 통해 예비 교원들은 자신의 교육 실천을 객관적으로 평가받고 개선할 수 있는 방법을 이해하게 될 것이며, 나아가 끊임없는 자기 개발과 전문성 향상의 중요성을 인식하게 될 것이다. 교육 현장의 실제 사례와 구체적인 전략을 통해, 미래의 교육자로서 갖추어야 할 핵심 역량을 함양하는 데 도움을 줄 것이다.

1. 교원능력개발평가

가. 교원능력개발평가의 목적

1) 교원의 전문성 향상

교원능력개발평가는 다양한 목적으로 실시된다. 이를 종류별로 살펴보면 첫째, 개별 교사의 역량을 강화하기 위한 목적을 가지고 있다. 교사의 강점과 약점을 객관적으로 파악하여, 개별 교사에게 필요한 연수 및 교육 프로그램을 제공함으로써 교사의 교육 역량을 강화할 수 있다. 특히 교사들이 지속적으로 자신의 전문성을 개발할 수 있도록 지원하며, 이를 통해 교육 현장에서의 효과성을 높일 수 있다(류민영, 2013).

둘째, 교육의 질을 향상시킬 수 있다. 교사의 수업 능력과 생활지도 능력을 평가하여, 학생들이 보다 나은 교육 환경에서 학습할 수 있도록 지원할 수 있다. 그리고 평가 결과를 통해 교육성과를 분석하고, 이를 토대로 교육 방법과 내용을 개선하여 전체적인 교육의 질을 높인다.

셋째, 책임 있는 교육을 제공할 수 있다. 교원평가를 통해 교사가 자신의 교육 활동에 대해 책임을 질 수 있도록 하며, 교사의 전문성과 윤리성을 강조할 수 있다. 아울러, 평가 과정을 통해 교사 평가의 투명성을 확보하고, 이를 통해 학부모와 학생들의 신뢰를 증진시킬 수 있다.

넷째, 학교 조직의 발전을 도모할 수 있다. 동료 교사 평가를 통해 교사들 간의 협력과 소통을 증진시키고, 이를 통해 학교 조직의 단합과 발전을 도모할 수 있다. 교장 및 교감의 평가를 통해 학교 리더십의 질을 높이고, 학교 운영의 효율성을 향상시킬 수 있다. 평가 결과를 바탕으로 교육 정책을 수립할 때 필요한 기초 자료를 제공하고, 이를 통해 보다 효과적인 교육 정책을 개발할 수 있다. 평가 결과를 인사 관리에 반영하여 교사의 승진, 전보, 연수 등에서 객관적이고 공정한 기준을 제공할 수 있다.

교원능력개발평가는 단순히 교사를 평가하는 것을 넘어서, 교육 현장의 질을 전반적으로 향상시키고, 학생들의 학습 경험을 개선하며, 교사의 지속적인 전문성 개발을 촉진하는 데 중요한 역할을 한다. 이 평가를 통해 교사들은 자신의 교육 방법을 지속적으로 개선할 수 있고, 학생들은 더 나은 교육 환경에서 학습할 수 있게 된다.

나. 교원능력개발평가의 역사 및 변화과정

1) 초기 도입배경(2000년대 초반)

2000년대 초반, 교육의 질을 높이고 교사의 전문성을 강화하기 위한 필요성이 대두되면서 교원평가의 필요성이 제기되었다. 이 시기에 교육계와 학계, 정부 간의 논의를 통해 교원능력개발평가의 기본 틀이 마련되기 시작했다.

2) 시범 운영(2004~2009)

2004년부터 일부 학교를 대상으로 교원평가가 시범적으로 운영되기 시작했다. 이 시범 운영을 통해 평가 방법과 도구를 점검하고, 현장 적용 가능성을 검토했다. 시범 운영 결과를 바탕으로 평가 기준과 항목, 절차 등이 수정・보완되었다.

3) 정식 도입 및 시행 (2010)

2010년에 교원능력개발평가가 정식으로 도입되어 전국의 초・중・고등학교에서 관련 운영을 시작하였다. 평가 항목에는 수업 능력, 생활지도 능력, 전문성 개발, 교육적 태도 등이 포함되었다. 평가 주체로는 학생, 학부모, 동료 교사, 학교장 등이 참여했다.

4) 제도 보완 및 개선 (2010년대 중반)

교원평가가 시행되면서 나타난 문제점들을 보완하기 위한 노력이 계속되었다. 평가의 공정성과 객관성을 높이기 위해 평가 방법과 절차를 개선하고, 교사들의 피드백을 반영해 평가 도구를 보완하였다. 평가 결과를 교사 연수 및 전문성 개발에 더욱 효과적으로 활용할 수 있도록 관련 정책을 강화하였다.

5) 평가 시스템의 디지털화(2010년대 후반)

정보통신기술(ICT)의 발달에 따라 교원평가 시스템도 디지털화되기 시작하였다. 온라인 플랫폼을 활용해 평가를 실시하고, 평가 결과를 데이터베이스화하여 분석하고 활용할 수 있는 체계가 마련되었다. 이를 통해 평가의 효율성과 접근성이 크게 향상되었다.

6) 최근 동향(2020년대)

최근에는 교원평가의 질적 향상과 함께 교사의 전문성 개발을 위한 맞춤형 지원이 강화되고 있다. 교사들의 자율성과 창의성을 존중하는 방향으로 평가 시스템이 발전하고 있다. 코로나19 팬데믹 이후 비대면 교육이 확산되면서, 온라인 수업 능력 평가와 같은 새로운 평가 항목이 추가되고 있다.

7) 주요 변화 내용 및 평가 영역

- 평가 주체 확대: 초기에는 주로 학생과 학교장이 평가에 참여했으나, 현재는 학부모와 동료 교사도 평가 주체로 포함되어 있다.
- 평가 항목 다양화: 초기에는 수업 능력 중심으로 평가했으나, 현재는 생활지도 능력, 전문성 개발, 교육적 태도 등 다양한 항목이 포함되어 있다.
- 평가 방법 개선: 평가의 공정성과 객관성을 높이기 위해 다양한 평가 방법이 도입되고, 평가 도구가 개선되었다.
- 디지털화: 평가 시스템의 디지털화를 통해 평가의 효율성과 접근성이 향상되었다.
  교원능력개발평가는 이러한 변화를 거치며 교사의 전문성 강화와 교육의 질 향상에 기여해왔다. 앞으로도 시대적 변화와 교육 현장의 요구를 반영해 지속적으로 발전할 것으로 기대된다.

다. 교원능력개발평가 방법

1) 학생 만족도 조사

- 대상: 주로 4학년 이상의 초등학생, 중학생, 고등학생
- 방법
  ① 설문지: 학생들이 교사의 수업 태도, 수업 내용의 이해도, 교사와의 상호작용 등에 대한 만족도 정도를 확인하는 설문지를 작성한다.
  ② 온라인 평가: 학교나 교육청에서 제공하는 온라인 플랫폼을 통해 평가가 이루어진다.
- 주요 평가 항목
  ① 교사의 수업 준비와 내용 전달력
  ② 교사의 학생 존중 태도
  ③ 교사의 질문과 피드백 제공

2) 학부모 만족도 조사

- 대상: 학생들의 학부모
- 방법
  ① 설문지: 학부모들이 교사의 교육 활동에 대한 의견을 제시하는 설문지를 작성한다.
  ② 온라인 만족도 조사: 학부모들이 온라인 플랫폼을 통해 만족도를 제출한다.
- 주요 평가 항목
  ① 교사의 학생 지도와 상담 능력
  ② 교사의 학부모와의 소통 및 협력
  ③ 교사의 교육적 열정과 헌신

3) 동료 교사 평가

- 대상: 같은 학교에 재직 중인 동료 교사

- 방법
  ① 서술형 평가: 동료 교사들이 구체적인 예시와 함께 평가를 작성한다.
  ② 평가 회의: 교사들 간의 평가 회의를 통해 서로의 교육 활동을 평가한다.
- 주요 평가 항목
  ① 교사의 전문성 개발 노력
  ② 교사의 동료와의 협력과 지원
  ③ 교사의 교육적 태도와 가치관

4) 자기 평가

- 대상: 평가 대상인 교사 본인
- 방법
  ① 자기 진단 보고서: 교사가 자신의 교육 활동과 성과를 진단하고 보고서를 작성한다.
  ② 목표 설정: 교사가 스스로 설정한 목표와 이를 달성하기 위한 계획을 평가한다.
- 주요 평가 항목
  ① 자신의 수업 개선 노력
  ② 자신의 전문성 개발 노력
  ③ 자신의 교육적 성취와 반성

5) 관리자에 의한 평가

- 대상: 학교의 교장 또는 교감
- 방법
  ① 면담 평가: 교장(교감)이 교사와 면담을 통해 평가한다.
  ② 업무 보고서: 교장이 교사의 업무 보고서를 검토하여 평가한다.
- 주요 평가 항목
  ① 교사의 수업 준비와 수행 능력

② 교사의 학교 생활 지도와 관리 능력

③ 교사의 교육적 태도와 헌신

• 평가 도구

① 설문지: 학생, 학부모, 동료 교사들이 교사를 평가할 때 주로 사용하는 도구

② 온라인 플랫폼: 평가의 편의성과 효율성을 높이기 위해 사용되며, 평가 결과를 체계적으로 수집하고 분석할 수 있다.

③ 서술형 평가: 동료 교사와 학교장이 구체적인 사례를 들어 평가할 때 사용한다.

④ 자기 진단 보고서: 교사가 자신의 교육 활동을 성찰하고 평가할 때 사용한다.

• 평가 과정

① 준비 단계: 평가 계획 수립 및 평가 도구 준비

② 평가 실시: 학생, 학부모, 동료 교사, 교장(교감) 등이 각각 평가를 실시

③ 결과 분석: 평가 결과를 종합하고 분석

④ 피드백 제공: 평가 결과를 교사에게 피드백으로 제공하여, 교사의 개선 방향을 제시

⑤ 추후 관리: 평가 결과를 바탕으로 교사의 연수 및 전문성 개발 프로그램을 제공

이러한 다양한 평가 방법과 절차를 통해 교원능력개발평가는 교사의 전문성을 향상시키고 교육의 질을 높이는 데 기여하고 있다.

라. 평가 결과의 활용방안

교원능력개발평가를 실시하는 궁극적인 이유는 교사의 전문성을 개발하기 위한 것이다. 따라서 평가 결과를 바탕으로 교사들에게 맞춤형 연수 프로그램을 설계할 수 있다. 즉 개별 교사의 필요와 수준에 맞춘 연수 프로그램을 제공할 수 있다. 예를 들어, 수업 능력이 부족한 교사는 교수법 관련 연수를, 생활지도 능력이 부족한 교사는 상담 기술 연수를 받을 수 있다. 이를 위하여 교사는 평가 결과를 기반으로 자신의 전문성 개발 계획을 수립하고, 이를 이행하면서 지속적으로 성장할 수 있다. 또한

평가 결과에 따라 경험 많은 교사가 멘토로 지정되어, 필요한 교사에게 코칭과 멘토링을 제공할 수 있다(고전, 2011).

평가 결과를 바탕으로 교사의 승진 및 전보 자료로 활용할 수 있다. 평가 결과는 교사의 승진과 전보 등 인사 관리에 중요한 기준으로 사용된다. 우수한 평가를 받은 교사는 승진 기회가 주어지고, 필요한 곳으로의 전보가 고려될 수 있다. 또한, 평가 결과는 교사의 연간 근무 성과 평가에 반영되어, 성과급 지급 등과 관련된 의사 결정에 영향을 미칠 수 있다.

교원능력개발평가 결과는 학교 교육계획 수립의 근거가 되기도 한다. 학교는 교원평가 결과를 반영하여 교육 계획을 수립하고, 이를 통해 학교 전체 교육의 질을 향상시킬 수 있다. 나아가 평가 결과는 학교 운영의 문제점을 파악하고 개선하는 데 활용된다. 예를 들어, 특정 교과목의 교육 질이 낮다면, 해당 교과목의 수업 방식을 개선하는 데 집중할 수 있다.

교사의 입장에서 보면 교원능력개발평가 결과가 개별 피드백 되므로 이에 따라 자신의 강점과 약점을 파악할 수 있게 된다. 그리고 자신의 교육 활동을 성찰하고 개선할 수 있는 기회를 가질 수 있다. 한 걸음 더 나아가 다른 교사들과의 평가 결과를 비교하여 자신의 위치를 파악하고, 우수한 교사들의 교육 방법을 벤치마킹할 수 있다.

교원능력개발평가의 참여자가 학생 및 학부모로까지 이어지기 때문에 평가 결과는 학생 및 학부모와 공유되어, 교사의 교육 활동에 대한 신뢰를 높이고, 교육 공동체 간의 소통을 강화하는 데 기여할 수 있다. 그리고 평가 결과를 통해 학부모들은 교사의 교육 활동에 대한 이해도를 높이고, 학교 교육에 더 적극적으로 참여할 수 있다.

2. 수업 컨설팅

가. 수업의 의미

수업은 '학습을 목적으로 한 모든 의도적으로 계획된 활동'으로 정의할 수 있다. 이는 다음 세 가지 중요한 의미를 포함한다(김도기, 김효정, 2013).

[그림 4-1] 수업의 3가지 의미

1) 의도적 및 계획적 활동

- 수업은 반드시 의도적이고 계획적이다.
- 교사는 수업 설계 활동을 수행해야 한다.
- 교육과정에 따라 교육 내용을 선정하고 학습 목표를 설정하며, 교수・학습 자료를 제작하고, 수업 과정을 상세히 계획하여 실행에 옮겨야 한다.
- 계획된 활동을 통해 수업목표를 명확히 하고, 학생들에게 체계적인 학습 경험을 제공한다.

2) 학습과 학습자 중심 활동

- 수업의 목적은 교사가 아닌 학생의 학습에 있다.
- 수업과정에서 겪게 되는 학습의 모든 학습경험이 의미 있다.
- 교사는 학생들이 적극적으로 학습 활동에 참여하도록 지원하고 도와야 한다.
- 수업을 통해 학생들은 새로운 지식이나 능력을 기르게 된다.

3) 상호작용 활동

- 계획된 활동에는 교사와 학생 간 상호작용이 포함된다.
- 수업은 교사의 교수 활동과 학생의 학습 활동이 상호작용하여 학습 목표를 달성해 간다.
- 교수 활동과 학습 활동은 독립적이지 않고 상호 보완적이다.
- 교사와 학생은 공동의 학습 목표를 달성하기 위해 함께 소통하고 협력한다.

나. 좋은 수업이란?

'좋은 수업'이란 무엇일까? 이는 단순히 수업의 질을 평가하는 것을 넘어, 수업 내용, 운영 방식, 학습 활동 등 다양한 요소를 포괄하는 개념이다. 독일의 교육학자 힐베르트 마이어(Hilbert Meyer)는 그의 저서 『좋은 수업이란 무엇인가(Was ist guter Unterricht?, 2004)』에서 좋은 수업을 다음과 같이 정의하였다. '좋은 수업은 민주적인 수업 문화 속에서, 교육의 본질적 과제에 기반을 두고, 성공적인 학습 파트너십을 목표로 하며, 의미를 창출하는 동시에 모든 학생의 능력을 지속적으로 발전시키는 수업이다'. 이를 바탕으로 좋은 수업의 특성을 세 가지 측면으로 나누어 살펴보자.

1) 수업 내용 측면

좋은 수업의 내용은 교육과정에 충실하며, 학생들의 수준에 적합해야 한다. 여기에는 다음과 같은 요소들이 포함된다.

- 명확한 학습 목표 설정: 학습 목표는 명확하고 달성 가능하게 설정되어야 한다.
- 교육과정 준수: 수업 내용은 교육과정의 목표와 방향에 충실해야 한다.
- 학생 수준에 적합: 학생들의 이해 수준과 발달 단계에 맞는 내용을 제공해야 한다.
- 호기심과 동기 유발: 수업은 학생들의 호기심을 자극하고 학습 동기를 부여해야 한다.
- 실제적 맥락 강조: 실생활과 연결된 학습 경험을 제공해야 한다.
- 창의적 사고 촉진: 학생들이 창의적으로 사고하고 문제를 해결할 수 있도록 유도해야 한다.

2) 수업 운영 측면

좋은 수업 운영은 체계적이고 효과적이어야 한다. 교사는 수업을 계획하고 실행하는 과정에서 다음 요소들을 고려해야 한다.

- 명확한 수업 구조: 수업의 시작, 전개, 마무리가 체계적으로 구성되어야 한다.
- 다양한 교수 · 학습 자료 활용: 다양한 자료와 도구를 활용하여 수업을 풍부하게 만들어야 한다.
- 동기 유발: 학생들의 학습 동기를 지속적으로 자극할 수 있어야 한다.
- 지속적 강화: 학습 활동에 대한 지속적인 강화가 필요하다.
- 적절한 피드백 제공: 학생들의 성과에 대한 피드백을 적절하게 제공해야 한다.
- 명확하고 친절한 언행: 교사의 전달력과 태도가 명확하고 친절해야 한다.
- 균형 있는 학습과 휴식: 학습과 휴식의 균형을 맞추고 흥미로운 활동을 제공해야 한다.
- 효과적인 질문 기법: 적절한 질문을 통해 학생들의 사고를 유도해야 한다.
- 활발한 소통: 교사와 학생 간의 상호작용이 활발해야 한다.

3) 학습 활동 측면

학습 활동 측면에서 좋은 수업은 학생들이 적극적으로 참여하고 학습 목표를 달성할 수 있도록 해야 한다. 여기에는 다음 요소들이 포함된다.

- 활발한 학습 활동: 학생들이 적극적으로 참여하는 학습 환경을 조성해야 한다.
- 협력적 학습: 학생들 간의 협력과 공동 작업을 촉진해야 한다.
- 자발성 유도: 학생들이 자발적으로 참여하고 자기 주도적으로 학습할 수 있도록 유도해야 한다.
- 자유롭고 적극적인 활동 허용: 학생들이 자유롭게 토론하고 활동할 수 있는 환경을 제공해야 한다.
- 높은 학습 성취감: 학습 후에 학생들이 성취감을 느낄 수 있도록 해야 한다.

나. 수업 컨설팅의 이해

1) 수업 컨설팅이란

가) 수업 컨설팅의 개념

수업 컨설팅은 '수업에 대한 문제 해결이나 도움을 필요로 하는 교사가 의뢰자가 되어 다른 교사나 전문가에게 도움을 요청하여 수업에 관한 문제를 해결하는 자율적인 과정'으로 정의할 수 있다. 이는 교사가 스스로 진단한 수업 운영의 애로사항이나 문제점에 대해 컨설턴트가 진단 분석한 자료를 바탕으로 대안을 제시하고, 다양한 정보를 제공하는 것을 목표로 한다.

나) 수업 컨설팅의 특징

- 의뢰자의 자발성: 수업 컨설팅은 교사가 스스로 문제를 인식하고 자발적으로 도움을 요청하는 자율적인 과정이다.
- 컨설턴트의 전문성: 컨설턴트는 교사의 문제를 진단하고 분석할 수 있는 전문성을 갖추어야 한다.
- 협력적 관계: 교사와 컨설턴트 간 상호 신뢰와 존중을 바탕으로 하는 협력적 관계가 유지되어야 한다.

다) 구성요소

- 의뢰자 자발성: 교사는 수업 문제를 해결하기 위해 스스로 도움을 요청해야 한다.
- 컨설턴트 전문성: 컨설턴트는 교사의 문제를 진단하고 해결책을 제시할 수 있는 전문 지식과 경험을 갖추어야 한다.
- 협력 관계: 교사와 컨설턴트는 상호 신뢰와 존중을 바탕으로 협력해야 한다.

라) 수업 컨설팅의 본질

수업 컨설팅의 초점은 교사의 수업 능력 향상에 있다. 이는 교사가 스스로 진단한 수업 운영의 문제점에 대해 컨설턴트가 진단 분석한 자료를 바탕으로 대안을 제시하고, 다양한 정보를 제공하는 것이다. 이러한 과정을 통해 교사는 자신의 수업을 개선하고, 더 나은 학습 환경을 조성할 수 있게 된다.

2) 수업 컨설팅 절차

수업 컨설팅 절차는 의뢰서를 접수하여 의뢰자 문제 상황을 인지하고 관련 자료를 수집한 다음, 수업 관찰을 통하여 진단・분석하고, 관찰 후 협의를 통하여 평가자료를 제공하고 관심사항 등을 협의하면서 개선방안을 제공하는 과정을 거치며, 이를 도식화하면 다음과 같다(이상수, 2010).

준비	수업관찰	진단, 분석	환류, 평가
• 신청서 접수 • 문제상황 인지 • 관련자료 수집	• 질적 관찰 • 양적 관찰 • 녹음, 녹화	• 관찰기록 분석 • 문제점 파악 • 환류자료 준비	• 분석자료 제공 • 관심사항 협의 • 개선방안 제공

[그림 4-2] 수업 컨설팅의 절차

가) 준비 단계

• 신청서 접수
  - 교사가 수업 컨설팅을 요청하는 신청서를 작성하고 제출한다.
  - 신청서에는 교사가 인식한 수업 문제점과 개선하고자 하는 목표가 포함된다.

• 문제 상황 인지
  - 컨설턴트는 교사가 제시한 문제 상황을 면밀히 검토하고 이해한다.
  - 교사와 초기 면담을 통해 문제의 구체적인 내용을 파악한다.

• 관련 자료 수집
  - 교사와 협력하여 수업 계획서, 교재, 학생 평가 자료 등 관련 자료를 수집한다.
  - 수집된 자료를 바탕으로 초기 분석을 실시한다.

나) 수업 관찰 단계

• 직접 관찰
  - 컨설턴트가 교실에 직접 방문하여 교사의 수업을 관찰한다.

- 수업 중 교사의 교수법, 학생들의 반응, 상호작용 등을 관찰하고 기록한다.

• 영상 관찰
- 수업을 영상으로 녹화하여 컨설턴트가 분석할 수 있도록 한다.
- 영상 자료를 통해 수업의 전반적인 흐름과 세부 장면을 반복적으로 검토할 수 있다.

• 녹음 녹화
- 수업 중 중요한 부분을 녹음 및 녹화하여 분석 자료로 활용한다.
- 교사와 학생 간 대화, 교사의 설명 등을 상세히 기록한다.

다) 진단 분석 단계

• 관찰 기록 분석
- 수업 관찰 기록과 영상을 분석하여 교사의 강점과 약점을 파악한다.
- 수업 흐름, 교수법, 학습 효과 등을 종합적으로 분석한다.

• 문제점 파악
- 분석 결과를 바탕으로 수업의 문제점을 구체적으로 도출한다.
- 문제점의 원인과 영향을 분석하여 교사에게 설명할 준비를 한다.

• 환류 자료 준비
- 진단 결과와 문제점에 대한 상세 분석 자료를 준비한다.
- 교사에게 제공할 피드백 자료와 개선 방안을 마련한다.

라) 환류 · 평가 단계

• 분석 자료 제공
- 컨설턴트가 교사에게 진단 분석 결과를 제공하고 설명한다.
- 문제점과 그에 따른 영향을 교사에게 명확히 전달한다.

• 문제 상황 협의
- 교사와 컨설턴트가 함께 문제 상황에 대해 협의한다.
- 교사의 의견을 반영하여 개선 방안을 구체화한다.

- 개선 방안 제공
  - 파악된 문제점을 해결하기 위한 구체적인 개선 방안을 제시한다.
  - 교사가 수업을 개선할 수 있도록 실질적인 조언과 지원을 제공한다.
- 추후 관리 및 지원
  - 개선 방안의 실행을 지원하고, 필요한 경우 추가적인 컨설팅을 제공한다.
  - 교사가 개선 과정을 지속적으로 이어갈 수 있도록 피드백과 격려를 한다.

3) 수업 컨설턴트의 조건(송윤희, 남민우, 엄미리, 2014)

가) 전문적 지식 강화

- 교과 교육과정 이해: 교과목의 교육과정을 깊이 이해하고 있어야 한다. 이를 위해 최신 교육과정 자료와 교과서 등을 꾸준히 연구한다.
- 수업 이론 습득: 다양한 수업 이론을 학습하여 이론적 기반을 탄탄히 한다. 수업 설계, 교수법, 평가 방법 등에 대한 전문 서적을 탐독한다.
- 수업 관찰과 분석 기술 습득: 실제 수업을 관찰하고 분석하는 기술을 익힌다. 이를 위해 다양한 수업 사례를 수집하고 분석하며, 이를 교사의 눈높이에 맞춰 제공한다.
- 수업 문제 진단 및 처방 능력 배양: 교사의 수업에서 발생하는 문제를 진단하고 해결책을 제시할 수 있는 능력을 기른다. 구체적인 진단 도구와 처방 방법을 학습한다.
- 학습 자료 제작 방법 숙달: 효과적인 학습 자료를 제작할 수 있는 능력을 갖춘다. 다양한 학습 자료를 연구하고, 이를 제작하는 기술을 연마한다.

나) 인성적 자질 함양

- 교육자로서의 열정: 교육에 대한 열정을 갖추고, 이를 통해 교사와 학생들에게 긍정적인 영향을 미친다.
- 친화력: 교사와 관계를 원활하게 유지하기 위해 친화력을 기른다. 교사와의 첫 만남에서부터 친절하고 따뜻한 태도로 접근한다.
- 소통능력: 효과적인 소통 능력을 갖추어야 한다. 교사의 말을 경청하고, 공감하며,

적절한 반응을 보인다.

- 신뢰감 형성: 교사에게 신뢰감을 줄 수 있도록 진정성 있는 태도로 대한다. 교사의 문제를 진지하게 받아들이고, 해결을 위해 최선을 다한다.
- 수용적 태도: 교사의 요구를 경청하고, 공감하며, 이를 반영하는 수용적 태도를 유지한다. 부드러운 표정과 따뜻한 대화 기술을 통해 교사와의 긍정적인 관계를 형성한다.

다) 실천 방안

- 지속적인 학습: 새로운 교육 이론과 방법을 꾸준히 학습하고, 이를 현장에 적용할 수 있는 능력을 기른다.
- 사례 연구: 다양한 수업 사례를 연구하고, 이를 통해 얻은 지식을 교사와 공유한다.
- 워크숍 및 세미나 참여: 교육 관련 워크숍과 세미나에 적극 참여하여 최신 교육 동향을 파악하고, 자신의 전문성을 강화한다.
- 멘토링 및 피드백: 경험 많은 컨설턴트에게 멘토링을 받고, 자신의 활동에 대한 피드백을 받아 개선해 나간다.
- 경청 연습: 의사소통 능력을 강화하기 위해 경청 연습을 하고, 다양한 소통 기법을 학습하여 적용한다.

4) 수업 컨설팅의 방법

가) 교과 교육과정에 대한 심층적 이해

- 내용: 교육과정은 국가에서 제시한 것으로, 교과의 성격, 지도해야 할 핵심 역량, 교육 목표, 내용 구조, 학습 요소, 성취 기준, 교수학습 방법, 평가 방법 등으로 구성된다.
- 활동: 교과 교육과정에 대한 깊이 있는 이해를 바탕으로, 수업 운영의 방향을 설정하고 교사에게 체계적인 방법을 안내한다. 이를 통해 교사들은 교육과정의 목표와 방향에 맞는 수업을 설계할 수 있다.

나) 협력적 접근 방식

- 내용: 수업 컨설팅은 수평적이며 협력적인 관계에서 이루어진다. 이는 전통적인 수직적 장학과 구별되며, 교사와 컨설턴트가 공동으로 문제를 해결하는 과정을 포함한다.
- 활동: 교사와의 초기 면담을 통해 문제를 파악하고, 교사의 요구를 경청하여 문제 해결을 위한 협력적 전략을 수립한다. 의뢰자의 의견을 존중하고, 평가보다는 지원과 조언을 중심으로 접근한다.

다) 전문적 지식 활용

- 내용: 교과 교육, 수업 이론, 수업 관찰 및 분석, 수업 문제의 진단 및 처방, 학습 자료 제작 방법 등 다양한 전문 지식을 요구한다.
- 활동: 컨설턴트는 수업 이론을 교사에게 설명하고, 실질적인 수업 개선 방안을 제시한다. 이를 위해 최신 교육 이론과 실천 사례를 지속적으로 학습하고, 다양한 참고 자료를 제공한다. 구체적인 아포리즘과 사례를 통해 깊은 인상을 남긴다.

라) 구체적 자료 활용

- 내용: 객관적인 자료와 증거를 기반으로 컨설팅을 진행한다. 질적・양적 관찰 자료 및 수업 녹화 영상을 활용하여 정확한 분석과 피드백을 제공한다.
- 활동: 수업을 녹화하고, 질적 관찰과 양적 분석을 병행하여 객관적인 데이터를 수집한다. 관찰 결과를 토대로 구체적인 피드백을 제공하고, 교사가 수업 개선에 필요한 실질적인 정보를 얻도록 지원한다.

마) 수업의 효과성 강조

- 내용: 수업의 투입(input) 대비 산출(output)을 고려하여, 수업의 효과성을 중시한다. 이는 학생들이 수업을 통해 어떤 학습 성취를 이루었는지에 초점을 맞춘다.
- 활동: 수업의 목표 달성과 학습 성과를 평가하며, 학생들이 수업에서 얻은 깨달음과 성장을 중점적으로 다룬다. 기억에 남는 수업과 높은 학습 효과를 추구하며,

이를 위해 다양한 수업 모형과 학습 방법을 평가한다.

바) 관련 자료 제공

- 내용: 컨설팅 후에도 지속적으로 활용할 수 있는 자료를 제공하여, 교사가 필요할 때 참고할 수 있도록 한다.
- 활동: 수업 관련 인터넷 홈페이지, 카페, 블로그, 연구기관 사이트 등을 안내하고, 전문서적, 연구보고서 등을 추천한다. 컨설턴트가 직접 제작한 자료도 제공하여, 교사가 쉽게 접근할 수 있는 자료를 마련한다.

사) 지속적 관리와 후속 지원

- 내용: 한 번의 컨설팅으로 끝나지 않고, 지속적인 지원과 사후 관리를 통해 교사의 의식과 행동 변화를 도모한다.
- 활동: 첫 번째 컨설팅 이후, 교사의 개선 사항을 지속적으로 모니터링하고 추가적인 컨설팅을 제공한다. 교사의 발전과 성과를 평가하며, 지속적인 피드백과 지원을 통해 장기적인 성장을 도모한다.

생각해 볼 문제

1. 교원능력개발평가가 필요한 이유와 타당하고 신뢰로운 평가를 위한 방안으로 어떤 것이 적합할 것인지 생각하고 서로의 의견을 나누어 봅시다.
2. 수업에서 교사와 학생 간 상호작용이 중요한 이유는 무엇인가? 상호작용이 활발한 수업이 학생들의 학습 경험에 미치는 영향을 논의해 봅시다.

학습활동

• 교원능력개발평가의 영역과 세부 내용을 작성해 봅시다.

영 역	세부 내용

• 수업 컨설팅의 개념과 구성요소, 중요성에 대해 설명해 봅시다.

구 분	세부 내용
개념	
구성요소	
중요성	
예비 교사로서의 다짐	

제5장

교권보호와 교원단체

교육 현장에서 교사는 학생의 학습과 발달을 지도하는 중요한 역할을 맡고 있다. 하지만 교사가 자신의 교육적 역할을 온전히 수행하기 위해서는 교권이 보장되고, 교사의 권익이 보호되어야 한다. 교권보호는 교사가 교육 현장에서 겪는 다양한 어려움과 도전에 대응할 수 있도록 지원하는 제도적 장치이다. 이는 교사의 법적 권리, 직무 환경 개선, 심리적 안정 등을 포함한다. 교원단체는 교사의 권리와 복지를 증진시키기 위해 조직된 단체로서, 교사들의 목소리를 대변하고, 권익을 보호하는 역할을 한다. 교원단체는 교사의 전문성 향상과 교육 정책 개선을 위해 다양한 활동을 전개하며, 교사들이 보다 나은 교육 환경에서 일할 수 있도록 돕는다. 이 장에서는 교권보호의 중요성과 구체적인 방안, 그리고 교원단체의 역할과 기능에 대해 살펴볼 것이다. 이를 통해 교사들이 직면한 문제를 이해하고, 교사들이 보다 나은 환경에서 교육 활동을 이어나갈 수 있는 방법을 모색해 보고자 한다.

1. 교권보호

가. 교권보호에 대하여

1) 교권보호의 필요성

교사는 학생의 학습과 성장을 이끄는 중요한 역할을 담당하고 있다. 그러나 교사가 자신의 교육적 역할을 충실히 수행하기 위해서는 안정적이고 안전한 근무 환경이 필수적이다. 최근 들어 교사들이 언어적, 신체적, 심리적 폭력에 노출되는 사례가 증가하고 있으며, 이러한 상황은 교사의 사기를 저하시킬 뿐만 아니라 교육의 질을 떨어뜨리는 결과를 초래한다. 따라서 교권보호는 교사가 직무를 안정적으로 수행할 수 있도록 돕고, 나아가 학생들에게 질 높은 교육을 제공하기 위해 반드시 필요하다(이명주, 2017).

가) 교육의 질 보장

교권보호는 교육의 질을 보장하기 위한 중요한 요소이다. 교사가 자신의 권리가 보호받는 환경에서 학생들을 가르칠 때, 교육 과정에 더욱 집중할 수 있고, 창의적이고 효과적인 교수 방법을 적용할 수 있다. 교권이 침해되는 상황에서는 교사가 지속적인 스트레스와 불안 속에서 수업을 진행하게 되어 교육의 질이 저하될 수 있다. 따라서 교권보호는 교사가 안정적인 환경에서 최선을 다해 가르칠 수 있도록 보장함으로써, 전체적인 교육의 질을 높이는 데 기여한다.

나) 교사의 직무 만족도와 정신적 건강 증진

교사들은 학생들의 성공을 위해 헌신하지만, 그 과정에서 심리적, 신체적 부담을 겪는 경우가 많다. 교권이 보호되지 않는 상황에서는 교사들이 직무에 대한 불안감과 스트레스를 느끼게 되어 직무 만족도가 크게 떨어진다. 이는 교사의 정신적 건강에도 부정적인 영향을 미칠 수 있다.

다) 교사의 자율성과 전문성 향상

교권보호는 교사들이 자신의 교육적 철학과 교수 방법을 자유롭게 적용할 수 있는 자율성을 보장한다. 이는 교사들이 자신의 전문성을 발휘하고, 학생들에게 최적의 학습 환경을 제공하는 데 중요한 역할을 한다. 교권이 보호되지 않는 환경에서는 교사들이 외부의 압력이나 간섭으로 인해 자신의 교육적 철학을 충분히 구현하지 못할 수 있다. 따라서 교권보호는 교사들이 자율성과 전문성을 발휘할 수 있도록 지원하는 데 핵심적인 역할을 한다.

라) 학생들의 학습 환경 개선

교권보호는 교사뿐만 아니라 학생들에게도 긍정적인 영향을 미친다. 교사가 안정적이고 보호받는 환경에서 교육 활동을 수행할 때, 학생들도 안전하고 신뢰할 수 있는 학습 환경을 경험하게 된다. 이는 학생들의 학습 동기와 성취도를 높이는 데 기여한다. 교사의 권리가 보호되는 환경에서는 교사와 학생 간의 신뢰와 존중이 형성되며, 이는 학생들이 더 적극적으로 학습에 참여할 수 있는 기반이 된다.

마) 교직의 매력도 증가

교권보호는 교직의 매력을 높이는 데 중요한 역할을 한다. 교사들이 존중받고 보호받는 환경에서 일할 수 있다면, 더 많은 사람들이 교직에 관심을 가지게 될 것이다. 이는 우수한 인재들이 교육 분야에 유입되도록 하는 긍정적인 효과를 가져온다. 반대로 교권이 보호되지 않는 환경에서는 교직의 매력이 감소하여, 교사 부족 현상이나 우수한 인재의 유입이 어려워질 수 있다. 따라서 교권보호는 교직의 매력을 높이고, 교육 분야에 우수한 인재를 유치하는 데 필수적이다.

바) 사회적 인식 개선

교권보호는 교사의 권리와 역할에 대한 사회적 인식을 개선하는 데 중요한 역할을 한다. 교사들이 존중받고 보호받는 환경에서 일할 때, 사회는 교사의 역할과 중요성을 더욱 인식하게 된다. 이는 교사에 대한 존경과 신뢰를 높이는 데 기여하며, 교육의 중요성에 대한 사회적 인식을 제고한다. 교권보호는 교사들이 교육 현장에서 겪는 어려움을 공감하고, 그들의 노력을 인정하는 문화를 형성하는 데 기여한다.

2) 교권보호의 정의 및 목적

교권보호는 교사가 교육 현장에서 직무를 수행하는 동안 법적, 제도적, 심리적으로 안전하고 보호받을 수 있도록 하는 일련의 조치와 지원을 의미한다. 이는 교사가 학습지도, 생활지도, 평가 등의 교육 활동을 수행할 때 외부의 부당한 간섭이나 폭력으로부터 보호받고, 자신의 교육적 철학과 방법을 자유롭게 적용할 수 있도록 보장하는 것이다. 교권보호는 교사의 신체적 안전, 정신적 건강, 직무 수행의 자율성 등을 포괄하며, 이를 통해 교육의 질을 향상시키고 교사의 직무 만족도를 높이는 것을 목표로 한다. 교권보호는 다음 몇 가지의 목적을 가질 수 있다(최경실, 주철안, 2015).

가) 교사의 신체적 안전 보장

교사들은 교육 현장에서 신체적 위협을 받지 않고 안전하게 일할 권리가 있다. 교권보호는 교사들이 신체적 폭력으로부터 보호받을 수 있도록 법적 제도를 마련하고, 학교 내 안전 시스템을 강화하는 것을 목적으로 한다.

나) 정신적 건강과 직무 만족도 증진

교사들이 정신적 스트레스나 불안을 겪지 않고 안정적으로 직무를 수행할 수 있도록 돕는 것이 교권보호의 중요한 목적 중 하나이다. 이를 위해 심리적 지원 프로그램, 상담 서비스 등을 제공하여 교사의 정신적 건강을 지키고 직무 만족도를 높인다.

다) 교육적 자율성과 전문성 보장

교사가 자신의 교육적 철학과 교수 방법을 자유롭게 적용할 수 있는 환경을 조성하는 것이 교권보호의 핵심 목적이다. 이는 교사의 전문성을 존중하고, 교육과정의 목표와 방향에 맞춘 자율적인 수업 운영을 가능하게 한다.

라) 법적 보호와 신속한 대응

교사가 부당한 대우나 폭력을 당했을 때 신속하고 공정하게 대응할 수 있는 법적 보호 장치를 마련하는 것이 목적이다. 이는 교권 침해 사건 발생 시 교사가 법률적 지원을 받을 수 있도록 하고, 가해자에 대한 적절한 조치를 취하는 것을 포함한다.

마) 안전하고 긍정적인 교육 환경 조성

교권보호는 교사뿐만 아니라 학생들에게도 안전하고 긍정적인 교육 환경을 제공하는 것을 목표로 한다. 교사가 보호받는 환경에서 일할 때 학생들도 더 안정적이고 신뢰할 수 있는 학습 환경을 경험하게 된다.

바) 사회적 존경과 신뢰 증진

교사의 권리와 역할에 대한 사회적 인식을 높이고 교사에 대한 존경과 신뢰를 증진시키는 것이 교권보호의 중요한 목적이다. 이는 교사의 노력을 인정하고, 그들의 교육적 기여를 사회가 공감하고 존중하는 문화를 형성하는 데 기여한다.

사) 장기적 교육 발전

교권보호는 교사의 지속적인 직무 수행과 전문성 발전을 도모하여, 장기적으로 교육의 질을 향상시키는 것을 목표로 한다. 교사들이 안정적으로 교육 활동을 이어갈 수 있도록 지원하여, 학생들의 학습 성취와 전반적인 교육 시스템의 발전에 기여한다.

교권보호를 위한 아이디어

- 안전시스템을 강화하는 방법: CCTV 설치, 비상연락망 구축
- 심리적 지원 프로그램을 제공하는 방법: 심리상담, 힐링 프로그램
- 법적 지원 시스템: 변호사 지원, 법률 상담 서비스
- 사회적 인식 개선: 사회적 캠페인 전개

나. 교권의 정의와 범위

1) 교권의 정의

교권은 교사가 교육 활동을 수행하는 과정에서 가지는 일련의 권리와 특권을 의미한다. 이는 교사가 학생들에게 교육을 제공할 때 교육과정 운영, 학습 지도, 생활 지도, 평가 등의 활동을 자유롭고 자율적으로 수행할 수 있도록 보장하는 권리이다. 교권은 교사의 전문성과 자율성을 존중하며, 교사가 안정적이고 보호받는 환경에서 교육 활동을 펼칠 수 있도록 지원하는 중요한 개념이다.

2) 교권의 법적 근거

교권은 여러 법적 문서와 규정을 통해 보장된다. 대한민국의 경우, 교권의 법적 근거는 주로 교육기본법, 초중등교육법, 교원지위법, 그리고 노동법 등의 법령에 의해 확립된다.

① 교육기본법: 교육기본법은 교육의 기본적인 원칙과 방향을 규정하며, 교사의 교육권을 보호하는 근거가 된다. 이 법은 교사가 교육과정 운영에서 자율성과 창의성을 발휘할 수 있도록 보장하고 있다.

② 초중등교육법: 초중등교육법은 초등학교와 중등학교에서의 교육 활동과 관련된 규정을 포함하며, 교사의 학습지도권과 생활지도권을 명시하고 있다.

③ 교원지위법: 이 법은 교사의 지위와 역할, 권리와 의무에 대해 규정하고 있으며, 교사가 교육 활동을 수행하는 데 필요한 법적 권리를 보호하고 있다.

④ 노동법: 노동법은 교사도 포함되는 근로자의 권리를 보호하며, 근로 조건, 안전, 건강 등에 관한 규정을 포함하고 있다.

3) 교권의 범위와 내용

교권은 교육 활동의 자유, 학습지도권, 생활지도권, 신체적 · 정신적 보호 등 다양한 측면에서 구체화된다. 다음은 각 범위와 내용에 대한 상세 설명이다.

가) 교육활동의 자유

교육 활동의 자유는 교사가 교육과정 운영과 수업 진행에서 자율성과 창의성을 발휘할 수 있는 권리이다. 이는 교사가 학생들의 필요와 수준에 맞추어 교육 내용을 선택하고, 교수 방법을 설계하며, 학습 자료를 제작할 수 있는 권리를 포함한다. 교육 활동의 자유는 교사의 전문성을 존중하며, 교육 현장에서의 창의적이고 유연한 수업 운영을 가능하게 한다.

- 교육과정 운영: 교사는 교육과정 운영에서 자율성을 갖고, 교육 목표를 설정하고 교육 내용을 구성하며, 수업을 계획하고 실행할 수 있다.
- 교수 방법의 선택: 교사는 학생들의 학습 효과를 높이기 위해 다양한 교수 방법을 자유롭게 선택하고 적용할 수 있다.
- 학습 자료의 제작과 활용: 교사는 교육 내용에 적합한 학습 자료를 제작하고 활용할 수 있으며, 이를 통해 학생들의 이해를 돕는다.

나) 학습지도권

학습지도권은 교사가 학생들의 학습을 지도하고 평가할 수 있는 권리이다. 이는 교사가 학생들의 학습 진도와 성취도를 평가하고, 학습 과정을 관리하며, 필요한 피드백을 제공하는 것을 포함한다. 학습지도권은 교사의 전문적 판단을 기반으로 하며, 학생들의 학습 성장을 지원하는 중요한 역할을 한다.

- 학습 평가: 교사는 학생들의 학습 진도와 성취도를 평가할 수 있으며, 이를 통해 학생들의 학습 목표 달성을 도모한다.
- 학습 관리: 교사는 학생들의 학습 과정을 관리하고 조정하며, 학습 계획을 세워 학생들이 효율적으로 학습할 수 있도록 지원한다.
- 피드백 제공: 교사는 학생들에게 학습에 대한 피드백을 제공하여, 학생들이 자신의 학습 상황을 이해하고 개선할 수 있도록 돕는다.

다) 생활지도권

생활지도권은 교사가 학생들의 학교 생활 전반을 지도하고 관리할 수 있는 권리이다. 이는 학생들의 생활 습관을 지도하고, 인성 교육을 수행하며, 학생들의 학교 생활을 지원하고 관리하는 것을 포함한다. 생활지도권은 학생들이 학교에서 건강하고 바람직한 생활을 할 수 있도록 도와주는 역할을 한다.

- 생활 습관 지도: 교사는 학생들의 생활 습관을 지도하여, 학생들이 바람직한 생활 태도를 갖출 수 있도록 한다.
- 인성 교육: 교사는 학생들의 인성을 함양하기 위한 교육을 실시하며, 이를 통해 학생들이 올바른 가치관과 사회성을 기를 수 있도록 지원한다.
- 학교 생활 관리: 교사는 학생들의 학교 생활 전반을 관리하고 지원하여, 학생들이 학교에서 안전하고 즐겁게 생활할 수 있도록 돕는다.

라) 신체적 · 정신적 보호

신체적 · 정신적 보호는 교사가 교육 활동을 수행하는 과정에서 신체적, 정신적 위협으로부터 보호받을 수 있는 권리이다. 이는 교사가 폭력, 괴롭힘, 부당한 간섭 등으로부터 안전하게 보호받을 수 있도록 하며, 교사의 신체적 안전과 정신적 건강을 지키는 것을 포함한다.

- 신체적 안전 보호: 교사는 교육 현장에서 신체적 폭력이나 위협으로부터 보호받을 권리가 있으며, 이를 위해 학교는 적절한 안전 장치를 마련해야 한다.
- 정신적 건강 보호: 교사는 정신적 스트레스나 괴롭힘으로부터 보호받을 권리가 있으며, 이를 위해 상담 서비스나 심리적 지원 프로그램이 제공되어야 한다.
- 법적 보호: 교사는 부당한 대우나 폭력을 당했을 때 신속하고 공정한 법적 보호를 받을 권리가 있으며, 이를 위해 법률적 지원이 제공되어야 한다.

다. 교권 침해 사례

1) 교권침해의 유형

「교원지위법」 제19조 및 「교육부 고시」 제2조에서 규정하는 교육활동 침해행위유형은 아래와 같다.

〈표 5-1〉 교육활동 침해행위 유형

<table>
<tr><th>근거</th><th colspan="2">침해행위 유형</th><th>비고</th></tr>
<tr><td rowspan="7">「교원 지위법」 제19조 (교육활동 침해행위)</td><td colspan="2">「형법」 제2편 제8장(공무방해에 관한 죄), 제11장(무고의 죄), 제25장(상해와 폭행의 죄), 제30장(협박의 죄), 제33장(명예에 관한 죄), 제314조(업무방해) 또는 제42장(손괴의 죄)에 해당하는 범죄 행위</td><td>'무고의 죄' 신설 ('24.3.28.)</td></tr>
<tr><td colspan="2">성폭력범죄 행위(「성폭력범죄의 처벌 등에 관한 특례법」 제2조 제1항)</td><td></td></tr>
<tr><td colspan="2">불법정보 유통 행위(「정보통신망 이용촉진 및 정보보호 등에 관한 법률」 제44조의7 제1항)</td><td></td></tr>
<tr><td colspan="2">그 밖에 다른 법률에서 형사처벌 대상으로 규정한 범죄 행위로서 교원의 교육활동을 침해하는 행위</td><td>신설 ('24.3.28.)</td></tr>
<tr><td rowspan="3">교원의 교육 활동을 부당하게 간섭하거나 제한하는 행위로서</td><td>목적이 정당하지 아니한 민원을 반복적으로 제기하는 행위</td><td>신설 ('24.3.28.)</td></tr>
<tr><td>교원의 법적 의무가 아닌 일을 지속적으로 강요하는 행위</td><td>신설 ('24.3.28.)</td></tr>
<tr><td>그 밖에 교육부장관이 정하여 고시하는 행위</td><td></td></tr>
<tr><td rowspan="6">교육부 고시 제2조 (교원의 교육활동 침해행위)</td><td rowspan="6">교원의 교육활동을 부당하게 간섭 하거나 제한하는 행위로서</td><td>「형법」 제8장(공무방해에 관한 죄) 또는 제34장 제314조(업무방해)에 해당하는 범죄 행위로 교원의 정당한 교육활동을 방해하는 행위</td><td></td></tr>
<tr><td>교육활동 중인 교원에게 성적 언동 등으로 성적 굴욕감 또는 혐오감을 느끼게 하는 행위</td><td></td></tr>
<tr><td>교원의 정당한 교육활동에 대해 반복적으로 부당하게 간섭하는 행위</td><td></td></tr>
<tr><td>교원의 정당한 생활지도에 불응하여 의도적으로 교육활동을 방해하는 행위</td><td>신설 ('23.3.23.)</td></tr>
<tr><td>교육활동 중인 교원의 영상·화상·음성 등을 촬영·녹화·녹음·합성하여 무단으로 배포하는 행위</td><td></td></tr>
<tr><td>그 밖에 학교장이 「교육공무원법」 제43조 제1항 4)에 위반한다고 판단하는 행위</td><td></td></tr>
</table>

2) 교권침해의 사례분석(교육부, 2024c)

가) 「형법」 제8장(공무방해에 관한 죄) 또는 제314조(업무방해에 해당하는 범죄 행위

- 개념: 국·공립학교 교원의 공무를 폭행 또는 협박, 위계로 방해하는 경우 공무집행방해죄에 해당하고, 사립학교 교원의 업무를 허위사실 유포나 위계 또는 위력으로 방해하는 경우 업무방해죄에 해당한다. 위계란 행위 목적을 이루기 위하여 상대방에 오인, 착각, 부지를 일으키게 하여 이를 이용하는 것을 의미한다. 위력이란 사람의 자유의사를 제압·혼란하게 할 만한 유·무형적일체의 세력을 말하며, 폭행·협박은 물론 사회적, 경제적, 정치적 지위와 권세에 의한 압박 등도 이에 포함된다(교육부, 한국교육개발원, 2024).
- 교육활동 침해행위로 문제가 될 수 있는 경우(예시)
  - 공립학교 학생의 아버지가 자신의 자녀를 괴롭힌 학생을 혼내준다며, 수업 중인 교실로 들어와 관련 학생들을 교실 밖으로 불러내 무릎을 꿇게 하고, 이를 만류하는 교사를 협박하여 수업 진행을 방해한 경우
  - 학부모가 사립학교 교무실에 체격이 크고 몸에 문신한 사람들을 대동하고 들어와 교사들에게 위력을 보여 겁에 질리게 한 뒤 수업 중인 교사를 불러오라고 하는 경우
- 사례

> **공무방해에 의한 교권침해 사례**
>
> 공립 A 중학교 B 교사는 학급에서 C 학생과 D 학생 간의 다툼이 있어 이를 지도하였다. C의 학부모는 자녀를 일방적인 피해자로 오인하고, 학교를 찾아와 교무실 문을 걷어차며 'B 나와, XX'라고 소리치며 위협하였다. 이후 B 교사가 수업하고 있는 교실로 찾아가 '내가 너와 D 학생을 가만두지 않겠다, 밤길 조심하라'며 윽박질렀다.

나) 「형법」 제11장(무고의 죄)에 해당하는 범죄 행위

- 개념: 무고의 죄는 타인으로 하여금 형사처분 또는 징계처분을 받게 할 목적으로 허위의 사실을 고소, 고발, 진정 또는 그 밖의 방법으로 수사기관, 지방자치단체

또는 그 소속 공무원에게 신고함으로써 성립하는 범죄이다(「형법」 제156조). 신고된 내용이 허위인지 여부는 신고 내용의 핵심 또는 중요 내용이 객관적 진실에 부합하느냐에 따라 판단하며, 신고된 내용이 객관적 사실에 기초하고 있으나 그 정황을 과장한 정도라면 무고에 해당하지 않는다.

- 교육활동 침해행위로 문제가 될 수 있는 경우(예시)
  - 교사의 생활지도 방법에 불만을 품은 학부모가 자녀가 신체적 학대를 받은 적이 없음을 교내 CCTV로 확인 후에도 수사기관에 허위 사실을 고소한 경우
  - 학부모가 '교사가 촌지를 요구한다'는 허위의 사실을 만들어 국민신문고에 거짓으로 민원을 제기한 경우
- 사례

> **무고에 의한 교권침해 사례**
>
> 공립중학교 학생의 학부모는 '교사가 수업 중 학생을 때렸다.'고 주장하며 교사를 경찰에 아동학대로 신고하였다. 아동학대 신고에 대한 교육감의 의견서 제출 과정에서 같은 반 학생들과 당사자인 학생의 진술을 통해 해당교사가 학생을 때린 적이 없다는 것이 확인되었고, 수사기관에서도 무혐의 판단을 내렸다. 이후 학부모는 진실이 아닐 수도 있음을 알면서도 교사의 징계를 요구하며 학교와 교육청에 같은 내용의 민원을 반복하여 제기했다.

다) 「형법」 제2편 제25장(상해와 폭행의 죄)에 해당하는 범죄행위

- 상해의 개념: 타인의 신체적 건강을 훼손하거나 신체의 생리적 기능에 장애를 일으키는 것으로, 그 수단은 유·무형 / 직·간접 행위를 불문한다.
- 교육활동 침해행위로 문제가 될 수 있는 경우(예시)
  - 손으로 교원의 뺨을 때려 고막이 찢어진 경우
  - 책상 또는 의자를 밀쳐 교원에게 타박상이나 골절상을 입게 한 경우
  - 고함을 지르며 지속적인 폭언을 하여 교원이 수면장애나 우울증 등이 생긴 경우
- 폭행의 개념: 타인의 신체에 대하여 육체적·정신적 고통을 주는 유형력을 행사하는 것을 말한다. 신체에 직접적인 접촉을 하여 힘을 행사하는 것은 물론이며, 몸을 향해 물건을 던져 신체를 폭행하거나, 신체에 접촉하지 않더라도 공간적으

로 근접한 상태에서 교원을 직접 때리려는 행위를 하는 경우에도 성립된다.

- 교육활동 침해행위로 문제가 될 수 있는 경우(예시)
  - 교원의 신체를 직접 때리거나 밀치거나 잡아당기는 경우
  - 멱살을 잡거나 빰을 때리는 경우
  - 직접 접촉하지 않더라도 팔이나 다리를 휘둘러 때리려고 하는 경우
  - 교원의 신체에 물건을 던지는 경우
  - 폭행죄에서 폭행은 타인의 신체에 (위법적인) 유형력을 행사하는 것이므로, 피해자에 대한 유형력의 행사라면, 피해자의 신체에 반드시 접촉해야 하는 것은 아니고, 공간적으로 근접하면 폭행이 인정)될 수 있다.
- 사례

상해, 폭행에 의한 교권침해 사례

교사 A가 휴대전화를 사용한 학생 B를 지도하는 과정에서 학생 B의 휴대전화를 압수하자 학생 B는 의자를 들어 교사 A를 향해 던지고는 교실을 나가버렸다. 던진 의자가 교사 A를 살짝 비껴가 큰 사고로는 이어지지 않았다.

라. 교권보호를 위한 법적 제도

1) 교권보호 관련 법령 및 규정

교권보호를 위한 법적 제도는 교원의 지위와 권리를 보호하고, 교육활동을 방해하는 행위로부터 교원을 지키기 위한 다양한 법률과 규정을 포함한다. 주요 법령은 다음과 같다.

① 교원의 지위 향상 및 교육활동 보호를 위한 특별법 (약칭: 교원지위법)

교원지위법은 교원의 지위를 향상시키고 교육활동에 대한 보호를 강화하기 위해 제정된 법률이다. 이 법은 교원의 신분 보장과 교육활동 보호를 통해 교육 발전을 도모하는 것을 목적으로 한다.

- 제1조(목적): 이 법은 교원에 대한 예우와 처우를 개선하고 신분보장과 교육활동

에 대한 보호를 강화함으로써 교원의 지위를 향상시키고 교육 발전을 도모하는 것을 목적으로 한다.

- 제2조(교원에 대한 예우): 국가, 지방자치단체, 그 밖의 공공단체는 교원이 사회적으로 존경받고 높은 긍지와 사명감을 가지고 교육활동을 할 수 있는 여건을 조성하도록 노력하여야 한다.
- 제22조(교원보호공제사업): 교육감은 교육활동과 관련된 각종 분쟁이나 소송 등으로부터 교원을 보호하기 위하여 공제사업을 운영할 수 있다. 이 공제사업에는 교육활동으로 발생한 손해배상금의 지원, 상해·상담·심리치료 비용 지원, 법률적 분쟁에 대한 소송비용의 지원 등이 포함된다.

② 교육공무원법

교육공무원법은 교원의 신분 보장과 교육활동에 대한 법적 보호를 규정한다.

- 제43조(교권의 존중과 신분보장): 교권은 존중되어야 하며, 교원은 그 전문적 지위나 신분에 영향을 미치는 부당한 간섭을 받지 아니한다.

③ 교육기본법

교육기본법은 교육의 기본 원칙과 방향을 규정하며, 교원의 교육활동을 보호하기 위한 규정을 포함한다.

- 제13조(보호자): 부모 등 보호자는 교원과 학교가 전문적인 판단으로 학생을 교육·지도할 수 있도록 협조하고 존중하여야 한다.

④ 초중등교육법

초중등교육법은 초등학교와 중등학교에서의 교육활동을 규정하고, 교원의 교육활동을 보호하기 위한 법적 근거를 제공한다.

- 제18조의5(보호자의 의무 등): 보호자는 교직원 또는 다른 학생의 인권을 침해하는 행위를 하여서는 아니 된다. 또한, 교원의 학생생활지도를 존중하고 지원하여야 하며, 교육활동이 원활히 이루어질 수 있도록 협력하여야 한다.

2) 교권보호를 위한 제도적 장치

- 교권보호위원회
- 교원치유센터
- 교사 안전망 구축 프로그램
- 법률 지원 및 상담 서비스
- 교원보호공제사업
- 교육활동 보호 프로그램

〈표 5-2〉 교권보호를 위한 제도적 장치

제도적 장치	주요내용	역할 및 지원내용
교권보호위원회	교권 침해 사례 조사 및 해결을 위한 위원회	• 교권 침해 사례 접수 및 조사 • 교사와 학생, 학부모 간의 갈등 중재 • 교사 보호를 위한 정책 및 방안 제시 • 법적 지원 및 상담 제공
교원치유 지원센터	교사의 정신적, 심리적 스트레스 관리 및 치유 지원	• 심리 상담 및 치료 • 스트레스 관리 프로그램 • 정신 건강 교육 및 워크숍 • 치유 프로그램 제공
교사 안전망 구축 프로그램	교사의 신체적, 정신적 위협으로부터 보호	• 학교 내 CCTV 설치 및 운영 • 비상 연락망 구축 및 운영 • 학교 폭력 방지 프로그램 운영 • 법률 지원 및 상담 제공
법률 지원 및 상담 서비스	교권 침해 사건 발생 시 법적 지원	• 법률 상담 • 법적 분쟁 해결 지원 • 소송비 지원 • 법률 교육 및 정보 제공
교원보호 공제사업	교육활동 관련 분쟁 및 소송으로부터 교원을 보호하기 위한 사업	• 손해배상금 지원 • 상해 · 상담 · 심리치료 비용 지원 • 법률적 분쟁에 대한 소송비용 지원
교육활동 보호 프로그램	교육활동 수행 중 겪는 어려움 예방 및 대응 프로그램	• 예방 교육 • 교사-학생-학부모 간의 소통 강화 프로그램 • 교사 보호를 위한 매뉴얼 및 가이드라인 제공 • 교권 침해 예방 캠페인 및 홍보

2. 교원단체

가. 교원단체 개요

1) 교원단체의 정의 및 목적

교원단체는 교사들의 권익을 보호하고, 교육 환경을 개선하며, 교사들의 전문성과 복지를 증진시키기 위해 조직된 단체이다. 이러한 단체들은 교사들의 목소리를 대변하고, 교육 정책에 적극적으로 참여하며, 교사들 간의 연대와 협력을 도모한다. 교원단체의 주요 목적은 다음과 같다(김달효, 2016).

① 교원의 권익 보호: 교원단체는 교사들이 교육 현장에서 겪는 다양한 문제와 어려움을 해결하고, 교사들의 법적 권리를 보호하기 위해 활동한다. 이는 교사들이 부당한 대우를 받지 않고, 안정적인 환경에서 교육활동을 수행할 수 있도록 돕는다.

② 교육 환경 개선: 교원단체는 교육 현장의 여러 문제를 파악하고, 이를 해결하기 위한 방안을 제안하며, 교육 환경의 질을 개선하는 데 기여한다. 이는 학생들의 학습 환경도 함께 개선하는 효과를 가져온다.

③ 교사의 전문성 향상: 교원단체는 교사들의 전문성을 향상시키기 위해 다양한 연수 프로그램과 교육 기회를 제공한다. 이를 통해 교사들은 최신 교육 이론과 교수법을 습득하고, 자신의 교육 역량을 강화할 수 있다.

④ 교원의 복지 증진: 교원단체는 교사들의 복지 향상을 위해 노력하며, 이를 위해 다양한 복지 프로그램을 운영한다. 이는 교사들의 직무 만족도를 높이고, 교육의 질을 향상시키는 데 기여한다.

⑤ 교육 정책 참여 및 제안: 교원단체는 교육 정책에 대한 의견을 수렴하고, 이를 정책 결정 과정에 반영할 수 있도록 노력한다. 이를 통해 교육 정책이 현장의 목소리를 반영하고, 실질적인 개선을 이룰 수 있도록 한다.

교원단체는 교육 현장에서 매우 중요한 역할을 한다. 그 중요성은 다음과 같이 요약할 수 있다.

① 교사의 권리 보호와 신장: 교원단체는 교사들이 교육 현장에서 부당한 대우를 받지 않도록 보호하고, 교사의 권리를 신장시키는 데 중요한 역할을 한다. 이는 교사들이 보다 안정적이고 존중받는 환경에서 교육활동을 할 수 있도록 돕는다.

② 교육 정책에 대한 영향력: 교원단체는 교육 정책의 결정 과정에 적극적으로 참여하여, 현장의 목소리가 반영될 수 있도록 한다. 이는 교육 정책이 보다 현실적이고 효과적으로 실행될 수 있도록 한다.

③ 교사들의 전문성 및 직무 만족도 향상: 교원단체가 제공하는 연수 프로그램과 교육 기회는 교사들의 전문성을 향상시키고, 직무 만족도를 높이는 데 기여한다. 이는 궁극적으로 교육의 질을 높이는 결과를 가져온다.

④ 교육 환경의 질적 개선: 교원단체는 교육 현장의 문제를 파악하고, 이를 해결하기 위한 방안을 제안하며, 교육 환경의 질적 개선을 도모한다. 이는 학생들의 학습 환경도 함께 개선하는 효과를 가져온다.

⑤ 교사와 사회 간의 다리 역할: 교원단체는 교사들의 목소리를 사회에 전달하고, 사회와의 소통을 원활하게 함으로써, 교육에 대한 사회적 이해와 지지를 확보하는 데 기여한다.

⑥ 교사의 복지 증진: 교원단체는 교사들의 복지를 증진시키기 위해 다양한 프로그램을 운영하며, 이를 통해 교사들의 삶의 질을 높인다. 이는 교사들의 직무 만족도와 교육의 질을 높이는 중요한 요소이다.

2) 주요 교원단체의 역사와 발전

교원단체는 교사의 권익 보호와 교육 환경 개선을 목표로 설립되었으며, 그 역사적 배경은 다음과 같다.

- 일제강점기: 한국에서 교원단체의 태동은 일제강점기까지 거슬러 올라간다. 당시 한국의 교사들은 교육 독립과 민족 교육을 위해 비밀리에 모임을 가지며, 일제의 교육 정책에 저항하였다. 이 시기의 교원단체는 주로 비공식적인 모임이었으며, 교사의 권익 보호보다는 민족 교육의 유지와 발전에 초점을 맞췄다.

- 해방 이후: 1945년 해방 이후, 한국의 교원들은 공식적인 교원단체를 조직하기 시작하였다. 1949년에는 한국교원노동조합이 설립되어, 교사들의 권익 보호와 교육 환경 개선을 위한 활동을 시작하였다. 초기 교원단체의 주요 활동은 교사들의 임금 인상, 노동 조건 개선, 교육 정책 참여 등을 포함하였다.
- 군사 정권기: 1960~1980년대의 군사 정권 시기에는 교원단체의 활동이 제한되었으며, 많은 교원단체가 정부의 통제 아래에 있었다. 그러나 일부 교원단체는 비밀리에 활동을 계속하며, 교사의 권익 보호와 민주화를 위한 노력을 지속하였다.

가) 한국교원단체총연합회(한국교총)

- 설립 배경: 한국교총은 1947년 대한민국에서 가장 큰 교원단체로 설립되었다. 이 단체는 초기에는 한국교원노동조합으로 시작했으나, 1960년에 한국교원단체총연합회로 개명하여 현재의 형태로 발전하였다.
- 발전 과정: 한국교총은 교사들의 권익 보호와 교육 환경 개선을 위해 다양한 활동을 전개하였다. 특히, 교사들의 임금 인상, 복지 증진, 교육 정책 참여 등을 목표로 하였으며, 교육 정책의 개발과 시행에 적극적으로 참여하였다. 한국교총은 교사

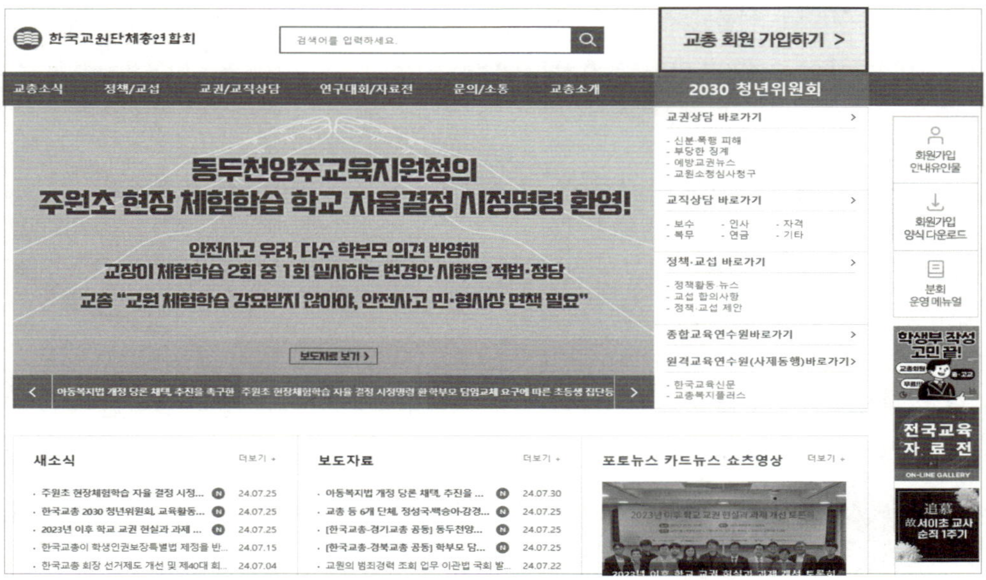

[그림 5-1] 한국교원단체총연합회 홈페이지(www.kfta.or.kr)

들의 목소리를 대변하는 주요 기관으로 성장하였으며, 교육 현장의 다양한 문제를 해결하는 데 중요한 역할을 해왔다.

나) 전국교직원노동조합(전교조)

- 설립 배경: 전교조는 1989년 설립된 진보적 교원단체로, 교육 민주화와 교사의 노동권 보호를 목표로 한다. 전교조는 군사 정권기 동안의 억압적인 교육 정책에 반발하여, 교사의 권익 보호와 민주적인 교육 환경 조성을 위해 설립되었다.
- 발전 과정: 전교조는 설립 초기부터 교육 민주화를 위한 활동을 적극적으로 전개하였다. 이는 정부와의 갈등을 초래하기도 했으나, 교사들의 노동권과 교육 환경 개선을 위해 꾸준히 노력해 왔다. 전교조는 교육 정책에 대한 비판과 대안을 제시하며, 교육 개혁을 위한 다양한 활동을 전개하였다. 1999년 합법화 이후, 전교조는 교사들의 권익 보호와 교육 정책 개선을 위한 공식적인 활동을 지속하고 있다.

[그림 5-2] 전국교직원노동조합 홈페이지(www.eduhope.net)

다) 교원단체의 역할 변화와 주요 활동의 변화

- 초기 역할: 교원단체는 설립 초기에는 주로 교사의 임금 인상과 노동 조건 개선에 집중하였다. 교사들이 보다 나은 근로 조건에서 일할 수 있도록 노력하였으며, 교육 정책에 대한 참여보다는 교사들의 기본적인 권리와 복지 향상에 중점을 두었다.
- 교육 정책 참여 확대: 1980년대 이후, 교원단체는 교사들의 권익 보호뿐만 아니라 교육 정책에 적극적으로 참여하기 시작하였다. 이는 교육 현장의 목소리를 반영하여, 보다 현실적이고 효과적인 교육 정책을 개발하고 시행하는 데 중요한 역할을 하였다. 교원단체는 정부와의 협력과 갈등을 통해 교육 정책에 대한 영향력을 확대하였다.
- 교육 민주화와 전문성 향상: 1990년대 이후, 교원단체는 교육 민주화와 교사의 전문성 향상을 위한 활동을 강화하였다. 이는 교사들의 교육적 자율성을 존중하고, 학생 중심의 교육 환경을 조성하는 데 기여하였다. 교원단체는 교사 연수 프로그램과 전문성 개발 프로그램을 통해 교사들의 역량을 강화하는 데 주력하였다.
- 복지 증진 및 법적 보호 강화: 최근 들어, 교원단체는 교사들의 복지 증진과 법적 보호를 위한 활동을 적극적으로 전개하고 있다. 이는 교사들의 정신적, 신체적 건강을 보호하고, 안정적인 교육 환경을 조성하는 데 중점을 둔다. 교원단체는 법적 지원과 상담 서비스를 제공하여, 교사들이 교육활동 중 겪는 다양한 문제를 해결하는 데 도움을 준다.
- 사회적 역할 확대: 현대의 교원단체는 교육 현장뿐만 아니라 사회 전반에 걸쳐 중요한 역할을 수행하고 있다. 이는 교육에 대한 사회적 인식을 개선하고, 교육의 중요성을 강조하는 다양한 활동을 포함한다. 교원단체는 교육 관련 이슈에 대한 사회적 토론을 촉진하고, 교육 정책의 개선을 위한 사회적 연대를 형성한다.

나. 교원단체의 역할과 기능

1) 교원의 권익 보호

가) 법적 지원 및 상담

교원단체는 교사들이 직무를 수행하는 과정에서 법적 문제에 직면했을 때 법률적 지원을 제공한다. 이는 교사들이 부당한 대우를 받았을 경우 법적 자문과 소송 지원을 받을 수 있도록 한다. 법률 상담 서비스를 통해 교사들이 자신의 권리를 이해하고, 적절히 대처할 수 있도록 돕는다.

나) 교권 보호 활동

교원단체는 교권 침해 사례를 접수하고, 이를 조사하여 적절한 대응 조치를 취한다. 교사들이 교육 활동을 수행하는 과정에서 겪는 어려움을 해결하기 위해 노력한다. 교권 보호 위원회나 전담 팀을 운영하여 교사의 권익을 실질적으로 보호한다.

다) 교사 권리 홍보 및 교육

교사들이 자신의 법적 권리를 충분히 이해할 수 있도록 교육하고 홍보한다. 이는 교사들이 자신의 권리를 적극적으로 주장하고 보호할 수 있도록 돕는다. 관련 법령과 규정을 쉽게 이해할 수 있는 자료를 제작하여 교사들에게 배포한다.

2) 교육정책 참여 및 제안

가) 교육 정책 분석 및 제안

교원단체는 현재 시행 중인 교육 정책을 분석하고, 그 문제점과 개선 방안을 제안한다. 이는 교육 현장의 실제 상황을 반영한 현실적인 정책 개발을 목표로 한다. 교육 정책에 대한 연구를 수행하여, 새로운 정책 제안서를 작성하고 이를 정부나 교육청에 제출한다.

나) 정부 및 교육청과의 협력

교원단체는 정부와 교육청과의 협력 관계를 통해 교육 정책 결정 과정에 참여한다. 이는 정책 결정 시 교사의 목소리가 반영되도록 하는 데 중요한 역할을 한다. 정기적인 협의체를 구성하여 교육 정책에 대한 논의를 지속적으로 이어간다.

다) 정책 토론회 및 공청회 개최

교원단체는 정책 토론회나 공청회를 개최하여, 교사, 학생, 학부모, 전문가 등의 의견을 수렴한다. 이를 통해 정책의 타당성과 실행 가능성을 높인다. 이러한 행사들을 통해 다양한 교육 주체들의 의견을 반영하고, 정책의 수용성을 높인다.

3) 교원의 전문성 향상

교원단체는 교사들의 전문성을 향상시키기 위해 다양한 연수와 교육 프로그램을 제공한다.

가) 교원 연수 프로그램

교원단체는 교사들이 최신 교육 이론과 교수법을 습득할 수 있도록 다양한 연수 프로그램을 운영한다. 이는 교사들의 교육 역량을 강화하고, 교육의 질을 높이는 데 기여한다. 연수 프로그램은 학기 중이나 방학 기간을 활용하여 진행되며, 다양한 주제와 내용으로 구성된다.

나) 전문성 개발 워크숍

교원단체는 교사들의 전문성 개발을 위한 워크숍을 개최한다. 이는 교사들이 교육 현장에서 직면하는 다양한 문제를 해결할 수 있는 능력을 배양하는 데 초점을 맞춘다. 워크숍은 실습과 토론 중심으로 진행되어 교사들의 적극적인 참여를 유도한다.

다) 교육 자료 제공

교원단체는 교사들이 교육 활동에 활용할 수 있는 다양한 자료를 제공한다. 이는 교수학습 자료, 교육 이론서, 교수법 가이드 등 다양한 형태로 제공된다. 최신 교육 연구 결과와 사례를 바탕으로 한 자료를 제공하여 교사들의 교육 활동을 지원한다.

4) 교원의 복지 증진

교원단체는 교사들의 복지를 증진시키기 위해 다양한 활동을 전개한다.

가) 복지 프로그램 운영

교원단체는 교사들의 복지를 향상시키기 위해 다양한 복지 프로그램을 운영한다. 는 건강 관리 프로그램, 심리 상담 서비스, 문화 및 여가 활동 등을 포함한다. 교사들이 업무 스트레스를 해소하고, 건강한 신체와 정신을 유지할 수 있도록 지원한다.

나) 복지 시설 제공

교원단체는 교사들이 이용할 수 있는 복지 시설을 제공하거나 협력 시설을 마련한다. 이는 체육 시설, 휴양지, 문화 시설 등을 포함하며, 교사들이 편안하게 이용할 수 있도록 한다. 복지 시설 이용 시 할인 혜택이나 특별 프로그램을 제공하여 교사들의 만족도를 높인다.

다) 재정 지원 및 혜택

교원단체는 교사들에게 다양한 재정 지원과 혜택을 제공한다. 이는 장학금, 대출 지원, 생활비 보조 등 경제적 지원을 포함한다. 교사들의 경제적 부담을 덜어주고, 안정적인 생활을 영위할 수 있도록 돕는다.

라) 교원가족 지원 프로그램

교원단체는 교사의 가족들도 혜택을 받을 수 있는 프로그램을 운영한다. 이는 교원 가족 캠프, 가족 상담 서비스, 가족 건강 검진 등을 포함한다. 교사의 가족들이 함께 혜택을 받음으로써 교사들의 삶의 질을 전반적으로 향상시키는 데 기여한다.

생각해 볼 문제

1. 교사의 권리 보호와 학생의 학습 권리 보장을 동시에 충족시키기 위해 어떤 접근 방법이 필요할지, 구체적인 방안을 제시해 보고 토론해 봅시다.
2. 교원단체가 교사의 권익 보호와 교육 환경 개선에 기여하는 구체적인 사례를 조사하고, 이러한 활동이 교사와 학생 모두에게 미치는 영향을 분석해 봅시다.

학습활동

• 교권보호를 위한 제도적 장치 중 하나를 선택하여 조사하고, 그 장치가 실제로 교육 현장에서 어떻게 적용되고 있는지, 효과는 어떠한지에 대해 분석해 봅시다. 그리고 조사 결과를 바탕으로 발표 자료를 준비하고, 수업 시간에 발표해 봅시다.

• 지역의 교원단체(예: 한국교총, 전교조)와 인터뷰를 진행하여, 교원단체의 구체적인 활동과 성과, 도전과제를 직접 조사해 봅시다.

활동 방법
• 교원단체의 대표나 활동가와 인터뷰 일정을 조율한다. • 인터뷰 질문을 준비하고, 인터뷰를 통해 얻은 정보를 기록한다. • 인터뷰 내용을 바탕으로 교원단체의 주요 활동과 성과, 도전과제를 분석한 보고서를 작성한다. • 보고서를 발표하여 다른 학생들과 공유하고 토론한다.

제6장

교육실습과 교원자격검정

교육실습은 예비 교원들에게 있어 교육 현장을 직접 체험하고, 이론과 실제를 통합하는 중요한 과정이다. 이 활동은 교사로서의 역량을 키우고, 학생들과의 상호작용을 통해 교육적 통찰을 얻는 기회를 제공한다. 또한, 다양한 교육 환경에서의 실습을 통해 교사로서의 적응력을 기르고, 교육의 사회적 책임감, 그리고 교사로서의 정체성 확립, 교육의 본질을 깊이 이해하는 소중한 경험이 될 것이다. 교육실습을 포함하여 모든 교직 필수교과목을 이수한 후, 교원자격무시험검정의 과정을 거쳐야 한다. 따라서 본 장에서는 교육실습과 교원자격검정에 대해 알아보고자 한다.

1. 교육실습

가. 교육실습 개요

1) 교육실습의 목적

교육실습은 예비 교원이 교원양성기관에서 학습한 이론적 지식을 실제 학교 현장에 적용하고 경험하는 종합적인 교육 과정이다. 이는 예비 교원의 실천적 교수 능력과 교직 적성을 개발하고 확인하는 필수적인 과정이기도 하다.

교원양성 과정에서 배운 교육 이론과 방법을 적용하고 재구성하도록 도와주기 위해 예비 교원들에게 의도적으로 제공되는 일련의 전문적 경험으로 이것은 교사 교육 프로그램 중에서 가장 핵심적인 과정으로 인식되고 있다(서울대학교 교육연구소, 1995).

교육실습의 목적은 다음과 같다.

① 교육 이론의 실제 적용 능력 향상
② 학교 현장에 대한 이해 증진
③ 교직에 대한 적성 및 자질 확인
④ 교사로서의 전문성 및 정체성 형성
⑤ 교육 현장의 문제 해결 능력 배양
⑥ 학생들과의 소통 강화하고 전문적 역량 향상
⑦ 교육자로서의 책임감과 소속감 강화

교육실습은 교사의 역할을 성공적으로 수행할 수 있는 역량을 기르는데 중요한 역할을 한다.

2) 교육실습의 영역

교육실습은 학교현장실습 2학점 이상(수업실습, 참관실습, 실무실습 등), 교육봉사활동 2학점(P/F제 가능) 이내 포함 가능하다(2024학년도 입학자 이후)(교육부, 2024a).

〈표 6-1〉 교육실습 영역

교과목	기본교수요목
학교현장실습	• 대학에서 학교현장실습 이론교육(사전교육 등)을 이수한 후 취득하고자 하는 교원자격증에 해당하는 유치원 및 초등 · 중등 · 특수학교에서 학교현장실습을 실시한다. 단, 천재지변, 감염병 등의 상황 시, 교육부의 안내에 따라 교원양성기관의 장 또는 실습협력학교의 장이 간접으로 운영할 수 있다.(교원양성기관과 실습협력학교의 협조 필요) ※ 학교현장실습 학점은 교원양성기관의 장이 승인하는 바에 따라 P/F로 운영 가능 • 대학의 장은 선정된 협력학교의 여건을 고려하여 매년 학교현장실습계획을 수립 시 다음과 같은 사항을 반영한다. 1. 참관 · 수업실습: 교과(군)수업과 창의적 체험활동 수업참관을 포함 2. 실무실습: 취득하고자 하는 자격종의 직무 및 수업, 학생평가 실무를 포함 3. 학교현장실습의 구체적 실습 목적에 따라 구분하여 운영 권장
교육봉사활동	• 유치원 및 초 · 중 · 고등학생을 대상으로 보조교사, 부진아 지도, 방과후교사, 초등돌봄교실 및 자유학기제 관련 활동, 다문화학생 지도, 학생 생활지도 관련 활동, 재능기부 등을 교육적인 방법으로 교육봉사를 실시하며, 세부기준은 대학에서 정한다. • 중등 예비 교원의 경우, 중학교 자유학기제 운영, 진로연계교육(중학교 자유학기제 및 진로연계 학기 등) 등을 경험할 수 있는 교육봉사활동 계획을 포함할 수 있도록 한다. ※ 최소 30시간 이상을 1학점으로 인정, 졸업 시까지 일정 시간 이수

3) 교육실습 실시 시기

① 교육실습영역 중 학교현장실습의 실시 학년 및 시기 등은 대학에서 자율적으로 결정한다.

② 학교현장실습 지원학교의 방학기간 중 실시하는 학교현장실습은 교원양성기관과 학교현장실습 지원(협력)학교 간의 협의에 따라 실시할 수 있다.

③ 학교현장실습은 한 학기 집중 운영, 학기(학년)별 분산 운영, 학생별 강좌가 없는 요일 활용 운영 등 다양한 방법으로 운영할 수 있다.

※ '초중등교원양성체제발전방안'21.12.)'에 따라 대학의 여건을 바탕으로 교육부 · 시도교육청 · 실습학교와의 협의를 거쳐 2022년부터 교육실습 중 학교현장실습은 학기제로 운영할 수 있다. 이 경우 전공, 교직과목과 연계할 수 있다.

④ 교육실습영역 중 교육봉사활동은 입학부터 졸업까지 지속적으로 실시할 것을 권장한다.

나. 교육실습 운영

1) 학교현장실습

학교현장실습 가능한 기관과 지원(협력)학교 선정은 다음과 같다.

가) 학교현장실습 가능 기관(고시 제6조 4항)

①「유아교육법」 제2조에 따른 유치원
②「초·중등교육법」 제2조에 따른 학교
③「재외국민 교육지원 등에 관한 법률」 제2조에 따른 한국학교
④ 국가 또는 지방자치단체가 초등·중등·고등·특수교육대상 학생 등을 대상으로 교육적 목적을 가지고 설치·지정·위탁 및 운영하는 기관
⑤「평생교육법」 제31조 제2항에 따른 학력인정 평생교육시설
⑥ 교원양성기관에서 교류 협정을 체결한 외국의 대학 또는 교육청이 지정한 정규 유치원 및 초·중등·특수학교

나) 학교현장실습 지원(협력)학교 선정

① 학교현장실습 지원(협력)학교는 양성기관의 장이 책임지고 선정해야 하나, 학생이 희망하는 경우 개별적으로 선정할 수 있다.
② 학교현장실습은 취득하고자 하는 교원자격증에 해당하는 학교급에서 실시하는 것을 원칙으로 하되, 부득이한 경우 취득하고자 하는 자격증에 해당하는 분야(또는 교과)에서 실시할 수 있다.
③ 보건교사는 보건실이 있는 학교에서, 사서교사는 도서관이 있는 학교에서, 전문상담교사는 상담실이 있는 학교에서, 영양교사는 학교급식시설이 있는 학교에서 각각의 해당 담당교사 또는, 지도교사에 의하여 학교현장실습을 이수해야 한다.

④ 학교현장실습 지원(협력)학교는 실습 대상 인원 및 지원(협력)학교의 규모 등을 감안하여 학교현장실습생을 수용하고, 실습생이 실습기간 중 실제수업 또는 실무를 경험할 수 있도록 해야 한다.

⑤ 교원양성기관의 장은 학교현장실습에 참여하는 학생(장애학생 포함)을 위하여 교육실습지원(협력)학교와의 교류협력을 활성화하여야 한다. 교육감은 해당 교육청에 교육실습 협력부서를 지정・운영하여야 하며, 학교현장실습에 참여하는 학생(장애학생 포함)을 위하여 교원양성기관의 학교현장실습 지원(협력)학교 모집에 협조한다.

다) 학교현장실습 운영

① 1학기 기준으로 대략 5월초부터 총 4주간의 학교현장실습 운영

② 성적평가는 학교현장실습 지원학교별로 평가결과를 취합하여 성적 부여(절대평가)

〈표 6-2〉 교육실습 성적평가 영역

근무태도	자질	학습지도능력	연구조사활동	학급경영 및 사무처리능력	총평
10%	15%	50%	15%	10%	100%

③ 교육실습으로 인한 수업결손은 출석인정으로 학사지원팀에서 일괄 출석 처리

④ 교육실습 학교 제출서류

- 신상명세서 1부
- 성범죄 경력조회 및 아동학대 범죄전력 조회동의서 1부
- 〈개인정보보호법〉에 의거하여 개인신상정보가 기재되어 있는 서류는 직접 작성 후 교육실습 학교 담당자에게 전달해야 하며, 개인정보가 유출되지 않도록 주의

※ 상기 제출서류는 사전에 학과(전공)을 통하여 취합 후 별도 교육실습 오리엔테이션 기간에 교육실습일지, 명찰 등과 함께 배부

2) 교육봉사활동

① 교육실습영역 중 교육봉사활동의 의미는 예비 교원이 가진 재능을 유·초·중·고등학생(학교 밖 청소년, 방송통신중고등학교 포함)을 대상으로 교육적인 방법으로 봉사하는 것이다.

※ 봉사활동의 의미가 훼손되지 않는 범위에서 교통비 등 최소한의 금액을 받는 경우 봉사 활동으로 인정 가능하며, 최소한의 금액에 대한 세부기준은 각 대학에서 결정함

※ 지방자치단체, 시도교육행정기관 등 기관장이 발급한 확인서 인정

※ 성인 대상 교육은 교육봉사 불 인정. 단, 시·도교육청 및 소속기관에서 설치·운영하는교육센터(성인대상 학력인정 문해교육기관 포함)에서 유·초·중·고등학교 교육과정에 준하는 교육봉사 인정 가능(시·도교육청 홈페이지 및 국가문해교육센터(www.le.or.kr)에서 확인: 광역문해기관, 프로그램운영기관, 학력인정 기관 등)

② 교육실습영역 중 교육봉사활동 대상기관은 다음과 같다(고시 제6조9항).

- 「유아교육법」 제2조에 따른 유치원
- 「초·중등교육법」 제2조에 따른 학교
- 「재외국민 교육지원 등에 관한 법률」 제2조에 따른 한국학교
- 국가 또는 지방자치단체가 초등·중등·고등·특수교육대상 학생 등을 대상으로 교육적 목적을 가지고 설치·지정·위탁 및 운영하는 기관
- 「평생교육법」 제31조 제2항에 따른 학력인정 평생교육시설
- 교원양성기관에서 교류 협정을 체결한 외국의 대학 또는 교육청이 지정한 정규 유치원 및 초·중등·특수학교
- 공공기관이 인정한 비영리 기관

  ※ 국가 또는 지방자치단체에 등록되어 인가증·허가증(신고증, 확인증)이 있고, 비영리기관임을 확인할 수 있는 고유번호증을 보유한 기관으로 아동복지센터, 청소년수련원, 자활센터, 어린이집 등이 해당함

• 그 밖에 교원양성기관의 장이 교육적 목적을 고려하여 교육봉사활동에 적합하다고 인정하는 기관('21.10.27. 고시 개정)

> • (가능기관의 예) 대학에서 초·중·고등학생을 대상으로 운영하는 교육 프로그램(진로체험프로그램, 영재캠프 등), 병원학교(장기 입원 학생 대상 교육프로그램), 「대안교육기관에 관한 법률」에 따라 시·도교육청에 등록한 대안교육기관 등
> • (유의사항) 각 교원양성기관에서는 교원양성위원회 심의를 통해 교육봉사활동 인정기관을 선정하는 절차를 마련하여야 하며, 그 심의 내용에는 교육봉사활동 내용 및 방식 등에 관한 세부기준을 포함하여야 한다. 또한, 대학에서 운영하는 교육 프로그램 참여를 봉사활동으로 인정하는 경우, 대학의 장이 발급한 확인서를 인정한다.

③ 교육실습영역 중 교육봉사활동 대상기관은 학생이 선정하는 것을 원칙으로 하나, 대학이 대상기관을 선정할 수 있다.

④ 교육실습영역 중 교육봉사활동 학점을 이수하고자 할 경우 봉사활동 기관이 교원자격증에 해당하는 학교급과 일치하지 않아도 된다.

⑤ 대학은 교육실습에 관한 일반 기준을 마련하여야 하므로, 교육봉사활동 실시 전 학생들에게 교육봉사 활동계획서를 접수하여 교육봉사활동기관 및 활동 내용을 확인하는 등 교육봉사활동 인정 여부에 혼선이 발생하지 않도록 노력하여야 한다(교원자격검정령 시행규칙 별표 3).

대학(확인)	⇨	교육봉사기관(확인)	⇨	교육봉사기관(확인)	⇨	교육봉사기관(확인)	⇨	대학	⇨	대학
교육봉사활동 계획서		교육봉사 활동 동의서		교육봉사활동 일지 (봉사내용기록)		교육봉사활동 확인서 (봉사시간명시)		"교육봉사활동 학점인정 신청서" 접수		교육봉사 활동 학점 인정

〈교육봉사활동 인정여부 처리 절차 여부〉

⑥ 교육실습영역 중 교육봉사활동에 대한 무시험검정은 교육봉사활동의 이수 여부만을 확인하되, 구체적인 사항은 양성기관의 장이 정한다.

⑦ 교육실습(학교현장실습, 교육봉사활동)에 대한 학점인정은 이수학점을 부여하되, 성적은 부여하지 않아도 된다.

⑧ 교육봉사활동을 방학 중(학기 사이 혹은 학년 사이)에 하였을 경우 이수 결과(학점, 시간 등)를 다른 학기의 학점으로 반영할 수 있다.

⑨ 교육봉사활동 유의사항

- 교직과정 이수하는 학생은 특별학점(PASS)으로 부여되는 교육봉사 2학점을 반드시 이수하여야 함
- 재학 중 60시간 이상의 교육봉사활동을 실시하여야 함
- 계획서는 활동 전에 작성하여 학사지원팀으로 제출
- 활동 최종 시간은 분단위 입력이 불가능함(시간단위로 작성 요망).
- 활동계획서 및 활동확인서는 1학기, 2학기로 나누어 관리(1학기: 3월~8월 / 2학기: 9월~2월)
- 점심시간 및 기관 운영시간 외 교육봉사활동을 실시할 경우 교직과와 반드시 상의 후 활동
- 교육봉사관련서류(활동계획서 및 활동확인서)는 수정펜 사용 또는 수정 금지(해당 양식은 봉사 기관에서 발급하는 교육봉사활동을 증명하는 서류이므로 일체 수정 금지)
- 교육봉사활동일지는 수정이 불가능한 필기구로 작성(연필 등 수정이 가능한 필기구로 작성 금지)
- 제출한 서류는 일체 반환하지 않음.

3) 시 · 도교육청 및 학교현장실습 지원(협력)학교와의 협력

① 시 · 도교육청은 법령(「교원자격검정령」 제20조 제6항)에 따라 의무적으로 학교현장실습(교육실습) 협력부서를 지정 · 운영하도록 되어 있으므로, 교원양성기관은 학교현장실습지원(협력)학교의 선정이 필요한 경우 시 · 도교육청과 상호 협의해야 한다.

② 교원양성기관은 학교현장실습 시작 14일 전까지 실습 일정, 내용, 인원 등이 포함된 교육실습계획을 학교현장실습 지원(협력)학교와 협의를 완료해야 하며, 학교현장실습이 원활히 진행될 수 있도록 적극 노력해야 한다.

다. 교육실습 유의사항

1) 교육실습영역 학점 당 기준시간(교육부고시 제6조)

① 학교현장실습을 전일제로 실시하는 경우 1학점당 2주로 하며 학교현장실습 기간 중 공휴일(개교기념일 포함) 등이 포함될 수 있다. 이 경우 공휴일・결근일 등을 포함하여 전체 실습일수의 20%를 초과하지 않도록 해야 한다(초과 시 추가 실습 이수 가능하며 천재지변, 감염병 등의 상황 시에는 교육부의 안내에 따라 간접으로 운영 가능). 다만, 실습기간이 연속되지 않은 학교현장실습의 경우는 1학점 당 80시간 이상을 기준으로 한다(고시 제6조 제4항).

② 교육봉사활동은 1학점 당 30시간 이상을 기준으로 한다(고시 제6조 9항).

2) 교육실습의 면제 또는 대체

① 복수전공에 의하여 둘 이상의 교원자격증을 취득하고자 하는 경우 자격종별에 상관없이 교육실습은 주전공 과목으로 1회만 실시하며, 복수전공의 교육실습은 면제할 수 있다. 다만, 교과의 특성상 부득이한 경우 복수전공 과목으로 실시할 수 있다(제6조 제3항).

② 이미 2급 이상의 교원자격증을 소지한 자가 대학(교육대학원 포함)에 신・편입학하여 타 교원자격증을 취득하고자 하는 경우 취득할 교사 자격종별에 상관없이 교육실습을 면제할 수 있다. 다만, 표시과목이나 자격종별이 다른 경우 교육실습 면제에 대한 사항은 대학의 '교원양성위원회'심의를 거쳐 대학의 장이 결정한다.

③ 「초・중등교육법」 제2조에 따른 학교에서 동법 제22조에 따른 산학겸임교사 등(명예교사는 제외한다)* 또는 동법 제21조에 따른 실기교사 자격증을 소지한 동법 제19조 제1항에 따른 교원으로 1년 이상 전일제로 근무한 경력(취득하고자 하는 교원자격증과 동일 분야)이 있는 경우 "교육실습(학교현장실습, 교육봉사활동)"을 면제할 수 있다. 다만, 취득하고자 하는 교사 자격증과 학교급이 다른 동일 분야 전일제로 교육한 경력의 경우 교육실습 면제에 대한 사항은 대학의

'교원양성위원회'심의를 거쳐 대학의 장이 결정한다.

* 초중등교육법 제22조에 따른 '산학겸임교사등'으로 산학겸임교사, 영어회화전문강사, 다문화언어 강사, 강사 해당(명예교사 제외)

④ '사서교사(2급)' 자격을 취득하고자 하는 사람이 「도서관법」 제6조에 따른 사서 자격증을 소지하고, 다음의 어느 하나에 해당하는 기관에서 취득하고자 하는 교사 자격증과 관련된 업무 경력이 1년 이상 있는 경우 '교육실습'을 면제할 수 있다(제6조 제6항).

- 「초 · 중등교육법」 제2조에 따른 학교
- 「고등교육법」 제2조에 따른 학교
- 「평생교육법」 제31조 제2항에 따른 학력인정 평생교육시설
- 「도서관법」 제2조에 따른 도서관

⑤ '영양교사(2급)' 자격을 취득하고자 하는 사람이 「국민영양관리법」 제15조에 따른 영양사 면허를 소지하고 다음의 어느 하나에 해당하는 기관에서 취득하고자 하는 교사 자격증과 관련된 업무 경력이 1년 이상 있는 경우 '교육실습'을 면제할 수 있다(제6조 제7항).

- 「유아교육법」 제2조에 따른 유치원
- 「초 · 중등교육법」 제2조에 따른 학교
- 「고등교육법」 제2조에 따른 학교
- 「평생교육법」 제31조 제2항에 따른 학력인정 평생교육시설

⑥ 위 ⑤에 따른 '교육실습'의 면제 범위에 비정규직 학교영양사도 포함되며, 경력을 인정받기 위해서는 위탁급식업체 소속 영양사로서 학교(대학 포함)에서 급식 업무에 종사한 경력을 해당 학교장으로부터 확인받은 '경력인정증명서'(서식 5-1)를 제출하여야 한다.

⑦ '전문상담교사(2급)' 자격을 취득하고자 하는 사람이 「청소년기본법」 제22조에 따른 청소년 상담사 등의 자격증을 소지하고, 다음의 어느 하나에 해당하는 기관

에서 취득하고자 하는 교사 자격증과 관련된 업무 경력이 1년 이상 있는 경우 '교육실습'을 면제할 수 있다(제6조 제8항).

- 「초 · 중등교육법」 제2조에 따른 학교
- 「평생교육법」 제31조 제2항에 따른 학력인정 평생교육시설
- 시 · 도교육청 및 교육지원청
- 「청소년복지지원법」 제29조에 따른 청소년상담복지센터

⑧ 위 ⑦의 소지 자격증 중 인정되는 민간자격증의 범위는 "한국상담심리학회 상담심리사 2급 이상", "한국상담학회 2급 전문상담사 자격증"을 포함한다.

⑨ 교육실습 면제 관련 업무경력은 해당학교 교원자격무시험검정일을 기준으로 한다.

2. 교원자격검정

가. 교원의 자격종별과 자격기준

1) 교원의 자격기준 관련 법률

가) 교(원)장 및 교(원)감

① 「초 · 중등교육법」 제21조 제1항: "교장 및 교감은 별표 1의 자격기준에 해당하는 사람으로서 대통령령[1]으로 정하는 바에 따라 교육부장관이 검정 · 수여하는 자격증을 받은 사람이어야 한다."

② 「유아교육법」 제22조 제1항: "원장 및 원감은 별표 1의 자격기준에 해당하는 사람으로서 대통령령[2]으로 정하는 바에 따라 교육부장관이 검정 · 수여하는 자격증을 받은 사람이어야 한다."

1) 「초 · 중등교육법 시행령」(제41조 제1항) 및 「교원자격검정령」

2) 「유아교육법 시행령」(제26조) 및 「교원자격검정령」

나) 교사

① 「초 · 중등교육법」 제21조 제2항: “교사는 정교사(1급 · 2급), 준교사, 전문상담교사(1급 · 2급), 사서교사(1급 · 2급), 실기교사, 보건교사(1급 · 2급) 및 영양교사(1급 · 2급)로 나누되, 별표 2의 자격 기준에 해당하는 사람으로서 대통령령[3]으로 정하는 바에 따라 교육부장관이 검정 · 수여하는 자격증을 받은 사람이어야 한다.”

② 「유아교육법」 제22조 제2항: “교사는 정교사(1급 · 2급) · 준교사로 나누되, 별표 2의 자격기준에 해당하는 사람으로서 대통령령[4]이 정하는 바에 따라 교육부장관이 검정 · 수여하는 자격증을 받은 사람이어야 한다.”

2) 교원의 자격종별

〈표 6-3〉 교원의 자격종별

<table>
<tr><th rowspan="2">근거
학교별</th><th colspan="6">「초 · 중등교육법」 제21조 및 「유아교육법」 제22조</th></tr>
<tr><th>제1항</th><th colspan="5">제2항</th></tr>
<tr><td>유치원</td><td>원장, 원감</td><td colspan="2">정교사(1, 2급)</td><td colspan="3">준교사</td></tr>
<tr><td>초등학교</td><td>교장, 교감</td><td colspan="2">정교사(1, 2급)</td><td>준교사</td><td rowspan="5">실기교사</td><td rowspan="5">사서교사(1, 2급)
보건교사(1, 2급)
영양교사(1, 2급)
전문상담교사(1, 2급)</td></tr>
<tr><td>중등학교</td><td>교장, 교감</td><td colspan="2">정교사(1, 2급)</td><td>준교사</td></tr>
<tr><td rowspan="3">특수학교</td><td rowspan="3">교장, 교감</td><td>중등</td><td rowspan="3">정교사
(1, 2급)</td><td rowspan="3">준교사</td></tr>
<tr><td>초등</td></tr>
<tr><td>유치원</td></tr>
</table>

나. 교원자격검정 개요

1) 교원자격검정의 종별

① 무시험검정

② 시험검정(교원의 수급 상 반드시 필요한 경우에 한하여 실시함, '80년 이후 미실시)

---

3) 「초 · 중등교육법 시행령」 (제41조 제1항) 및 「교원자격검정령」

4) 「유아교육법 시행령」 (제26조) 및 「교원자격검정령」

2) 교원자격증 수여권자

① 교육부장관의 권한을 위임 받아 '시・도교육감'이 수여

② 교육부장관의 권한을 위임[5] 및 위탁[6]받아 '대학의 장'이 수여

☞ 관련 근거

- 「초・중등교육법 시행령」 제106조의2
- 「행정권한의 위임 및 위탁에 관한 규정」 제22조 및 제45조

3) 교원자격기준별 검정기관

① 자격기준 중 교육경력이 포함되는 무시험검정은 시・도교육감이 실시

② 자격기준 중 학력만 필요로 하는 무시험검정은 출신 대학의 장이 실시

〈표 6-4〉 교원자격 검정개요

자격종별	검정대상	검정기관	자격기준 (조-항-호)
중등학교 정교사 (2급)	1. 사범대학을 졸업한 사람	대학의 장	21-2-1
	2. 교육대학원 또는 교육부장관이 지정하는 대학원 교육과에서 석사학위를 받은 사람	대학의 장	21-2-2
	3. 임시 교원양성기관을 수료한 사람	교육감	21-2-3
	4. 대학에 설치하는 교육과를 졸업한 사람	대학의 장	21-2-4
	5. 대학・산업대학을 졸업한 사람으로서 재학 중 일정한 교직과 학점을 취득한 사람	대학의 장	21-2-5
	6. 중등학교 준교사자격증을 가진 사람으로서 2년 이상의 교육경력을 가지고 일정한 재교육을 받은 사람	교육감	21-2-6
	7. 초등학교의 준교사이상의 자격증을 가지고 대학을 졸업한 사람	대학의 장	21-2-7
	8. 교육대학・전문대학의 조교수로서 2년 이상의 교육경력이 있는 사람	교육감	21-2-8
	9. 제22조에 따른 산학겸임교사 등(명예교사는 제외한다)의 자격기준을 갖춘 사람으로서 임용권자의 추천과 교육감의 전형을 거쳐 교육감이 지정하는 대학 또는 교원연수기관에서 대통령령으로 정하는 교직과목과 학점을 이수한	교육감	21-2-9

5) 위임: 국공립의대학・교육대학・종합교원양성대학・원격대학・산업대학・전문대학

6) 위탁: 국군간호사관학교, 사립의 대학・전문대학 및 각종학교의 장

자격종별	검정대상	검정기관	자격기준 (조-항-호)
	사람. 이 경우 임용권자의 추천 대상자 선정기준과 교육감의 전형 기준에 관하여는 대통령령으로 정한다.		
초등학교 정교사 (2급)	1. 교육대학을 졸업한 사람	대학의 장	21-2-1
	2. 사범대학을 졸업한 사람으로서 초등교육과정을 전공한 사람	대학의 장	21-2-2
	3. 교육대학원 또는 교육부장관이 지정하는 대학원의 교육과에서 초등교육과정을 전공하고 석사학위를 받은 사람	대학의 장	21-2-3
	4. 초등학교 준교사자격증을 가진 사람으로서 2년 이상의 교육경력을 가지고 일정한 재교육을 받은 사람	교육감	21-2-4
	5. 중등학교 교사자격증을 가진 사람으로서 필요한 보수교육을 받은 사람	교육감	21-2-5
	6. 전문대학을 졸업한 사람 또는 이와 같은 수준 이상의 학력이 있다고 인정되는 사람을 입소 자격으로 하는 임시 교원양성기관을 수료한 사람	교육감	21-2-6
	7. 초등학교 준교사 자격증을 가진 사람으로서 교육경력이 2년 이상이고 방송통신대학 초등교육과를 졸업한 사람	교육감	21-2-7
특수학교 정교사 (2급)	1. 교육대학 및 사범대학의 특수교육과를 졸업한 사람	대학의 장	21-2-1
	2. 대학·산업대학의 특수교육 관련 학과를 졸업한 사람으로서 재학 중 일정한 교직과정을 마친 사람	대학의 장	21-2-2
	3. 대학·산업대학의 특수교육 관련 학과를 졸업한 사람으로서 교육대학원 또는 교육부장관이 지정하는 대학원에서 특수교육을 전공하고 석사학위를 받은 사람	대학의 장	21-2-3
	4. 유치원·초등학교 또는 중등학교 정교사(2급)자격증을 가지고 필요한 보수교육을 받은 사람	교육감	21-2-4
	5. 유치원·초등학교 또는 중등학교 정교사(2급)자격증을 가지고 교육대학원 또는 교육부장관이 지정하는 대학원에서 특수교육을 전공하고 석사학위를 받은 사람	대학의 장	21-2-5
	6. 특수학교 준교사 자격증을 가지고 2년 이상의 교육경력이 있는 사람으로서 일정한 재교육을 받은 사람	교육감	21-2-6
	7. 유치원·초등학교·중등학교 또는 특수학교 준교사 자격증을 가지고 2년 이상의 교육경력이 있는 사람으로서 교육대학원 또는 교육부장관이 지정하는 대학원에서 특수교육을 전공하고 석사학위를 받은 사람	교육감	21-2-7
유치원 정교사 (2급)	1. 대학에 설치하는 유아교육과 졸업자	대학의 장	21-2-1
	2. 대학(전문대학 및 이와 동등이상의 각종학교와 「평생교육법」 제31조 제4항에 따른 전문대학학력인정 평생교육시설을 포함한다) 졸업자로서 재학 중 소정의 보육과 교직학점을 취득한 자	대학의 장	21-2-2

자격종별	검정대상	검정기관	자격기준 (조-항-호)
	3. 교육대학원 또는 교육부장관이 지정하는 대학원의 교육과에서 유치원교육과정을 전공하고 석사학위를 받은 자	대학의 장	21-2-3
	4. 유치원 준교사 자격증을 가진 자로서 2년 이상의 교육경력을 가지고 소정의 재교육을 받은 자	교육감	21-2-4
사서교사 (2급)	1. 대학·산업대학을 졸업한 사람으로서 재학 중 문헌정보학 또는 도서관학을 전공하고 일정한 교직과정을 마친 사람	대학의 장	21-2-1
	2. 준교사 이상의 자격증을 가진 사람으로서 일정한 사서교사 양성강습을 받은 사람	교육감	21-2-2
	3. 교육대학원 또는 교육부장관이 지정하는 대학원의 교육과에서 사서교육과정을 전공하고 석사학위를 받은 사람	대학의 장	21-2-3
	4. 사범대학 졸업한 사람으로서 재학 중 문헌정보학 또는 도서관학을 전공한 사람* *공주대만 개설됨	대학의 장	21-2-4
보건교사 (2급)	1. 대학·산업대학의 간호학과를 졸업한 사람으로서 재학 중 일정한 교직 학점을 취득하고 간호사면허증을 가진 사람	대학의 장	21-2-1
	2. 전문대학의 간호과를 졸업한 사람으로서 재학 중 일정한 교직 학점을 취득하고 간호사면허증을 가진 사람	대학의 장	21-2-2
전문상담교사 (2급)	1. 대학·산업대학의 상담·심리 관련학과를 졸업한 사람으로서 재학 중 일정한 교직학점을 취득한사람	대학의 장	21-2-1
	2. 교육대학원 또는 교육부장관이 지정하는 대학원의 상담·심리교육과에서 전문상담 교육과정을 마치고 석사학위를 받은 사람	대학의 장	21-2-2
	3. 2급 이상의 교사자격증(「유아교육법」에 따른 2급 이상의 교사자격증을 포함한다)을 가진 사람으로서 교육부장관이 지정하는 교육대학원 또는 대학원에서 일정한 전문상담교사 양성과정을 마친 사람	대학의 장	21-2-3
영양교사 (2급)	1. 대학·산업대학의 식품학 또는 영양학관련학과를 졸업한 사람으로서 재학 중 일정한 교직학점을 취득하고 영양사면허증을 가진 사람	대학의 장	21-2-1
	2. 영양사면허증을 가지고 교육대학원 또는 교육부장관이 지정하는 대학원의 교육과에서 영양교육과정을 마치고 석사학위를 받은 사람	대학의 장	21-2-2

나. 교원자격 무시험검정

1) 교원자격 무시험검정의 일반 기준(교육부, 2024a)

가) 교원자격 무시험검정의 기본 원칙

① 자격기준 중 교육경력이 포함되는 무시험검정은 시·도교육감이 실시

② 자격기준 중 학력만 필요로 하는 무시험검정은 출신 대학의 장이 실시

<table>
<tr><th colspan="2">기관</th><th>관련 법령</th><th>조건</th></tr>
<tr><td colspan="2">시·도교육감(위임)</td><td>「초·중등교육법 시행령」 제106조의2 제1항 2호, 3~5호
「행정권한의 위임 및 위탁에 관한 규정」 제22조 1항 2~6호</td><td>자격기준 중 교육경력 포함</td></tr>
<tr><td rowspan="3">출신 대학의 장</td><td>국공립의 대학·교육대학·종합교원양성대학·원격대학·산업대학·전문대학(위임)</td><td>「행정권한의 위임 및 위탁에 관한 규정」 제22조 2항 2~3호</td><td rowspan="3">자격기준 중 학력 포함</td></tr>
<tr><td>국군간호사관학교(위탁)</td><td>「행정권한의 위임 및 위탁에 관한 규정」 제22조 5항 1~2호</td></tr>
<tr><td>사립의 대학·전문대학 및 각종학교의 장(위탁)</td><td>「행정권한의 위임 및 위탁에 관한 규정」 제25조 1항 1~2호</td></tr>
</table>

※ 자격기준 중 학력만 필요로 하는 무시험검정은 무시험검정 합격기준을 충족한 시점에 문교부장관 또는 교육부장관이 검정하였더라도, 무시험검정의 권한이 대학의 장에게 위임(탁)된 이후에 무시험검정 원서를 출원하는 경우에는 출신대학의 장이 실시함

☞ (예시 1) 1978년에 교직과정을 이수하고 대학을 졸업하였으나 무시험검정을 신청하지 않은 자가 2008년 2월에 대학의 장에게 무시험검정을 신청한 경우, 출신대학의 장(현재 대학의 장)이 무시험검정을 실시함

☞ (예시 2) 위의 (예시 1)에서 무시험검정 신청일 현재 출신대학의 명칭이 변경되었거나 통폐합된 경우, 현재 대학의 장이 검정을 실시함

나) 교원자격 무시험검정의 대상

① 「초·중등교육법」 제21조, 「유아교육법」 제22조 제1항 관련 [별표 1]에 의한 교장, 교감, 원장, 원감

② 「초·중등교육법」 제21조, 「유아교육법」 제22조 제2항 관련 [별표 2]에 의한 교사의 자격검정 중 「교원자격검정령」 제24조에 규정한 시험검정의 대상이 아닌 자

다) 교원자격 무시험검정의 시기 및 기간

① 졸업예정자: 졸업 10일 전까지

② 졸업자: 수시(학칙이나 지침 등으로 연 2~4회 검정 시기 명시 가능)

※ 관련 근거: 「교원자격검정령」 제19조

☞ 「초·중등교육법」 제21조와 「유아교육법」 제22조 관련 [별표 1] 및 [별표 2]의 교원 자격기준에 해당되는 날로부터 수시로 서류심사에 의하여 검정을 실시함

라) 교원자격 무시험검정의 신청

① 출신 대학(학교)의 장이 검정하는 경우

- 신청대상: 대학, 산업대학, 교육대학, 방송통신대학, 국군간호사관학교 및 전문대학 졸업자 또는 졸업예정자와 교육대학원에서 석사학위를 취득한 자 또는 학위취득이 확정된 자
- 신청방법: 대상자가 소속 대학(학교)의 장에게 교원자격무시험검정원서를 제출
- 제출서류
  - ㉠ 교원자격 무시험검정원서(「교원자격검정령 시행규칙」별지 4호 서식)
  - ㉡ 간호사면허증 사본 또는 합격확인서 사본(원본 대조필, 보건교사 신청자에 한함)
  - ㉢ 영양사면허증 사본 또는 합격확인서 사본(원본 대조필, 영양교사 신청자에 한함)
  - ㉣ 국가기술자격증 사본 또는 합격증(실기교사 신청자에 한함)
  - ㉤ 교원자격증 사본(원본 대조필, 해당자에 한함)
  - ㉥ 교원 자격 취득 결격사유 확인 관련 서류

② 교육감이 검정하는 경우

① 신청대상
- ㉠ 중등학교 정교사(2급): 「초·중등교육법」 별표 2 중 중등학교 정교사란 제3호, 8호, 9호 대상자
- ㉡ 초등학교 정교사(2급): 「초·중등교육법」 별표 2 중 초등학교 정교사란 제5호, 6호 대상자
- ㉢ 특수학교 정교사(2급): 「초·중등교육법」 별표 2 중 특수학교 정교사란 제4호, 7호 대상자

㉣ 실기교사: 「초 · 중등교육법」 별표 2 중 실기교사 제 1호, 5호 대상자

② 신청방법: 대상자가 교육감에게 교원자격 무시험검정 원서를 제출

③ 제출서류

㉠ 교원자격 무시험검정 원서(「교원자격검정령 시행규칙」별지 제4호 서식)

㉡ 졸업 또는 수료증명서(해당자에 한함)

㉢ 경력증명서(해당자에 한함)

㉣ 교원자격증 사본(해당자에 한함)

㉤ 교원 자격 취득 결격사유 확인 관련 서류

마) 교원자격 무시험검정 종류 및 유의점

① 교원대상 무시험검정

① 검정기관: 시 · 도교육감

② 검정 대상: 「초 · 중등교육법」 제2조 및 「유아교육법」 제7조에 따른 학교의 교원(기간제 교사 포함)

③ 대상 자격종별: 교(원)장(인정기준 제외), 교(원)감, 유치원 및 초등 · 중등 · 특수학교 정교사(1급), 보건 · 사서 · 영양교사(1급), 중등학교 정교사(2급) 제6호, 초등학교 정교사(2급) 제4호, 특수학교 정교사(2급) 제7호, 중등학교 준교사 제3호, 특수학교 준교사 제2호

④ 학교에 준하는 학교(기관) 근무 중인 자: 타 법령에 의하여 「초 · 중등교육법」 제2조에 의한 학교에 준하는 학교(기관)에 근무 중인 자(학력인정 평생교육시설, 소년원학교 근무 교원 등)도 시 · 도교육감과 협의하여 자격연수를 이수하거나 교육대학원의 졸업 학력으로 무시험 검정을 신청할 수 있다.

⑤ 이미 교원자격증을 소지하고 있는 자가 상급자격 또는 복수자격을 취득하고자 하는 경우에도 교사자격 취득 결격사유 확인 서류를 제출해야 한다.

② 교(원)장 자격 무시험검정

① (자격연수 이수자) 「초 · 중등교육법」 별표 1 중 중등학교의 교장란 제1호에 대한 무시험 검정은 현재 재직 중인 학교급에 해당하는 자격을 부여한다.

② 교장 · 원장의 자격 인정(부관설정)

㉠ 교장 · 원장자격증 부관 설정:「유아교육법」 별표 1 중 원장의 자격기준란 제2호와 「초 · 중등교육법」 별표 1 중 중등학교의 교장란 제2호, 초등학교의 교장란 제2호 및 특수학교의 교장란 제3호에 대한 검정은 반드시 임용예정자에 한하여 관련 법령 및 규정에 따라 시 · 도교육감이 실시한다.

☞ 관련 법령 및 규정: 「교원자격검정령」 제23조 및 「교(원)장자격증 부관설정 등에 관한 규정」

ⓛ 교육경력: 「교원자격검정령」 제23조 관련 [별표]의 '교장 및 원장 자격인정기준' 중 '교육행정경력의 범위'에는 사립학교 행정실에 근무한 경력은 포함되지 않는다.

☞ '국가인권위원회' 결정2004.4.26) 참고

③ 교육대학 · 전문대학 학장 경력자: 「초 · 중등교육법」 별표 1 중 중등학교의 교장란 제3호에 대한 검정은 반드시 해당학교 임용예정자에 한하여 시 · 도교육감이 실시한다.

④ 위 ③의 교육대학 · 전문대학 학장의 대상 범위는 현직교원과 비현직교원을 포함한다(근거: 교육부 교직발전기획과-5583, 2008.11.25.).

※ 교(원)장자격 인정기준에 의한 무시험검정 절차(사립학교의 경우)

① 학교법인 또는 사립학교 경영자는 재단이사회의 의결을 거쳐 자격인정기준 해당자를 학교(원)장으로 임용 결정(임용 예정학교, 임용예정일 및 임용기간 등을 명시)

② 학교법인 또는 사립학교 경영자는 학교소재 시 · 도교육감에게 교(원)장자격 인정검정원서 제출(제출은 임용 예정일로부터 30일 이내)

③ 시 · 도교육감은 교(원)장자격 인정기준에 해당하는지 검토(인정기준에 해당하는지가 명확하지 않은 경우 시 · 도교육청에 설치된 '교원양성위원회'에서심의 · 의결)

④ 시 · 도교육감은 무시험검정 합격자에 대하여 신청서 접수 후 15일 이내에 부관을 설정하여 교(원)장자격증을 부여하고, 나이스의 교원자격증 발급자 명부에 등록

⑤ 임용예정일에교원장자격증취득자를임용후시 · 도교육감에게 임용 완료 보고

⑥ 부관의이행완료후학교법인또는사립학교경영자는시 · 도교육감에게 부관의 삭제를 요청

⑦ 시 · 도교육감은 부관의 이행 여부를 확인한 후 부관을 삭제하고, 나이스 상의 부관을 삭제한 후 교육부장관에게 보고

③ 교(원)감 자격 무시험검정

① 자격연수 이수자: 「초 · 중등교육법」 별표 1 중 중등학교의 교감란 제1호에 대한 무시험검정은 현재 재직 중인 학교급에 해당하는 자격을 부여한다.

② 교육대학 교수 · 부교수 경력자: 「초 · 중등교육법」 별표 1 중 중등학교의 교감란 제3호에 대한 검정은 반드시 해당학교 임용예정자에 한하여 시 · 도교육감이 실시한다.

③ 위 ②의 교육대학의 교수 · 부교수의 대상 범위는 현직교원과 비현직교원을 포함한다(근거: 교육부 교직발전기획과-5583, 2008.11.25).

④ 교육경력 인정(「교원자격검정령」 제8조 관련)

① 교(원)장 과 교(원)감 및 모든 1급 (정)교사 자격기준 중 소지자격증에 따른 교육경력은 「교원자격검정령」 제8조에 의한 '교육경력의 범위(순회교사 포함)'를 적용하되, 취득하고자 하는 교사자격증(전문상담교사 등 일부 과정의 경우 기 소지한 교사자격증)에 해당하는 학교급(중등학교 정교사의 경우 표시과목 포함*)으로 임용되어

근무한 경력만을 인정한다.
※ 교원자격검정 실무편람에 이하 명시된 '교육경력'에 동일하게 적용
※ 특수학교(중등)의 경우, 학교급이 일치하면 표시과목과 상관없이 교육경력으로 인정할 수 있음

② 「유아교육법」 별표 2중 유치원 정교사 1급란 제2호, 「초·중등교육법」 별표 2 중 중등학교의 정교사 1급란 제1호, 초등학교 정교사 1급란 제3호, 사서교사 1급란 제2호에 대한 무시험검정 시 교육경력은 교육대학원 입학 전과 졸업 후의 교육경력을 합산하여 산정한다. 단 교육대학원의 재학기간(휴학, 논문 작성 기간 등 포함)은 교육경력에 산입하지 않는다.
※ 수료 후 졸업 전까지의 기간은 논문 작성 기간으로 볼 수 있다.

③ 「초·중등교육법」 별표 2 중 특수학교 정교사 1급란 자격기준 제2호 및 제4호에 대한 무시험검정 시 교육경력은 교육대학원 입학 전과 졸업 후의 교육경력을 합산하여 인정할 수 있다. 단, 제4호의 경우 교육대학원의 재학기간(휴학, 논문 작성 기간 등 포함)은 교육경력에 산입하지 않는다.

④ 「초·중등교육법」 별표 2 중 전문상담교사 1급란 제1호에 대한 무시험 검정 시 교육경력은 2015 학년 이후 입학자부터 교육대학원 입학 전 교육경력만 인정한다.

⑤ 석사학위 취득을 통한 자격 취득(1급 등)이 가능한 경우에는 반드시 자격과 관련된 전공의 석사 학위를 취득해야 한다.

관련전공	
유치원: 유아교육전공	중등학교: 현재 임용된 표시과목 관련 전공
초등학교: 초등교육과정 전공	특수학교: 현재 임용된 학교급에 해당하는 특수교육 전공

⑥ 「재외국민의 교육지원 등에 관한법률」에 따라 설치된 '한국학교'에서 교원으로 근무한 경력(소지자격에 따른 학교급 근무 시 인정 가능), 다른 법률에 따라 설립된 고등교육기관(사관학교 등)에서 교수로 근무한 경력도 「교원자격검정령」 제8조에 의한 '교육경력의 범위'에 포함한다.

⑦ 구 「교육법」시행 당시 교원의 범위에 포함되었던 '교육대학 조교로서 근무한 경력'은 「교원자격검정령」 제23조 제1항 및 별표2에 따른 교육경력에 포함되지 않는다.
※ 근거: 법제처 법령해석(16-0469, 2016.10.27.)

⑧ 「병역법」에 따른 의무복무기간은 「초·중등교육법」 제21조 제2항 및 별표2에 따른 학교별 정교사 1급 자격에 필요한 교육경력 기간에 포함되지 않는다.
※ 근거: 법제처 법령해석(21-0110, 2021.4.6.)

⑤ 중등학교 무시험검정

① 「초·중등교육법」 별표 2 중 중등학교의 정교사 1급란 제1호에 대한 검정 시 소지한 교사자격증의 표시과목으로 임용·발령을 받아 1년 이상의 교육경력이 있는 경우에 무시험검정을 실시한다.
☞ (예) 중등학교 정교사(2급) 사회(일반사회) 자격증을 소지하고 '일반사회' 교과로 발령을 받은 자가 교육대학원의 '통합사회전공'을 졸업한 경우 '중등학교정교사 1급 통합사회' 무시험검정을 신청할 수 없음

② 「초 · 중등교육법」 별표 2 중 중등학교의 정교사 1급란 제4호 및 정교사 2급란 제8호의 무시험검정은 다음의 요건을 충족해야 한다(국무총리행정심판위원회 재결(2008. 11.18.)에 따라 관련 지침을 개정).

㉠ 고등교육법 제2조에 따른 교육대학 · 전문대학(다만, 기능대학 포함)의 교수 · 부교수로 3년 이상(1급의 경우), 조교수로 2년 이상(2급의 경우) 전임으로 근무한 경력이 있는 자로 비 현직 교원도 포함한다.

㉡ 소지한 학위 분야와 강의한 과목 및 취득하고자 하는 표시과목이 일치하거나 객관적으로 관련성이 높아야 한다(시 · 도교육청에 설치된 교원양성위원회에서 심의).

㉢ 위 ㉡에서 '강의한 과목'이란 1급의 경우 총 3년 이상, 2급의 경우 총 2년 이상 강의한 경우에 한한다(비연속 경력인 경우 합산 가능).

㉣ 제출서류는 교원자격무시험검정원서, 경력증명서, 강의증명서, 최종학위사본, 교원자격취득 결격사유 확인관련서류이다.

※ 관련 근거: 「교원자격검정령 시행규칙」 제3조 제4호

☞ 2008년도 교원자격검정 실무편람에서는 중등학교 정교사(1급) 제4호 및 중등학교 정교사(2급) 제8호의 무시험검정은 교육대학 및 전문대학의 현직교원만을 대상으로 하도록 하였으나, 2008년 11월 18일 국무총리행정심판위원회의 재결에 따라 비현직 교원도 포함함(교직발전기획과-5538, 2008.11.25).

※ 교장 자격기준 중 중등학교 3호, 교감 자격기준 중 중등학교 3호에 대한 검정 시에도 동일하게 적용한다.

⑥ 특수교육 무시험검정

① 「초 · 중등교육법」 별표 2 중 특수학교 정교사 2급란 제3호에 의하여 교육대학원에서 특수학교 정교사(2급) 자격증을 취득한 자가 같은 별표2 중 특수학교 정교사 1급란 제2호 자격을 취득하기 위해서는 교육대학원 또는 교육부장관이 지정하는 대학원에서 특수교육전공의 석사학위를 추가로 받아야 한다.

② 「초 · 중등교육법」 별표 2 중 특수학교 정교사 1급란 제4호에 대한 검정 시 '1년 이상의 교육경력'의 범위에는 특수학교(일반학교의 특수학급 포함) 또는 현재 소지한 자격증에 해당하는 학교급의 경력을 포함한다.(중등학교 정교사의 경우 표시과목 포함)

☞ 2007년도 교원자격검정 실무편람에서는 특수학교 정교사(1급) 4호에 의한 무시험검정 시 1년의 교육경력에는'특수학교 일반학교의 특수학급 포함에 근무한 경력'만을 인정하도록 하였으나 2008년 3월 18일 국무총리행정심판위원회의 재결에 따라 '일반학교에 근무한 경력'도 인정함. 이에 따라 특수학교 정교사(1급) 4호 기준에 의한 무시험검정 요건을 갖추었으나, 2007년도 지침에 따라 자격증을 취득하지 못한 자가 무시험검정을 신청하는 경우 검정을 실시함

③ 위 ②의 '1년 이상의 교육경력'은 교육대학원 입학 전과 졸업 후의 교육경력을 합산하여 인정할 수 있다.

⑦ 영양교사 및 보건교사 무시험검정

① 「초·중등교육법」 별표 2 중 영양교사 2급란 제1호, 보건교사 2급 제1호, 제2호의 무시험검정 시 졸업 후 취득한 면허증도 인정된다.
② 위 ①의 영양교사 및 보건교사 자격의 각호에 대한 자격 검정은 간호사 및 영양사 국가시험 합격자 발표일 이후에 실시하여야 한다. 다만, 3월에 교사 자격증을 취득하더라도 임용시험에서는 2월 졸업예정자에 포함되는 것으로 간주하여 임용시험에 응시할 수 있다.

☞ 보건교사 및 영양교사 자격 무시험검정 시 제출하여야 하는 '간호사 또는 영양사 면허증사본' 은 '한국보건의료인국가시험원장'이 발행한 '합격확인서'로 대신할 수 있으나, 최종합격여부의 확인을 위하여 면허증 발급과 동시에 면허증 사본을 제출받아야 한다.(단,「교원자격검정령시행규칙」 제9조 제3항에 따라 「전자정부법」 제36조 제1항에 따른 행정정보의 공동이용 확인에 동의한 경우에는 제출받지 않아도 됨)

③ 「초·중등교육법」 별표 2 중 영양교사 2급란 제2호의 무시험검정 시 영양사 면허증은 교육대학원 또는 교육부장관이 지정한 대학원 입학 전에 취득한 경우에만 인정된다.
※ 교육대학원 또는 교육부장관이 지정한 대학원 입학 시 면허증 취득 여부 반드시 확인 필요
※ 면허증 취득 여부는 '한국보건의료인국가시험원장'이 발행한 '합격확인서'로 확인할 수 있으나 면허증 발급과 동시에 면허증 사본을 제출받아야 입학 가능여부를 확인하여야 한다.(단,「교원자격검정령 시행규칙」 제9조 제3항에 따라 「전자정부법」 제36조 제1항에 따른 행정정보의 공동이용 확인에 동의한 경우에는 제출받지 않아도 됨)

바) 교원자격 무시험검정 합격요건

① 무시험검정 합격 충족 요건

① 무시험검정 합격을 위한 요건은 반드시 교사자격증을 부여하는 대학을 졸업하기 이전에 정규과정을 통하여 취득한 학점만 인정된다.
② 위 ①에 따른 인정 학점 범위에 졸업 전 타대학과의 교류에 의해 취득한 학점이 포함되며, 타대학과의 교류에 의해 취득한 학점 중 교직과목 학점은 교직과정이 설치된 대학에서 이수한 학점만 인정한다.
③ 보건교사, 영양교사 무시험검정 요건인 면허증과 실기교사 무시험검정 요건인 국가기술자격증은 졸업 후 취득한 경우도 인정된다. 다만 이 경우 무시험검정은 면허 및 자격시험 합격자 발표일 이후에 실시해야 한다.

입학년도	전공구분		이수학점: 전공과목	이수학점: 교직과목	성적기준	교직적성 및 인성검사	응급처치 및 심폐소생술	성인지 교육	면허(자격증)	산업체 현장실습
2021 학년도 이후	주전공		• 50학점 이상 - 기본이수과목 21학점(7과목) 이상 포함 - 교과교육영역 8학점(3과목) 이상 포함 • 특수학교 80학점 - 전공과목 42학점 - 표시과목관련 전공 38학점 ▸ 기본이수과목 21학점(7과목) 이상 포함 ▸ 교과교육영역 8학점(3과목) 이상 포함 ※ 중등의 경우 특수교육공통영역에서 특수교육과정론 필수 이수 ▸ 교육부 고시 제2045-81호 총론 및 [별칙 3]의 교과(군)을 참고하여 대학별 적절한 강의개설(가능한 전 교과(군)을 다룰 수 있도록 과목 개설 권장)	• 22학점 이사 - 교직이론 12학점 (6과목) 이상 - 교직소양 6학점 이상 - 교육실습 4학점 이상	• 전공과목 - 평균 75점 이상 • 교직과목 - 평균 80점 이상	• 2회 이상	• 2회 이상	• 4회 이상 (3년 이하의 교원양성과정 2회 이상	• 보건교사 - 간호사 면허증 • 영양교사 - 영양사 면허증	• 4주 (중등 공업에 관한 표시과목)
	부전공	교육대학원 교육청	• 30학점 이상 - 교과내용 영역 24학점 이상 - 교과교육용역 6학점(2과목) 이상 ※ 기본이수과목 14학점(5과목 이상) 포함		• 전공과목 - 평균 75점 이상					
	실기		• 50학점 이상 - 기본이수과목 6학점(2과목) 이상 포함	• 4학점 이상 - 교육학개론(2학점) - 실기교육방법론 (2학점)	• 전공과목 - 평균 75점 이상 • 교직과목 - 평균 80점 이상	• 2년 이하의 양성 과정: 1회 이상 • 2년 초과의 양성 과정: 2회 이상			• 국가기술자격증 (관련 표시과목에 한함)	
2021 학년도 이후	주전공		2021학년도와 동일	• 22학점 이사 - 교직이론 12학점 (6과목) 이상 - 교직소양 6학점 이상 ※ 디지털 교육 포함 4과목 - 교육실습 4학점 이상	• 전공과목 - 평균 75점 이상 • 교직과목 - 평균 80점 이상	• 2회 이상	• 2회 이상	• 4회 이상 (3년 이하의 교원양성과정 2회 이상	• 보건교사 - 간호사 면허증 • 영양교사 - 영양사 면허증	• 4주 (중등 공업에 관한 표시과목)
	부전공	교육대학원 교육청			전공과목 - 평균 75점 이상					
	실기			• 4학점 이상 - 교육학개론(2학점) - 실기교육방법론 (2학점)	• 전공과목 - 평균 75점 이상 • 교직과목 - 평균 80점 이상	• 2년 이하의 양성 과정: 1회 이상 • 2년 초과의 양성 과정: 2회 이상			• 국가기술자격증 (관련 표시과목에 한함)	

※ (결격사유 확인) '21.6.23. 이후 자격검정 대상자는 「유아교육법」 제22조의2 및 「초・중등교육법」 제21조의2에 따른 교사 자격 취득의 결격사유 확인 필수

2) 전공과목의 이수

① 적용 대상

> ① 「초 · 중등교육법」 별표 2 관련 정교사(2급) 또는 2급 이상의 교사 자격증 무시험검정 대상자 중 사범대학 · 교육대학 · 종합교원양성대학 · 원격대학 · 산업대학 · 전문대학 · 교육대학원 졸업자, 교직과정 이수자, 임시교원양성소 수료자, 보수교육 이수자 등
> ② 「초 · 중등교육법」 별표 2 관련 실기교사 무시험검정 대상자 중 전문대학 · 각종학교 졸업자

② 표시과목별(자격종별) 기본이수과목

> ※ 기본이수과목: 대학 또는 전문대학의 졸업이나 석사학위 취득을 요건으로 교사자격증을 취득하는 경우 표시과목별(또는 자격종별)로 반드시 이수하여야 할 전공과목
> ① 기본이수과목(또는 분야)은 '교육부 고시'로 정하며, 교원양성기관은 고시된 기본이수과목 내에서 자율적으로 이수과목을 지정하여 교육과정에 편성 · 운영하되, 무시험검정 시 대학에서 정한 과목만을 기본이수과목으로 인정할 것인지, 또는 국가에서 고시한 과목 전체를 인정할 것인지의 여부는 대학별 '교원양성위원회'에서 결정한다.
> ② 고시된 기본이수과목(또는 분야) 중 하나의 과목(또는 분야)을 둘 이상의 과목으로 분리하여 개설하는 경우 '기본이수과목 일치증명서'를 작성하여 대학의 장이 결재한 후 대학에 비치하여야 한다.
> ③ 교원양성기관별 기본이수과목은 고시된 기본이수과목 내에서 교원양성위원회의 심의를 거쳐 대학의 장이 자율적으로 지정할 수 있으나, 기본이수과목의 잦은 변경으로 인하여 재학생뿐만 아니라 휴학자나 재입학자가 교사자격증 취득에 문제가 발생하지 않도록 신중하게 결정하여야 한다.

③ 교과교육영역

〈표 6-5〉 교과교육 영역

입학기준	전공구분	학점이수
2009~ 2020 학년도	주전공자	• 표시과목별로 기본이수과목으로 고시된 '교과 교육론'을 포함하여 '교과 논리 및 논술', '교과 교재 연구 및 지도법', '교과별 교수법', '교과별 교육과정', '교과별 평가방법론' 등을 대학별로 8학점 이상(3과목 이상) 전공과목으로 이수
	복수 및 부전공자 (연계전공포함)	
	• 이수구분을 교직과목에서 전공과목으로 전환 ☞ 편입학자 및 재입학자가 교직과목으로 이수한 경우에도 전공학점으로 인정 가능	

입학기준	전공구분	학점이수
		• 이수학점을 4학점(2과목) 이상에서 8학점(3과목) 이상으로 상향 ☞ 단, 교육대학원에서 석사학위를 취득하고 교사자격증을 취득하고자 하는 경우의 교과교육영역은 6학점(2과목) 이상 • 표시과목별로 교과교육영역을 이수하는 것이 원칙이나, 교원양성기관의 형편에 따라 교육부장관이 정하는 표시과목에 한하여 계열별로 교과교육영역의 과목을 개설 및 운영할 수 있음(고시 제3조 제5항 참조) ☞ 계열별로 교과교육영역의 과목을 이수한 자가 동일 계열 내에서 복수전공(연계전공 포함)을 하는 경우 중복인정이 가능하나, 전체 중복인정 학점(15학점)의 범위 내에서 인정할 수 있음(고시 제11조 참조) • 기존의 "교과교육론", "교과 교재 연구 및 지도법", "교과 논리 및 논술" 과목 중심의 교과교육영역 운영을 "교과별 교수법", "교과별 교육과정", "교과별 평가방법론", 을 포함하여 다양하게 운영할 수 있도록 교수요목 개정('17학년도부터) ※ 2015 개정교육과정에 따른 예비 교원의 학생 참여형 수업 및 과정중심 평가 역량 제고 필요(교원양성과정개선 계획 수립, 2016.8.4)
2021 학년도 이후		• 2009학년도부터의 기준과 동일하며, 다음 사항 변경 ☞ 계열별로 교과교육영역의 과목을 이수한 자가 동일 계열 내에서 부전공 또는 복수전공(연계전공 포함)을 하는 경우 중복인정이 가능하나, 전체 중복인정 학점(18학점)의 범위내에서 인정할 수 있음(고시 제11조 참조) ※ 2021년 3월 1일 교직과정을 이수 중인 자 포함

④ 산업체 현장실습

1) 중등학교 정교사(2급) 담당과목의 표시과목 중 공업에 관한 표시과목의 검정을 받고자 하는 자는 「직업교육훈련촉진법」 제7조의 규정에 의한 산업체현장실습을 4주 이상 이수하여야 한다.
2) 위 1)에서 산업체의 범위는 「직업교육훈련촉진법」에 의해 대학의 장과 교육실습이나 현장실습 계약을 체결한 산업체 또는 대학의 장이 산업체현장실습을 요청하여 동의서를 받은 산업체이다.
3) 산업체현장실습의 시기, 학점부여 방법 등은 대학의 장이 결정하여 시행하며, 대학에서 별도의 산업체현장실습을 이수하는 경우 중복 인정할 수 있다.
4) 대학 졸업자의 교사자격 무시험검정의 경우 대학 입학 전의 산업체 근무경력은 산업체현장실습으로 인정되지 않는다.
5) 교육대학원 졸업자의 교사자격 무시험검정의 경우 관련 서류를 제출한 자에 한하여 교육대학원 입학 전, 또는 교원양성과정을 이수하는 동안에 산업체에서 근무한 경력은 현장실습으로 인정할 수 있다.
6) 공업에 관한 표시과목을 복수전공 및 부전공으로 취득하고자 하는 경우에도 산업체현장실습을 이수하여야 한다.
7) 산업체현장실습을 운영하는 대학에서는 산업체현장실습에 참여하는 학생의 안전 및 보호를 위해 별도 조치 및 규정을 마련할 수 있도록 한다.

※ 「학교안전사고 예방 및 보상에 관한 법률」시행('22.3.25.)에 따라 대학도 학교안전공제 사업의 가입 대상이므로 「대학생 현장실습학기제 운영규정」 제7조, 제18조 제1항 및 제3항, 제20조, 제26조를 참고하여 학생 안전 및 보호조치 마련

8) 산업체 현장실습이 필요한 중등 공업계 표시과목은 다음과 같다.

〈표 6-6〉 산업체 현장실습이 필요한 중등 공업계 표시과목

고시번호	표시과목
제2009-29호, 제2009-37호, 제2011-15호, 제2012-27호, 제2014-48호, 제2015-73호	• 전기 · 전자 · 통신, 기계 · 금속, 화공 · 섬유, 자원 · 환경, 건설, 냉동, 요업, 인쇄
제2016-106호 이후	• 전기, 전자, 통신, 기계, 재료, 화공, 섬유, 자원 · 환경, 건설, 냉동, 요업, 인쇄
제2017-126호 이후	• 전기, 전자, 통신, 기계, 재료, 화공, 섬유, 자원, 환경공업, 건설, 냉동, 세라믹, 인쇄

3) 교직과목의 이수

가) 교직과목의 이수 기준

〈표 6-7〉 교직과목의 이수 기준

입학기준	유치원, 초등 · 중등 · 특수학교 정교사	사서 · 보건 · 전문상담 · 영양교사	유치원 정교사(2급) 중 전문대학 졸업자	보건교사 중 전문대학 졸업자	실기교사
2008 학년도까지	20학점 이상	16학점 이상	16학점 이상	12학점 이상	4학점 이상 (교육학개론, 실기교육방법론)
2009 학년도이후	22학점 이상 ※ 모든 2급 이상 교사자격 취득예정자				4학점 이상 (교육학개론, 실기교육방법론)

나) 교직과목의 영역별 구성

〈표 6-8〉 교직과목의 영역별 구성

입학기준	교직과목	이수학점	내용구성
2024 학년도	교직이론	12학점, 6과목 이상	• 일선 교육현장에서 필수적으로 요구되는 최소한의 교직 이론영역(교과목명 일치)

입학기준	교직과목	이수학점	내용구성
입학자 이후			① 교육학개론 ② 교육철학 및 교육사 ③ 교육과정 ④ 교육평가 ⑤ 교육방법 및 교육공학 ⑥ 교육심리 ⑦ 교육사회 ⑧ 교육행정 및 교육경영 ⑨ 생활지도 및 상담 ⑩ 기타 교직이론에 관한 과목
	교직소양	6학점 이상	• 교직실무(1~2학점), 특수교육학개론(2학점), 학교폭력 예방 및 학생의 이해(2학점), 디지털교육(1~2학점, 인공지능 교육 포함) ※ 단, 부칙(제2023-14호)에 따라 시행 당시('23.3.29.) 교직과정을 이수 중인 학생을 포함하여 적용 가능 ① 특수교육학 개론(2학점 이상, 영재교육 영역 포함) ② 교직실무(1~2학점 이상) ③ 학교폭력 예방 및 학생의 이해(2학점 이상) ④ 디지털 교육(1~2학점 이상, 인공지능 교육 포함)
	교육실습	4학점 이상	• 학교현장실습 2학점 이상(수업실습, 참관실습, 실무실습 등), 교육봉사활동 2학점(P/F제 가능) 이내 포함 가능 ※ 18학년도 입학자 이후: 교육봉사활동 2학점 이상 포함 가능 ① 학교현장실습(2학점 이상) ② 교육봉사활동(2학점 이내 포함)

4) 사범대학 졸업자의 무시험검정

사범대학 졸업자의 무시험검정 합격기준은 다음과 같다.

〈표 6-9〉 사범대학 졸업자의 무시험검정

구분	2024학년도 이후 입학자부터 ※ 2026학년도 이후 편입학자 및 재입학자 포함
전공과목	• 50학점 이상 - 기본이수과목 21학점(7과목) 이상 포함 - 교과교육영역 8학점(3과목) 이상 포함 ※ 특수학교의 경우 80학점 이상 - 특수교육관련 전공과목 42학점 이상(기본이수과목 21학점/7과목 이상 포함), 표시과목(또는 자격종별) 38학점 이상(기본이수과목 21학점/7과목 이상 포함, 교과교육영역 8학점(3과목)이상 포함). 단, 중등의 경우 특수교육교육과정(기본교육과정 교과(군)*) 7학점(3과목) 이상을 추가로 포함

구분	2024학년도 이후 입학자부터 ※ 2026학년도 이후 편입학자 및 재입학자 포함
	※ 교육부 고시 제2015-81호 총론 및 [별책 3]의 교과(군)을 참고하여 대학별 적절한 강의개설(가능한 전 교과(군)을 다룰 수 있도록 과목 개설 권장) ※ 기본이수과목 특수교육공통영역에서 특수교육교육과정론 필수 이수로 변경
교직과목	• 22학점 이상 - 교직이론 12학점(6과목) 이상 - 교직소양 6학점(4과목) 이상 - 교육실습 4학점 이상
성적기준	• 전공과목 평균성적 75/100점 이상 • 교직과목 평균성적 80/100점 이상

5) 교직과정 이수자의 무시험검정

교직과정 이수자의 무시험검정 합격기준은 다음과 같다.

〈표 6-10〉 교직과정 이수자의 무시험검정 합격기준

구분	2024학년도 이후 입학자부터
전공과목	• 50학점 이상 - 기본이수과목 21학점(7과목) 이상 포함 - 교과교육영역 8학점(3과목) 이상 포함 ※ 특수학교의 경우 80학점 이상 - 특수교육관련 전공과목 42학점 이상(기본이수과목 21학점/7과목 이상 포함), 표시과목(또는 자격종별) 38학점 이상(기본이수과목 21학점/7과목 이상 포함, 교과교육영역 8학점(3과목)이상 포함). 단, 중등의 경우 특수교육교육과정(기본교육과정 교과(군)*) 7학점(3과목) 이상을 추가로 포함 ※ 교육부 고시 제2015-81호 총론 및 [별책 3]의 교과(군)을 참고하여 대학별 적절한 강의개설(가능한 전 교과(군)을 다룰 수 있도록 과목 개설 권장) ※ 교육부 고시 제2015-81호 총론 및 [별책 3]의 교과(군)을 참고하여 대학별 적절한 강의개설(가능한 전 교과(군)을 다룰 수 있도록 과목 개설 권장) ※ 특수(초등, 중등)의 경우 기본이수과목 특수교육공통영역에서 특수교육교육과정론 필수 이수
교직과목	• 22학점 이상 - 교직이론 12학점(6과목) 이상 - 교직소양 6학점(4과목) 이상 - 교육실습 4학점 이상
성적기준	• 전공과목 평균성적 75/100점 이상 • 교직과목 평균성적 80/100점 이상

생각해 볼 문제

1. 학교현장실습을 통해 교사로서 가져야 할 중요한 품성 중 하나를 선택하여 설명해 봅시다. 그 품성을 학교현장실습 기간 동안 어떻게 발휘할 수 있는지, 그리고 그 경험이 교사로서의 성장에 어떤 영향을 미칠 수 있는지 생각해 봅시다.
2. 미래지능정보사회의 주역될 학생들의 역량함양을 위한 예비 교사로서 함양해야 할 교수역량은 무엇이며, 그러한 교수역량이 학생들에게 어떤 영향을 미칠 수 있을지 생각해 봅시다.

학습활동

• 학교현장실습의 목적과 실습의 내용, 그리고 예비 교사에게 주는 의의를 설명해 봅시다.

구분	내용
목적	
실습 내용	
의의	

• 교육봉사활동을 수행하기 위한 예비 교사가 가져야 할 역량을 설명해 봅시다.

역량	내용

제 2 부

학생과 교과에 대한 이해

제7장

수업이론과 마이크로티칭

교육의 핵심은 수업에 있다. 효과적인 수업은 학생들의 성장과 발전을 이끌어내는 원동력이 되며, 이는 곧 교사의 가장 중요한 역량이라고 할 수 있다. 본 장에서는 예비 교원들이 실제 교육 현장에서 활용할 수 있는 수업이론과 실천적 기술을 다룬다. 우리는 다양한 학습이론을 바탕으로 한 수업 설계 원리를 살펴보고, 효과적인 수업 기술을 탐구할 것이다. 특히 마이크로티칭을 통해 실제 수업 상황을 경험하고 개선해 나가는 과정을 학습함으로써, 예비 교원 여러분이 자신감 있게 교단에 설 수 있는 기반을 마련하고자 한다. 이 장의 학습을 통해 여러분은 단순히 이론적 지식을 넘어, 실제 교실에서 학생들과 소통하며 의미 있는 학습 경험을 창출할 수 있는 실질적인 능력을 갖추게 될 것이다.

1. 수업이론

수업은 교육의 핵심 과정으로, 교사와 학생 간의 의미 있는 상호작용을 통해 학습이 이루어지는 복잡하고 역동적인 활동이다. 효과적인 수업을 위해서는 수업의 본질을 이해하고, 다양한 이론적 관점을 숙지하며, 실제적인 수업 기술을 습득해야 한다. 이 장에서는 수업의 기본 개념부터 시작하여 주요 수업이론들을 살펴보고, 현장에서 즉시 적용 가능한 효과적인 수업 기술까지 다룰 것이다.

가. 수업의 개념

1) 수업의 정의와 목적

수업은 교육과정의 목표를 달성하기 위해 교사와 학생이 상호작용하는 의도적이고 계획적인 교육활동을 말한다. 좀 더 구체적으로 살펴보자.

- 의도성: 수업은 특정한 교육목표를 달성하기 위해 의도적으로 설계된다.
- 계획성: 교육과정, 학습자 특성, 교육환경 등을 고려하여 체계적으로 계획된다.
- 상호작용: 교사와 학생, 학생과 학생 간의 양방향 소통이 이루어진다.
- 체계성: 도입, 전개, 정리 및 평가 등의 단계를 거치며 논리적으로 구성된다.

수업의 궁극적인 목적은 학습자의 전인적 성장과 발달을 촉진하는 것이다. 세부적인 목적은 다음과 같다.

1. 지식 전달 및 이해 증진
   - 교과 내용에 대한 깊이 있는 이해를 도모한다
   - 개념, 원리, 이론 등을 체계적으로 학습하게 한다.
2. 기능 및 역량 개발
   - 문제 해결 능력, 비판적 사고력, 창의력 등을 향상시킨다.
   - 실생활에 적용 가능한 실용적 기술을 습득하게 한다.

3. 가치관 및 태도 형성
    - 바람직한 인성과 시민의식을 함양한다.
    - 학습에 대한 긍정적 태도와 동기를 부여한다.
4. 사회화 및 의사소통 능력 향상
    - 협력학습을 통해 대인관계 기술을 개발한다.
    - 효과적인 의사소통 능력을 기른다.
5. 자기주도적 학습능력 개발
    - 학습 방법의 습득을 통해 평생학습 역량을 기른다.
    - 자기 주도적 학습 태도를 형성한다.
6. 개인의 잠재력 개발
    - 각 학습자의 고유한 재능과 관심사를 발견하고 발전시킨다.
    - 다양한 학습 경험을 통해 자아실현을 돕는다.
7. 평가와 피드백 제공
    - 학습자의 성취도를 확인하고 개선점을 파악한다.
    - 적절한 피드백을 통해 지속적인 성장을 지원한다.

이러한 정의와 목적을 바탕으로, 교사는 효과적인 수업을 설계하고 실행함으로써 학습자의 전인적 성장을 도모하게 된다. 수업은 단순한 지식 전달을 넘어, 학습자가 미래 사회의 구성원으로서 필요한 다양한 역량을 갖출 수 있도록 지원하는 총체적인 교육활동이라고 할 수 있다.

2) 수업의 구성요소

수업은 크게 네 가지 주요 구성요소로 이루어져 있다. 즉, 교사, 학생, 교육내용, 교육환경이 그것이다.

〈표 7-1〉 수업의 구성요소

구성요소	주요 내용	역할 및 특징
교수자	• 수업을 계획하고 실행하는 주체 • 특징 - 전문성: 교과 지식, 교수법, 학생 이해 능력 등이 요구 - 역할 다양성: 지식 전달자, 학습 촉진자, 상담자 등 다양한 역할을 수행 - 반성적 실천: 지속적인 자기 평가와 개선을 통해 수업의 질을 향상	• 수업 설계 및 진행 • 학습 내용 전달 및 설명 • 학생 평가 및 피드백 제공 • 학습 동기 부여 및 관리 • 교육과정 재구성 및 적용
학습자	• 학습의 주체이자 수업의 대상 • 특징 - 개별성: 각 학생의 학습 스타일, 사전 지식, 흥미 등이 다양 - 발달 단계: 인지적, 정서적, 신체적 발달 단계에 따라 학습 방식이 상이 - 다양성: 문화적 배경, 학습 능력 등의 다양성 고려 필요	• 능동적 학습 참여 • 지식과 기능의 습득 • 동료 학습자와의 상호작용 • 자기주도적 학습 수행 • 학습 결과의 표현 및 적용
교육내용	• 수업을 통해 전달되는 지식, 기능, 태도 • 특징 - 위계성: 기초에서 심화로 나아가는 내용의 구조화 필요 - 통합성: 다른 교과나 실생활과의 연계 고려 - 시사성: 현대 사회의 요구와 변화 반영	• 교육과정에 기반한 학습 목표 • 교과 지식 및 개념 • 핵심역량 및 기능 • 가치관 및 태도 • 실생활 연계 및 응용 지식
교육환경	• 수업이 이루어지는 물리적, 심리적 공간 • 특징 - 유연성: 다양한 학습 활동을 지원할 수 있는 유연한 공간 구성이 중요 - 안전성: 물리적, 정서적으로 안전한 학습 환경 제공 - 테크놀로지 통합: 최신 교육 기술을 효과적으로 활용	• 물리적 환경: 교실, 기자재, 학습 도구 • 심리적 환경: 학습 분위기, 교사-학생 관계 • 사회적 환경: 학급 규칙, 또래 관계 • 디지털 환경: 온라인 플랫폼, 교육용 앱 • 제도적 환경: 학교 정책, 교육과정 운영 지침

이러한 구성요소들은 서로 밀접하게 상호작용하며 효과적인 수업을 만들어낸다. 교사는 이 네 가지 요소를 균형 있게 고려하고 조화롭게 운영함으로써 학습 목표를 달성하고 학생들의 전인적 성장을 도모할 수 있다.

3) 효과적인 수업의 특징

효과적인 수업은 학습자의 성장과 발달을 최적화하는 수업을 의미한다. 이러한 수업의 주요 특징들을 살펴보자.

1. 명확한 학습목표
   - 수업의 방향과 기대되는 학습 결과를 분명히 제시
   - 구체적이고 측정 가능한 목표 설정, 수업 시작 시 목표 공유, 학습 활동과 목표의 연계성 강조
2. 학습자 중심 접근
   - 학생의 필요, 관심사, 능력을 고려한 수업 설계
   - 학생의 사전 지식 파악, 다양한 학습 스타일 고려, 개별화된 학습 기회 제공
3. 적극적인 학습 참여
   - 학생들이 능동적으로 학습 과정에 참여하도록 유도
   - 협력 학습 활동 설계, 질문과 토론 장려, 체험 및 실습 활동 포함
4. 효과적인 피드백
   - 학습 과정과 결과에 대한 적시적이고 구체적인 피드백 제공
   - 형성평가 활용, 개별 및 그룹 피드백 제공, 자기평가 및 동료평가 활용
5. 체계적인 내용 구성
   - 논리적이고 연계성 있는 학습 내용 구성
   - 개념 맵 활용, 단순에서 복잡한 순서로 내용 구성, 선수 학습과의 연계성 고려
6. 다양한 교수 전략
   - 학습 내용과 학생 특성에 맞는 다양한 교수법 활용
   - 강의, 토론, 프로젝트 등 다양한 방법 활용, 멀티미디어 자료 활용, 실생활 연계 사례 제시
7. 긍정적 학습 환경
   - 안전하고 지지적인 학습 분위기 조성
   - 존중과 신뢰의 관계 형성, 실수를 학습 기회로 활용, 협력적 학급 문화 조성

8. 높은 기대와 도전
   - 학생들의 잠재력을 믿고 적절한 수준의 도전 제공
   - 도전적이지만 달성 가능한 과제 제시, 성장 마인드셋 강조, 학생의 성취 인정과 격려
9. 유연성과 적응성
   - 학생 반응과 상황에 따라 유연하게 수업 조정
   - 학생 이해도에 따른 pace 조절, 즉각적인 학습 어려움 해결, 예상치 못한 상황에 대한 대처 능력
10. 기술의 효과적 활용
   - 교육 목적에 부합하는 기술 통합
   - 적절한 교육용 앱 및 도구 활용, 온라인 학습 자원 활용, 디지털 리터러시 향상 지원

이러한 특징들은 서로 연관되어 있으며, 효과적인 수업을 위해서는 이들을 종합적으로 고려해야 한다.

- 통합적 접근: 이러한 특징들은 개별적으로 적용되기보다는 서로 연계되어 통합적으로 실행될 때 가장 효과적이다.
- 지속적인 전문성 개발: 교사는 이러한 특징들을 실현하기 위해 지속적인 연수와 자기 개발이 필요하다.
- 상황에 따른 적용: 학습 주제, 학생 특성, 교육 환경 등에 따라 각 특징의 중요도와 적용 방식이 달라질 수 있다.
- 반성적 실천: 수업 후 자기 평가와 반성을 통해 지속적으로 수업의 질을 개선해 나가는 것이 중요하다.
- 학습자 성장 중심: 모든 특징은 궁극적으로 학습자의 전인적 성장과 발달을 목표로 한다.

효과적인 수업은 이러한 특징들을 바탕으로 학생들의 학습 동기를 높이고, 의미

있는 학습 경험을 제공하며, 궁극적으로 교육 목표를 달성하는 데 기여한다. 예비 교사들은 이러한 특징들을 이해하고 실제 수업에 적용하는 능력을 개발함으로써 효과적인 교사로 성장할 수 있을 것이다.

4) 수업 설계의 기본 원리(ADDIE)

수업 설계의 기본 원리는 체계적이고 효과적인 수업을 계획하고 실행하기 위한 지침이다. ADDIE 모형은 이러한 원리를 실제 수업 설계 과정에 적용할 수 있는 대표적인 모델이다. 일반적으로 분석(Analysis), 설계(Design), 개발(Development), 실행(Implementation), 평가(Evaluation)의 5단계 프로세스를 포함한다(정주영, 천정미, 2022).

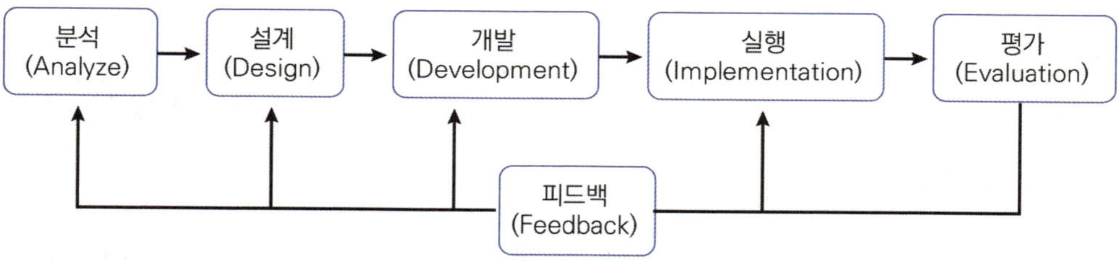

[그림 7-1] ADDIE 교수설계모형

① 분석(Analysis): 교수설계를 하기 위한 기초자료를 수집하여 분석하는 것을 목적으로 한다. 여기에는 요구분석, 학습자분석, 환경분석, 직무 및 과제분석 등이 있다.

② 설계(Design): 구체적인 교수-학습 목표 및 내용을 선정하고 이것을 달성하기 위한 최적의 교수-학습 방법 및 전략을 선택한다. 또한 학습결과를 측정하기 위한 평가도구를 설계한다. 여기에는 수행목표 개발, 평가전략 개발, 계열화, 교수전략 및 매체 선정 등이 있다.

③ 개발(Development): 분석 및 설계를 바탕으로 실제의 교수-학습 상황에서 사용하게 될 자료를 개발한다. 교수설계과정에 대한 형성평가를 실시하여 효과적, 효율적, 매력적인 교수설계가 구성되었는가를 점검한다. 여기에는 교수-학습 자

료개발, 파일럿 테스트(pilot test) 및 수정, 제작 등이 있다.

④ 실행(Implementation): 개발된 교수설계 과정을 실제 적용하여 운용하는 단계로서, 교수 자료 및 전략의 설치, 사용, 유지, 관리 등의 활동이 포함된다. 여기에는 교수-학습의 질 관리, 교사의 부단한 연수와 의지, 행정적 제도적 지원체제 강구 등이 있다.

⑤ 평가(Evaluation): 전체적인 교수활동에 대한 성과를 평가한다. 교수-학습 활동은 평가를 거쳐서 최종적으로 완성된다. 여기에는 총괄평가, 프로그램만족도, 교수전략에 대한 지속적 수정 및 보완 등이 있다.

〈표 7-2〉 ADDIE 모형의 단계별 특징

과정	역할(기능)	세부단계(활동)	고려사항
분석	• 학습자, 과제, 환경 등을 분석하여 교수 요구 파악 • 학습내용(what)을 정의하는 과정	• 학습자 특성 분석 • 학습 내용/과제 분석 • 학습 환경 분석 • 요구 분석	• 정확한 데이터 수집 • 다양한 이해관계자의 의견 수렴 • 현실적 제약 고려
설계	• 분석 결과를 바탕으로 수업의 청사진 작성 • 교수방법(how)을 구체화하는 과정	• 학습 목표 설정 • 평가 방법 결정 • 교수 전략 선정 • 교수 매체 선정	• 구체적이고 측정 가능한 목표 설정 • 학습 내용의 논리적 구조화 • 다양한 학습 스타일 고려
개발	• 실제 수업에 사용할 자료와 도구 개발	• 교수 자료 제작 • 학습 활동 개발 • 평가 도구 개발 • 교수 매뉴얼 작성	• 학습 목표와의 일관성 유지 • 저작권 준수 • 사용자 친화적 설계
실행	• 개발된 수업을 실제 학습 환경에서 적용	• 수업 실행 • 학습 자료 배포 • 학습자 지원 • 학습 환경 관리	• 원활한 수업 진행 • 예상치 못한 상황에 대한 대처 • 학습자 참여 독려
평가	• 수업의 효과성과 효율성을 판단하고 개선점 도출	• 형성 평가 실시 • 총괄 평가 실시 • 수업 과정 평가 • 개선점 도출 및 수정	• 객관적이고 다각적인 평가 • 평가 결과의 체계적 분석 • 지속적인 개선 노력

ADDIE 모형의 특징으로는 체계성, 순환성, 유연성, 실용성, 보편성을 들 수 있다.

- 체계성: 각 단계가 유기적으로 연결되어 있어 체계적인 수업 설계가 가능
- 순환성: 평가 결과를 바탕으로 다시 분석 단계로 돌아가 지속적인 개선 가능
- 유연성: 각 단계는 필요에 따라 동시에 진행되거나 순서가 조정 가능
- 실용성: 이론적 모델이지만 실제 교육 현장에서 쉽게 적용 가능
- 보편성: 다양한 교육 상황과 학습 내용에 적용 가능한 범용적인 모델

ADDIE 모형을 교육현장에 적용 시 주의해야 할 사항을 살펴보자.

- 시간과 자원의 효율적 관리: 각 단계에 적절한 시간과 자원을 배분해야 한다.
- 이해관계자와의 소통: 학습자, 동료 교사, 관리자 등과 지속적인 소통이 필요하다.
- 유연한 적용: 상황에 따라 각 단계를 융통성 있게 적용해야 한다.
- 최신 트렌드 반영: 교육 기술의 발전과 사회 변화를 고려하여 설계해야 한다.
- 학습자 중심 접근: 모든 단계에서 학습자의 특성과 요구를 중심에 두어야 한다.

ADDIE 모형은 수업 설계의 기본 틀을 제공하지만, 실제 적용 시에는 교육 상황과 목적에 맞게 유연하게 활용해야 한다. 또한, 각 단계에서 얻은 통찰과 피드백을 바탕으로 지속적인 개선과 수정이 이루어져야 효과적인 수업 설계가 가능하다. 예비 교사들은 이 모형을 기본으로 하되, 자신만의 창의적인 접근법을 더해 독특하고 효과적인 수업을 설계할 수 있을 것이다.

나. 주요 수업이론

1) 행동주의 학습이론

행동주의 심리학자들은 학습이란 "연습이나 경험의 결과로 나타난 관찰 가능한 행동의 변화"로 정의하고 있다. 행동주의에서의 학습은 인간 내부에서 일어나는 일련의 인지적 과정에 대해서는 크게 관심을 가지지 않았다. 오직 외현적으로 관찰이 가능한 행동만을 연구대상으로 삼았다. 기본적인 원리는 자극(stimulus)과 반응(response) 간

의 연합으로 학습과정을 이해하고 있다. 그래서 행동주의를 S-R이론 또는 연합이론(association theory)이라고도 부른다(정주영, 천정미, 2022).

행동주의 학습이론은 크게 고전적 조건형성이론, 조작적 조건형성이론, 그리고 프로그램 학습, 완전학습 모형 등이 있다.

가) 고전적 조건형성이론

고전적 조건형성 이론은 러시아의 생리학자 Ivan Pavlov에 의해 발견된 학습 이론으로, 행동주의 심리학의 기초가 되는 중요한 이론이다.

〈표 7-3〉 고전적 조건형성 이론

구분	주요 내용
정의	• 중성적인 자극이 무조건 자극과 반복적으로 연합됨으로써 조건 자극이 되어 조건 반응을 일으키게 되는 학습 과정
학자	• Ivan Pavlov(1849-1936), 러시아의 생리학자
주요 실험	• Pavlov의 개 실험: - 종소리(중성자극)+음식(무조건자극) → 침 분비(무조건반응) - 반복 후: 종소리만으로도 침 분비(조건반응) 발생
핵심 개념	• 무조건 자극 (UCS): 자연적으로 반응을 유발하는 자극 • 무조건 반응 (UCR): 무조건 자극에 대한 자연적 반응 • 조건 자극 (CS): 학습을 통해 반응을 유발하게 된 자극 • 조건 반응 (CR): 조건 자극에 대한 학습된 반응
주요 원리	1. 획득 (Acquisition): 조건 반응의 형성 과정 2. 소거 (Extinction): 조건 자극만 제시될 때 조건 반응이 점차 사라지는 과정 3. 자발적 회복 (Spontaneous Recovery): 소거 후 일정 시간이 지나 조건 반응이 다시 나타나는 현상 4. 자극 일반화 (Stimulus Generalization): 유사한 자극에 대해 같은 반응을 보이는 현상 5. 자극 변별 (Stimulus Discrimination): 특정 자극에만 반응하고 다른 자극에는 반응하지 않는 현상
교육적 적용	• 학습 환경 조성: 긍정적인 학습 분위기 조성 • 정서적 조건화: 학습에 대한 긍정적 감정 형성 • 공포증 치료: 체계적 탈감작법 등 • 행동 수정: 바람직한 행동과 보상의 연합 • 광고 및 마케팅: 제품과 긍정적 감정의 연합

구분	주요 내용
한계점	• 복잡한 인지적 과정 설명의 한계 • 개인차와 내적 동기의 고려 부족 • 모든 학습을 설명하기에는 불충분 • 윤리적 문제(조작적 학습에 대한 우려)

고전적 조건형성 이론은 학습의 기본적인 메커니즘을 설명하는 중요한 이론이다. 비록 모든 학습 현상을 설명하기에는 한계가 있지만, 여전히 많은 영역에서 유용하게 적용되고 있다. 예비 교사들은 이 이론을 통해 학습의 기본 원리를 이해하고, 이를 바탕으로 학생들의 학습 동기와 태도 형성에 어떻게 긍정적인 영향을 미칠 수 있을지 고민해 볼 필요가 있다. 또한, 이 이론의 한계점을 인식하고 다른 학습 이론들과 균형 있게 적용하는 능력을 개발하는 것이 중요하다.

나) 조작적 조건형성이론

조작적 조건형성이론은 미국의 심리학자 B. F. Skinner에 의해 발전된 학습 이론으로 행동주의 심리학의 핵심 이론 중 하나이다. 이 이론은 결과(강화 또는 처벌)에 따라 행동이 변화한다는 것을 설명한다.

〈표 7-4〉 조작적 조건형성 이론

구분	주요 내용
정의	• 행동의 결과(강화 또는 처벌)에 따라 그 행동의 미래 발생 가능성이 변화하는 학습 과정
학자	• B. F. Skinner(1904-1990), 미국의 심리학자
주요 실험	• Skinner Box(스키너 상자) 실험 - 쥐나 비둘기가 레버를 누르면 먹이가 나오는 장치 - 동물의 자발적 행동과 그 결과의 관계를 관찰
핵심 개념	• 강화(Reinforcement): 행동의 빈도를 증가시키는 결과 • 처벌(Punishment): 행동의 빈도를 감소시키는 결과 • 소거(Extinction): 강화의 중단으로 행동이 감소하는 과정 • 변별 자극(Discriminative Stimulus): 특정 행동이 강화될 때를 알려주는 자극

구분	주요 내용
강화의 유형	• 정적 강화: 바람직한 자극을 제공하여 행동 증가 • 부적 강화: 불쾌한 자극을 제거하여 행동 증가 • 정적 처벌: 불쾌한 자극을 제공하여 행동 감소 • 부적 처벌: 바람직한 자극을 제거하여 행동 감소
강화 스케줄	• 연속 강화: 매 반응마다 강화 • 간헐 강화: - 비율 스케줄: 고정비율(FR), 변동비율(VR) - 간격 스케줄: 고정간격(FI), 변동간격(VI)
주요 원리	1. 행동의 결과가 미래 행동에 영향을 미침 2. 강화는 행동을 증가시키고, 처벌은 행동을 감소시킴 3. 즉각적이고 일관된 결과가 가장 효과적 4. 간헐적 강화가 연속 강화보다 소거에 저항적 5. 행동 형성(Shaping): 점진적 접근을 통한 복잡한 행동 학습
교육적 적용	• 긍정적 강화를 통한 바람직한 행동 증진 • 행동 수정 기법 개발 • 토큰 경제 시스템 활용 • 즉각적 피드백의 중요성 강조 • 학습 동기 부여 전략 수립
한계점	• 내재적 동기의 중요성 간과 • 인지적 과정과 정서의 역할 설명 부족 • 윤리적 문제(과도한 행동 조작에 대한 우려) • 모든 학습을 설명하기에는 불충분

조작적 조건형성 이론은 행동 변화와 학습의 기본 원리를 제공하는 중요한 이론이다. 예비 교사들은 이 이론을 통해 학생들의 행동을 이해하고 긍정적으로 변화시키는 방법을 배울 수 있다. 그러나 이 이론만으로는 모든 학습 현상을 설명하기 어려우므로, 다른 학습 이론들과 균형 있게 이해하고 적용하는 것이 중요하다. 특히 학생들의 내재적 동기와 인지적 과정을 고려하면서, 조작적 조건형성의 원리를 적절히 활용하는 능력을 개발하는 것이 필요하다.

다) 프로그램 학습

프로그램 학습은 1950년대 B. F. Skinner에 의해 개발된 교수-학습 방법으로, 행동주의 심리학의 원리를 교육에 적용한 대표적인 사례이다. 이 방법은 학습 내용을 체계적으로 구조화하고, 학습자의 능동적 참여와 즉각적인 강화를 통해 효과적인 학습을 추구한다.

〈표 7-5〉 프로그램 학습

구분	주요 내용
정의	• 학습 내용을 작은 단위로 나누어 체계적으로 제시하고, 즉각적인 강화를 통해 학습을 촉진하는 교수-학습 방법
주요 원리	• 작은 단계(Small Steps): 학습 내용을 작은 단위로 분절〈br〉 • 활동적 반응(Active Responding): 학습자의 능동적 참여 유도 • 즉각적 피드백(Immediate Feedback): 학습자 반응에 대한 즉각적인 확인 제공 • 자기 속도(Self-Pacing): 학습자가 자신의 학습 속도 조절 • 학습자 검증(Student Testing): 프로그램의 효과성을 지속적으로 평가 및 개선
학습 과정	1. 정보 제시 → 2. 질문 제시 → 3. 학습자 반응 → 4. 즉각적 피드백 → 5. 다음 단계로 이동
장점	• 개별화된 학습 가능 • 즉각적인 강화를 통한 학습 동기 유지 • 체계적이고 논리적인 학습 내용 구성 • 학습자의 능동적 참여 촉진객관적인 학습 평가 용이
단점	• 복잡한 인지적 과정이나 창의성 개발에 한계 • 학습 내용의 분절로 인한 전체적 맥락 이해의 어려움 • 학습자 간 상호작용 부족 • 프로그램 개발에 많은 시간과 노력 필요 • 융통성 있는 학습 진행의 어려움
현대적 적용	• 컴퓨터 기반 학습(CAI)의 기초 • 온라인 학습 플랫폼의 설계 원리로 활용 • 개별화 학습 프로그램 개발에 응용 • 직무 훈련 프로그램에서 활용

프로그램 학습의 특징을 정리해 보면 다음과 같다.

- 객관주의적 접근: 지식을 객관적이고 절대적인 것으로 간주하고, 학습 목표와 내용이 명확하게 정의되고 구조화됨
- 행동의 측정 가능성 강조: 관찰 가능한 행동의 변화를 학습의 증거로 보고, 명확하고 측정 가능한 학습 목표를 설정함

- 선형적 학습 경로: 학습 내용이 순차적이고 위계적으로 구성되고, 기초에서 심화로 단계적 학습이 이루어짐
- 현대 교육에서의 응용: 이러닝(e-learning)과 모바일 학습 앱 설계에 영향을 미쳤으며, 적응형 학습(Adaptive Learning) 시스템 개발 및 게이미피케이션(Gamification)의 일부 원리로 활용됨

프로그램 학습은 구성주의 학습이론의 등장으로 지식의 주관성과 학습자의 능동적 구성을 간과했으며, 고차원적 사고력이나 문제 해결력 개발에는 제한적일 수 있다는 비판을 받아왔다. 하지만, 최근 인공지능(AI)을 활용한 개별화 학습에서 일부 원리가 재조명되고, 복잡한 기술을 단계별로 학습하는 데 여전히 유용하게 활용되고 있다는 것이다.

프로그램 학습은 행동주의 학습이론의 실제적 적용 모델로서, 현대 교육에서도 그 원리들이 다양하게 활용되고 있다. 예비 교사들은 이 모델의 장단점을 이해하고, 적절한 상황에서 효과적으로 활용할 수 있는 능력을 개발하는 것이 중요하다. 또한, 현대의 교육 기술과 결합하여 어떻게 더 효과적인 학습 경험을 제공할 수 있을지 창의적으로 고민해 볼 필요가 있다.

라) 완전학습 모형

완전학습 모형(Mastery Learning Model)은 1960년대 Benjamin Bloom에 의해 제안된 교수-학습 모델로, 모든 학생이 적절한 학습 조건과 시간이 주어진다면 높은 수준의 학습 성취를 이룰 수 있다는 신념에 기반한다.

〈표 7-6〉 완전학습 모형

구분	주요 내용
정의	• 모든 학습자가 주어진 학습 목표를 완전히 습득할 수 있도록 하는 체계적인 교수-학습 모형
핵심 가정	• 모든 학생은 주어진 충분한 시간과 적절한 학습 조건에서 높은 수준의 학습 성취 가능 • 학습 능력의 차이는 학습 속도의 차이일 뿐

구분	주요 내용
주요 특징	• 명확한 학습 목표 설정 • 소단원 단위의 학습 • 형성평가의 적극적 활용 • 개별화된 보충 및 심화 학습 • 학습 목표 달성까지의 반복 학습 • 결과보다 과정 중심의 평가
학습 과정	1. 학습 목표 제시 → 2. 선행 학습 확인 → 3. 집단 수업 실시 → 4. 형성평가 실시 → 5. 평가 결과에 따른 분기(목표 달성: 심화 학습, 목표 미달성: 보충 학습) → 6. 최종 총괄평가
장점	• 학습 부진아 감소 • 학업 성취도 향상 • 개인차를 고려한 교육 • 긍정적 학습 태도 형성 • 학습 동기 향상
단점	• 시간과 자원의 많은 투입 필요 • 교사의 업무 부담 증가 • 학습 진도의 지연 가능성 • 상위 학습자의 지루함 유발 가능 • 복잡한 인지적 기술 습득에 제한적
현대적 적용	• 컴퓨터 기반 적응형 학습 시스템 • 온라인 교육 플랫폼의 설계 원리 • 개별화 교육 프로그램 개발 • 기업 교육 및 직무 훈련

완전학습 모형의 특징을 정리해 보면 다음과 같다.

- 학습의 개별화: 학생들의 개인차를 인정하고, 각자의 속도에 맞춘 학습을 강조하고, 보충학습과 심화학습을 통해 개별 학습자의 요구를 충족시킴
- 형성평가의 중요성: 평가를 학습의 종결이 아닌 과정으로 인식하고, 즉각적이고 구체적인 피드백을 통해 학습 개선을 도모함
- 학습 동기 향상: 성공 경험의 누적을 통해 학습에 대한 긍정적 태도를 형성하고, 학습 목표 달성의 기회를 모든 학생에게 제공함
- 교육의 책무성 강화: 학습 실패의 원인을 학생 개인이 아닌 교육 시스템에서 찾으며, 모든 학생의 성공을 목표로 하는 교육 철학을 반영함

완전학습 모형은 개별화 학습(Personalized Learning)의 기본 원리로 활용되고 있으며, 온라인 학습 플랫폼에서 적응형 학습 시스템 설계 및 역량 기반 교육(Competency-Based Education)에 영향을 미치고 있다. 하지만, 완전학습 모형은 모든 학습 내용이나 기술에 적용하기 어려울 수 있으며, 학습 속도의 차이로 인한 교육과정 운영의 어려움이 있을 수 있다. 또한 과도한 구조화가 창의성 발달을 저해할 수 있다는 비판이 있다. 이러한 상황에서 교사는 지식 전달자에서 학습 촉진자 및 코치로의 역할 전환이 요구되고, 개별 학생의 학습 상태를 지속적으로 모니터링하고 지원하는 능력이 중요하다.

완전학습 모형은 교육의 평등성과 효과성을 추구하는 중요한 교육 모델로, 현대 교육에서도 그 원리가 다양하게 적용되고 있다. 예비 교사들은 이 모델의 장단점을 이해하고, 현대적 교육 환경에서 어떻게 효과적으로 적용할 수 있을지 고민해 볼 필요가 있다. 특히, 메타버스와 인공지능 등 테크놀로지를 활용한 개별화 학습 환경에서 완전학습 모형의 원리를 어떻게 구현할 수 있을지에 대한 창의적인 접근이 요구된다.

2) 인지주의 학습이론

인지주의 학습이론은 1950년대 이후 행동주의의 한계를 극복하고자 등장한 새로운 패러다임으로, 학습자의 내적 인지 과정에 초점을 맞춘다. 이 이론은 인간의 학습을 단순한 자극-반응의 연결이 아닌, 복잡한 정보 처리 과정으로 이해하고 있으며, 인지주의자들은 지식의 획득, 조직, 저장 그리고 활용 방식에 관심을 가지며 학습자를 능동적인 정보 처리자로 본다. 인지주의 학습이론에는 핵심 모델인 정보처리이론, 유의미학습이론, 그리고 선행조직자 모형 등이 있다.

가) 정보처리이론

정보처리이론은 인간의 인지 과정을 컴퓨터의 정보 처리 과정에 비유하여 설명하는 인지주의 학습이론의 핵심 모델이다. 이 이론은 1950년대 이후 발전하였으며, 학습을 정보의 입력, 처리, 저장, 인출의 과정으로 이해한다.

〈표 7-7〉 정보처리이론

구분	주요 내용
정의	• 인간의 인지 과정을 정보의 입력, 처리, 저장, 인출의 과정으로 설명하는 이론
주요 가정	• 인간의 마음은 정보 처리 시스템으로 작동한다. • 학습은 새로운 정보를 기존 지식과 연결하는 과정이다. • 정보 처리 능력에는 한계가 있다(작업 기억의 한계).
정보처리 과정	1. 감각 등록기: 환경으로부터 정보 수용 → 2. 단기 기억(작업 기억): 정보의 일시적 저장 및 처리 → 3. 장기 기억: 정보의 장기적 저장
기억의 유형	• 감각 기억: 매우 짧은 시간 동안 감각 정보 유지 • 단기 기억(작업 기억): 제한된 용량(7±2 항목), 약 20초 유지 • 장기 기억: 거의 무제한 용량, 장기간 저장 - 서술적 기억(명시적): 사실, 사건에 대한 기억 - 절차적 기억(암묵적): 기술, 습관에 대한 기억
정보처리 전략	• 주의집중: 관련 정보에 선택적으로 주목 • 시연: 정보를 반복하여 기억 유지 • 정교화: 새 정보를 기존 지식과 연결 • 조직화: 정보를 의미 있는 단위로 구조화 • 인출: 저장된 정보를 필요할 때 끄집어냄
망각의 원인	• 간섭: 다른 정보가 기억을 방해 • 부호화 실패: 정보가 제대로 저장되지 않음 • 인출 실패: 저장된 정보를 찾지 못함
교육적 시사점	• 학습자의 주의를 효과적으로 유도 • 새로운 정보와 기존 지식의 연결 촉진 • 의미 있는 조직화 전략 사용 • 다양한 맥락에서 정보 활용 기회 제공 • 과부하를 피하기 위한 정보량 조절 • 반복 학습과 복습의 중요성 강조

미래지능정보사회에서의 정보처리이론의 중요한 특징을 살펴보자.

- 메타인지의 중요성: 자신의 인지 과정을 이해하고 조절하는 능력(메타인지)의 중요성 강조, 학습 전략의 선택과 적용에 있어 메타인지 기술의 역할 강조
- 스키마 이론과의 연관성: 새로운 정보가 기존의 지식 구조(스키마)와 어떻게 연결되는지 설명, 이해와 기억에 있어 선행 지식의 중요성을 강조
- 문제 해결과 창의성: 복잡한 문제 해결 과정을 정보 처리의 관점에서 설명, 창의적 사고를 정보의 새로운 조합과 재구성으로 이해

- 멀티미디어 학습에의 적용: 시각적, 청각적 정보의 동시 처리에 대한 이해를 제공, 효과적인 교육용 멀티미디어 자료 설계에 지침을 제공
- 인공지능과의 연관성: 인간의 정보 처리 모델이 AI 시스템 개발에 영향, 역으로 AI 연구가 인간의 인지 과정 이해에 기여
- 개별화 학습의 기초: 개인마다 정보 처리 능력과 선호 전략이 다르다는 인식 제공, 학습자 중심의 개별화된 교육 접근의 이론적 기반
- 디지털 시대의 학습: 정보 과부하 시대에 효과적인 정보 처리 전략의 중요성을 강조, 디지털 리터러시 교육의 이론적 기반 제공

정보처리이론은 학습과 기억의 메커니즘을 이해하는 데 중요한 통찰을 제공한다. 예비 교사들은 이 이론을 통해 학생들의 인지 과정을 더 잘 이해하고, 효과적인 교수 전략을 개발할 수 있다. 특히 정보의 효과적인 제시, 학생들의 주의 집중 유도, 의미 있는 정보 처리 촉진, 그리고 장기 기억으로의 전이를 돕는 방법 등을 고안하는 데 이 이론을 활용할 수 있다. 또한, 현대의 디지털 학습 환경에서 정보 처리 이론의 원리를 어떻게 적용할 수 있을지 고민해보는 것도 중요하다.

나) 유의미 학습이론

유의미학습이론(Meaningful Learning Theory)은 미국의 교육심리학자 David Ausubel에 의해 제안된 이론으로, 새로운 정보가 학습자의 기존 인지 구조와 의미 있게 연결될 때 효과적인 학습이 이루어진다고 보는 이론이다.

〈표 7-8〉 유의미 학습이론

구분	주요 내용
정의	• 새로운 학습 내용이 학습자의 기존 인지 구조와 실질적이고 비자의적으로 관련될 때 발생하는 의미 있는 학습
학자	• David Ausubel(1918-2008), 미국의 교육심리학자
핵심 개념	• 인지 구조: 개인이 가진 지식의 총체 • 포섭자(subsumer): 새로운 정보를 받아들이는 기존 지식 구조 • 계열화: 일반적, 포괄적 개념에서 구체적 개념으로의 학습 내용 조직

구분	주요 내용
주요 원리	1. 선행 조직자의 사용: 새로운 학습 내용을 위한 인지적 발판 제공 2. 점진적 분화: 일반적 개념에서 구체적 개념으로 학습 진행 3. 통합적 조정: 새로운 정보와 기존 지식의 유사점과 차이점 인식 4. 상호작용적 조정: 새로운 정보와 기존 지식의 적극적 연결
학습 과정	1. 기존 인지 구조 활성화 → 2. 새로운 정보 제시 → 3. 새 정보와 기존 구조의 연결 → 4. 인지 구조의 재조직 및 확장
VS. 기계적 학습	• 유의미학습: 새 정보와 기존 지식의 실질적 연결, 장기 기억에 효과적 • 기계적 학습: 단순 암기, 기존 지식과의 연결 부족, 쉽게 망각됨
교육적 시사점	• 학습자의 사전 지식 파악 및 활용 • 개념 간 관계성 강조 • 일반적 개념에서 구체적 개념으로의 수업 구성 • 개념도 등 시각적 조직자 활용 • 학습 내용의 실생활 연계 강조 • 반성적 사고와 메타인지 촉진

유의미학습이론은 학습의 질적 측면을 강조하며, 단순한 정보의 축적이 아닌 의미 있는 지식 구조의 형성을 중요시한다. 예비 교사들은 이 이론을 통해 학생들의 사전 지식을 활용하고, 개념 간의 연결을 촉진하며, 학습 내용을 실생활과 연계하는 교수 전략을 개발할 수 있다. 특히 복잡한 개념이나 원리를 가르칠 때, 학생들의 기존 지식을 바탕으로 새로운 정보를 의미 있게 연결하는 방법을 고안하는 데 이 이론을 활용할 수 있다. 또한, 학생들이 자신의 학습 과정을 이해하고 조절할 수 있도록 돕는 메타인지 전략 개발에도 이 이론의 원리를 적용할 수 있다.

다) 선행조직자 모형

선행조직자 모형(Advance Organizer Model)은 David Ausubel이 유의미학습이론의 일환으로 제안한 교수 전략이다. 이 모형은 새로운 학습 내용을 효과적으로 습득하고 기존 지식과 연결하기 위한 인지적 틀을 제공하는 방법을 설명한다.

〈표 7-9〉 선행조직자 모형

구분	주요 내용
정의	• 새로운 학습 내용을 소개하기 전에 제시되는 높은 수준의 추상적, 일반적, 포괄적인 개념이나 명제
목적	• 새로운 학습 내용을 위한 인지적 구조(틀) 제공 • 기존 지식과 새로운 정보 사이의 가교 역할 • 학습 내용의 통합과 파지 촉진
유형	1. 설명적 조직자: 완전히 새로운 내용 학습 시 사용 2. 비교적 조직자: 유사한 기존 지식이 있을 때 사용
특징	• 높은 추상성, 일반성, 포괄성 • 학습할 내용보다 더 포괄적인 수준 • 친숙하고 관련 있는 용어와 개념 사용 • 간결하고 명확한 제시
적용 단계	1. 선행조직자 제시 → 2. 새로운 학습 자료 제시 → 3. 인지 구조 강화(새 정보와 기존 지식의 관계 명확화)
예	• 개념도, 그래픽 조직자 • 유추와 비유 • 요약문, 핵심 질문 • 시각적 표상(다이어그램, 차트 등) • 멀티미디어 자료
교육적 효과	• 학습 내용의 의미 있는 수용 촉진 • 개념 간 관계 이해 증진 • 장기 기억과 파지 향상 • 학습 전이 촉진 • 메타인지 능력 개발 지원
적용시 고려 사항	• 학습자의 사전 지식 수준 고려 • 학습 내용의 성격에 맞는 조직자 선택 • 과도하게 복잡하거나 지나치게 단순화하지 않기 • 학습자의 능동적 참여 유도

선행조직자 모형은 학습자가 새로운 정보를 더 쉽게 이해하고 기존 지식과 연결할 수 있도록 돕는 강력한 교수 전략이다. 예비 교사들은 이 모형을 활용하여 학생들의 사전 지식을 활성화하고, 새로운 학습 내용에 대한 인지적 틀을 제공함으로써 더 효과적인 수업을 설계할 수 있다. 특히 복잡하거나 추상적인 개념을 가르칠 때, 적절한 선행조직자를 사용하여 학생들의 이해를 돕고 학습 동기를 유발할 수 있다. 또한,

다양한 형태의 선행조직자(예: 개념도, 비유, 멀티미디어 자료 등)를 창의적으로 개발하고 활용하는 능력을 키우는 것이 중요하다. 더불어, 디지털 시대의 학습 환경에 맞춰 선행조직자를 어떻게 효과적으로 제시하고 활용할 수 있을지에 대한 고민도 필요하다.

3) 구성주의 학습이론

구성주의 학습이론은 20세기 후반에 등장한 혁신적인 교육 패러다임으로, 학습자를 지식의 능동적인 구성자로 인식한다. 이 이론은 지식이 외부에서 주어지는 것이 아니라 학습자의 경험과 사회적 상호작용을 통해 개인적으로 구성된다고 본다. 본 장에서는 구성주의 학습이론의 주요 분야인 사회적 구성주의, 상황학습이론, 그리고 문제중심학습(PBL)을 중점적으로 다룰 것이다. 사회적 구성주의는 학습의 사회문화적 맥락을 강조하고, 상황학습이론은 실제적 맥락에서의 학습의 중요성을 제시하며, 문제중심학습은 실제적 문제 해결을 통한 학습을 강조한다. 이러한 접근들은 전통적인 교육 방식을 넘어 학습자 중심의 능동적이고 의미 있는 학습 경험을 제공하는 새로운 교육 방법론을 제시한다.

가) 사회적 구성주의

사회적 구성주의는 러시아의 심리학자 Lev Vygotsky의 이론을 바탕으로 발전한 학습이론으로, 지식의 구성과 학습이 사회적 상호작용과 문화적 맥락 내에서 이루어진다고 보는 관점이다.

〈표 7-10〉 사회적 구성주의

구분	주요 내용
정의	• 학습과 지식 구성이 사회적 상호작용과 문화적 맥락 내에서 이루어진다고 보는 이론
학자	• Lev Vygotsky(1896-1934), 러시아의 심리학자
핵심 가정	• 지식은 사회적으로 구성된다. • 학습은 사회문화적 맥락 내에서 발생한다. • 언어와 기타 문화적 도구가 인지 발달에 중요한 역할을 한다.

구분	주요 내용
주요 개념	1. 근접발달영역(ZPD: Zone of Proximal Development) 2. 비계설정(Scaffolding) 3. 내면화(Internalization) 4. 문화적 도구와 기호
핵심 아이디어	• 근접발달영역: 학습자가 독립적으로 문제를 해결할 수 있는 수준과 성인이나 유능한 또래의 도움으로 도달할 수 있는 잠재적 발달 수준 사이의 차이 • 비계설정: 학습자의 ZPD 내에서 제공되는 적절한 지원 • 내면화: 사회적 상호작용을 통해 학습된 것이 개인의 내적 인지 과정으로 전환되는 과정 • 문화적 매개: 언어, 기호 체계, 도구 등이 인지 발달을 매개
학습의 특징	• 사회적 상호작용을 통한 지식 구성 • 문화와 역사적 맥락의 중요성 • 언어의 중요한 역할(사고의 도구로서) • 협력적 학습의 강조
교육적 적용	• 협동 학습 활동 설계 • 또래 튜터링 프로그램 • 교사의 적절한 비계설정 • 문화적으로 관련 있는 학습 경험 제공 • 대화와 토론 중심의 수업 • 학습자의 현재 수준에 맞는 과제 설계
평가 방법	• 동적 평가(학습 과정 중 평가) • 수행 평가 • 포트폴리오 평가 • 또래 평가와 자기 평가

사회적 구성주의는 학습을 개인의 고립된 활동이 아닌 사회적, 문화적 맥락 내에서 이루어지는 과정으로 이해한다. 예비 교사들은 이 이론을 통해 학습 환경을 더욱 상호작용적이고 협력적으로 설계할 수 있다. 특히, 학생들 간의 대화와 토론을 촉진하고, 다양한 문화적 배경을 고려한 학습 경험을 제공하며, 학생들의 현재 발달 수준에 맞는 적절한 도전과 지원을 제공하는 방법을 고민해 볼 수 있다. 또한, 디지털 기술을 활용하여 더 넓은 사회적 맥락에서의 학습과 지식 구성을 어떻게 촉진할 수 있을지에 대한 창의적인 접근도 필요하다.

나) 상황학습이론

상황학습이론(Situated Learning Theory)은 Jean Lave와 Etienne Wenger가 1991년에 제안한 이론으로, 학습을 실제적인 맥락과 문화 속에서 이루어지는 사회적 과정으로 이해한다.

〈표 7-11〉 상황학습이론

구분	주요 내용
정의	• 학습을 실제적 맥락과 사회적 상호작용 속에서 이루어지는 참여의 과정으로 보는 이론
학자	• Jean Lave와 Etienne Wenger(1991)
핵심 가정	• 학습은 상황에 내재된 활동이다. • 지식은 맥락, 문화, 활동과 분리될 수 없다. • 학습은 사회적 참여를 통해 이루어진다.
주요 개념	1. 실행 공동체(Communities of Practice) 2. 합법적 주변 참여(Legitimate Peripheral Participation) 3. 상황인지(Situated Cognition) 4. 인지적 도제(Cognitive Apprenticeship)
실행 공동체의 특징	• 공동의 관심사나 열정을 가진 사람들의 모임 • 지속적인 상호작용을 통한 학습과 발전 • 공유된 실천, 지식, 자원의 개발 • 정체성 형성의 장
학습의 특징	• 맥락 의존적 학습 • 실제적 활동을 통한 학습 • 전문가와 초보자의 상호작용 • 암묵적 지식의 중요성 • 정체성 형성과 연계된 학습
교육적 적용	• 실제적 과제와 프로젝트 기반 학습 • 현장 학습과 인턴십 프로그램 • 멘토링과 코칭 시스템 • 협력적 학습 환경 조성 • 실제 전문가와의 상호작용 기회 제공 • 학교-지역사회 연계 프로그램
평가 방법	• 수행 평가 • 포트폴리오 평가 • 실제 상황에서의 문제 해결 능력 평가 • 장기적 관찰과 참여 과정 평가

구분	주요 내용
한계와 비판	• 모든 학습이 상황에 의존적인 것은 아니라는 지적 • 형식적 교육 환경에서의 적용 어려움 • 개인의 인지적 과정에 대한 설명 부족

상황학습이론은 학습을 실제적 맥락과 사회적 참여의 관점에서 이해함으로써, 보다 의미 있고 효과적인 학습 경험을 설계하는 데 중요한 통찰을 제공한다. 예비 교사들은 이 이론을 통해 학생들에게 실제적이고 맥락적인 학습 경험을 제공하는 방법을 고민할 수 있을 것이다. 특히, 교실 내에서 실제 세계의 문제와 상황을 어떻게 반영할 수 있을지, 학생들이 관련 분야의 전문가나 실행 공동체와 어떻게 연결될 수 있을지, 그리고 학교 밖의 학습 경험을 어떻게 교육과정에 통합할 수 있을지에 대해 창의적으로 접근할 필요가 있다. 또한, 디지털 기술을 활용하여 더 넓은 범위의 실행 공동체에 학생들이 참여할 수 있는 기회를 어떻게 제공할 수 있을지도 고려해 볼 수 있다.

다) 문제중심학습(PBL)

문제중심학습은 실제적이고 복잡한 문제를 중심으로 학습이 이루어지는 학습자 중심의 교수-학습 방법이다. 이 접근법은 1960년대 캐나다 McMaster 대학의 의과대학에서 처음 도입되었으며, 이후 다양한 학문 분야와 교육 수준에 걸쳐 널리 적용되고 있다.

〈표 7-12〉 문제중심학습(PBL)

구분	주요 내용
정의	• 실제적이고 복잡한 문제를 중심으로 학습자들이 협력하여 문제를 해결하는 과정에서 지식과 기술을 습득하는 학습 방법
핵심 특징	• 실제적이고 비구조화된 문제 사용 • 학습자 중심의 능동적 학습 • 소그룹 협력 학습 • 교사의 촉진자 역할 • 자기주도적 학습 강조 • 학제간 통합적 접근

구분	주요 내용
PBL 과정	1. 문제 제시 및 확인 → 2. 학습 과제 도출 → 3. 자기주도적 학습 → 4. 지식의 공유 및 토론 → 5. 문제 해결안 개발 → 6. 발표 및 평가 → 7. 학습 내용 정리 및 성찰
교사 역할	• 적절한 문제 설계 및 제시 • 학습 촉진자 및 코치 역할 • 학습 자원 제공 • 그룹 활동 모니터링 및 지원 • 메타인지 촉진을 위한 질문 제공
학생 역할	• 능동적인 문제 해결자 • 협력적 팀 구성원 • 자기주도적 학습자 • 지식 공유자 및 비판적 사고자
평가 방법	• 수행 평가 • 포트폴리오 평가 • 동료 평가 및 자기 평가 • 문제 해결 과정 및 결과 평가 • 성찰 일지 평가
교육적 효과	• 고차원적 사고력 개발 • 문제 해결 능력 향상 • 협력 능력 증진 • 자기주도 학습 능력 개발 • 학습 동기 및 흥미 증가 • 지식의 장기 기억과 전이 촉진
적용 분야	• 의학, 공학, 경영학 등 전문 분야 • K-12 교육의 다양한 교과 • 직업 교육 및 성인 교육 • STEAM 교육

문제중심학습(PBL)은 학습자들이 실제적인 문제를 해결하는 과정에서 지식을 구성하고 다양한 능력을 개발하도록 돕는 효과적인 교육 방법이다. 예비 교사들은 이 접근법을 통해 학생들에게 더 의미 있고 동기부여가 되는 학습 경험을 제공할 수 있을 것이다.

2. 마이크로티칭

마이크로티칭은 예비 교사와 현직교사의 교수 기술을 향상시키기 위한 체계적이고 효과적인 훈련 방법이다. 1960년대 스탠포드 대학에서 개발된 이 기법은 실제 수업의 복잡성을 단순화하여 특정 교수 기술에 초점을 맞춘 짧은 수업 실습을 통해 교사의 역량을 개발한다. 본 장에서는 마이크로티칭의 개념과 특징을 상세히 살펴보고, 실제 마이크로티칭 실습의 절차와 방법에 대해 깊이 있게 다룰 것이다. 이를 통해 예비 교사들은 수업 설계, 실행, 분석, 그리고 개선의 전 과정을 경험하며, 자신의 교수 능력을 객관적으로 평가하고 발전시킬 수 있는 기회를 가질 수 있다. 마이크로티칭은 이론과 실제를 연결하는 중요한 교량 역할을 하며, 교사 교육의 핵심적인 요소로 자리 잡고 있다.

가. 마이크로티칭의 개념과 목적

〈표 7-13〉 개념과 목적

구분	주요 내용
개념	• 축소된 수업 환경(시간, 학생 수, 내용)에서 특정 교수 기술을 연습하고 피드백을 받는 교사 훈련 기법
특징	• 5~10분의 짧은 수업 시간 • 소규모 학생 그룹(보통 5~10명) • 한 번에 1~2개의 특정 교수 기술에 초점 • 수업 녹화 및 즉각적인 피드백 • 재교수(re-teach) 기회 제공
주요 목적	1. 교수 기술의 체계적 훈련 2. 실제 수업 상황에 대한 준비 3. 자기 성찰 및 개선 능력 향상 4. 동료 피드백을 통한 협력적 학습 5. 이론과 실제의 연계 강화
교육적 효과	• 교수 자신감 향상 • 특정 교수 기술의 숙달 • 수업 설계 및 실행 능력 개선 • 자기 평가 및 반성적 사고 능력 개발 • 동료 간 학습 문화 조성

나. 마이크로티칭의 절차와 방법

〈표 7-14〉 절차와 방법

절차	주요 내용	방법
계획	• 수업 목표 설정 • 교수 기술 선택 • 수업 내용 준비	• 명확하고 측정 가능한 목표 설정 • 1~2개의 핵심 교수 기술 선택 • 간결하고 효과적인 수업 계획 작성
교수	• 5~10분 수업 실시 • 수업 녹화	• 선택한 교수 기술에 집중 • 자연스럽고 편안한 태도 유지 • 학생들과의 상호작용 주의
피드백	• 자기 평가 • 동료 및 지도교수 피드백 • 녹화 영상 분석	• 구체적이고 건설적인 피드백 제공 • 긍정적 측면과 개선점 균형 있게 제시 • 객관적 관찰에 기반한 분석
재계획	• 피드백 반영 • 수업 계획 수정	• 받은 피드백을 구체적으로 반영 • 개선 방안 명확히 설정
재교수	• 수정된 계획으로 재수업 • 재녹화	• 개선된 점에 특히 주의 • 자신감 있는 태도로 수업 진행
재피드백	• 개선 사항 확인 • 추가 피드백	• 이전 수업과의 비교 분석 • 지속적 개선 방안 논의
성찰	• 전체 과정 반성 • 학습 내용 정리	• 서면 성찰 보고서 작성 • 향후 개선 계획 수립

마이크로티칭의 특징을 정리해 보면 다음과 같다.

- 다양한 교수 기술 훈련: 수업 도입, 설명하기, 질문하기, 학생 참여 유도, 수업 마무리 등 다양한 교수 기술을 연습
- 안전한 실습 환경: 실제 교실 상황의 복잡성과 압박감을 줄여 안전하게 교수 기술을 연습
- 즉각적인 피드백의 중요성: 수업 직후의 즉각적인 피드백은 효과적인 학습과 개선을 촉진
- 테크놀로지의 활용: 비디오 녹화와 분석 도구를 활용하여 더욱 상세하고 객관적인 피드백이 가능

- 동료 학습의 가치: 다른 예비 교사들의 수업을 관찰하고 피드백을 주는 과정에서도 많은 학습 가능
- 반복 학습의 효과: 계획－실행－피드백－개선의 순환 과정을 통해 지속적인 성장이 가능
- 다양한 교과 및 상황에의 적용: 모든 교과목과 다양한 교육 상황(예: 온라인 수업)에 적용 가능

마이크로티칭은 예비 교사들에게 실제적인 교수 경험을 제공하면서도 체계적인 피드백과 개선의 기회를 제공한다. 이를 통해 예비 교사들은 자신의 교수 스타일을 발견하고, 효과적인 교수 기술을 개발하며, 반성적 실천가로서의 태도를 기를 수 있다.

효과적인 마이크로티칭 실습을 위해서는 명확한 목표 설정, 구체적이고 건설적인 피드백, 그리고 열린 마음으로의 자기 성찰이 중요하다. 또한, 마이크로티칭 경험을 실제 교실 상황에 어떻게 적용할 것인지에 대한 지속적인 고민과 노력이 필요하다.

생각해 볼 문제

1. 디지털 시대의 교육 환경 변화에 따라 기존의 수업이론들은 어떻게 재해석되고 적용되어야 할까? 특히 온라인 학습, 혼합형 학습(블렌디드 러닝), 그리고 인공지능(AI)을 활용한 개별화 학습 상황에서 구성주의 학습이론과 문제중심학습(PBL)의 원리를 어떻게 효과적으로 구현할 수 있을지 생각해 봅시다.
2. 마이크로티칭의 '축소된 환경'이라는 특성이 실제 교실 상황에서의 수업 능력 향상으로 얼마나 효과적으로 전이될 수 있을까? 또한, 다양한 학습자 특성, 예상치 못한 상황 대처, 장기적인 학급 운영 등 실제 교실의 복잡성을 마이크로티칭에서 어떻게 더 잘 반영할 수 있을지 생각해 봅시다.

학습활동

• 고등학교 사회 수업에서 '지속가능한 발전' 단원을 가르치려고 한다. 이 주제를 다룰 때 행동주의, 인지주의, 구성주의 학습이론을 각각 어떻게 적용할 수 있을지 구체적인 수업 방법과 교수-학습 활동을 제시하고, 이 중 가장 효과적이라고 생각하는 접근법을 선택하고 그 이유를 설명해 봅시다.

학교급	수업방법	교수-학습활동
행동주의적 접근		
인지주의적 접근		
구성주의적 접근		

• 여러분은 최근 '효과적인 질문하기' 기술에 초점을 맞춘 10분 간의 마이크로티칭을 실시해보고, 이 경험을 바탕으로 다음 질문에 답해 봅시다.

1. 마이크로티칭 준비 과정에서 가장 중점을 둔 부분은 무엇이었으며, 그 이유는 무엇인가요?
2. 마이크로티칭 실행 중 예상치 못한 어려움이 있었다면 무엇이었고, 어떻게 대처했나요?
3. 동료와 지도교수로부터 받은 피드백 중 가장 유용했던 것은 무엇이며, 왜 그렇게 생각하나요?
4. 이 경험을 통해 당신의 '질문하기' 기술이 어떻게 향상되었다고 생각하나요? 구체적인 예를 들어 설명하세요.
5. 다음 마이크로티칭에서 개선하고 싶은 점은 무엇이며, 어떤 전략을 사용하여 이를 달성할 계획인가요?
6. 이 마이크로티칭 경험이 실제 교실 수업에서 어떻게 적용될 수 있을지 구체적으로 서술하세요.

제8장

교육과정 편성 · 운영

급변하는 글로벌 사회에서 효과적인 교육을 위해서는 체계적인 교육과정의 이해가 필수적이다. 우리는 교육과정의 기본 개념과 구성 요소를 살펴보고, 이를 바탕으로 한국 교육과정의 변천 과정과 2022 개정 교육과정, 학교 교육과정의 편성 · 운영에 대해 알아보고자 한다. 이를 통해 예비 교원 여러분은 미래 교육 현장에서 요구되는 교육과정 운영 능력 함양을 통해 효과적인 교육과정을 설계하고 실행할 수 있는 역량을 갖추는 데 도움이 될 것이다.

1. 교육과정의 이해

교육과정은 학교 교육의 근간이자 나침반으로, 예비 교원들에게 필수적인 지식 영역이다. 본 절에서는 교육과정의 기본 개념부터 최신 국가 수준 교육과정의 특징까지 체계적으로 살펴봄으로써, 여러분이 미래의 교육 전문가로서 갖추어야 할 교육과정에 대한 종합적 이해를 도모하고자 한다. 또한 교육과정의 역사적 변천 과정을 통해 교육의 흐름을 파악하고, 2022 개정 교육과정의 핵심 내용을 숙지함으로써 현장 적용 능력을 키울 수 있을 것이다.

가. 교육과정의 개념과 구성요소

교육과정(敎育課程, curriculum)은 학교에서 이루어지는 교육의 계획과 실천에 관한 전반적인 청사진을 의미한다. 교육과정은 교육활동에서 '무엇을 가르치고 배울 것인가?'에 관한 문제를 다루는 분야이다. 교육과정의 의미는 그 어원을 분석해 보면 쉽게 이해할 수 있다. 영어의 curriculum의 어원은 라틴어의 쿠레레(currere)이다. 쿠레레는 동사로서 '달린다'는 뜻과 명사로는 '달리는 코스'로 사용된다. 명사의 '달리는 코스'는 '경주로'를 의미하기도 하고 '달리면서 겪는 경험'을 의미하기도 한다. 커리큘럼의 어원적 의미에서 보면 교육과정은 학습자가 일정한 목표를 향해 달리는 과정과 달리는 과정에서 보고 듣고 배우는 내용을 포함하고 있다. 즉 교육과정은 일정한 순서로 배열된 학습의 코스라는 의미와 학습내용이나 경험내용을 의미한다(정주영, 천정미, 2022).

교육과정의 개념은 시대와 학자에 따라 다양하게 정의되어 왔지만, 크게 다음과 같이 나눌 수 있다.

1) 광의의 교육과정

- 학교의 지도하에 학습자들이 경험하는 모든 학습 경험의 총체
- 학교에서 제공하는 모든 교육적 경험을 포함

〈표 8-1〉 광의의 교육과정

교육과정	주요 특징
광의의 교육과정	• 총체성 - 계획된 교육 활동뿐만 아니라 비계획적, 우발적 학습 경험도 포함 - 교과 활동, 비교과 활동, 잠재적 교육과정 등을 모두 포함 • 학습자 중심 - 교사가 가르치는 내용보다 학생이 실제로 경험하고 학습하는 것에 초점 - 학습자의 개별적 경험과 해석을 중요시 • 환경적 요소 고려 - 학교의 물리적 환경, 사회적 분위기, 문화적 맥락 등을 교육과정의 일부로 인식 - 학교와 지역사회의 상호작용도 중요한 요소로 고려 • 잠재적 교육과정 포함 - 명시적으로 계획되지 않았지만 학교 생활을 통해 은연중에 학습되는 가치, 태도, 행동 양식 등을 포함 - 학교의 문화, 분위기, 교사와 학생 간의 상호작용 등이 여기에 해당 • 다양한 학습 경험 인정 - 교실 내 학습뿐만 아니라 교실 밖 활동, 또래 간 상호작용, 학교 행사 등을 모두 교육과정의 일부로 인식 - 형식적, 비형식적, 무형식적 학습 경험을 모두 포함 • 교육의 연속성 강조 - 학교에서의 경험과 학교 밖 생활의 연계성을 중요시 - 평생학습의 관점에서 교육과정을 바라봄

광의의 교육과정 개념은 교육의 복잡성과 다면성을 인정하고, 학생의 전인적 성장을 위해 학교 생활의 모든 측면을 교육적으로 의미 있게 구성하고자 하는 노력을 반영하고 있다.

2) 협의의 교육과정

- 교과 또는 교과목의 목표와 내용을 체계적으로 조직한 교육계획
- 주로 교과를 중심으로 한 학습 내용의 체계를 의미

〈표 8-2〉 협의의 교육과정

교육과정	주요 특징
협의의 교육과정	• 교과 중심성 - 국어, 수학, 과학, 사회 등 전통적인 교과를 중심으로 구성 - 각 교과의 고유한 지식 체계와 기능을 강조 • 계획성 - 의도적이고 계획적으로 설계된 학습 경험을 포함 - 교육목표, 내용, 방법, 평가가 체계적으로 조직됨 • 명시성 - 문서화된 형태로 존재(예: 교육과정 문서, 교과서) - 교사, 학생, 학부모가 명확히 인식할 수 있는 형태 • 순차성과 계열성 - 학년별, 학기별로 학습 내용이 순차적으로 배열 - 교과 내용의 난이도와 범위가 점진적으로 확대되는 구조 • 표준화 - 국가 또는 지역 수준에서 표준화된 내용을 제시 - 교육의 질적 균등성을 보장하기 위한 기준으로 작용

협의의 교육과정 개념은 학교 교육의 핵심인 교과 학습을 체계화하고 표준화하는 데 중요한 역할을 한다. 그러나 이러한 접근만으로는 전인적 교육을 실현하기 어렵다는 점에서, 광의의 교육과정 개념과 균형을 이루어 적용되어야 할 것이다.

3) 현대적 의미의 교육과정

- 교육목표 달성을 위해 선택된 교육내용과 학습활동의 체계적인 조직
- 계획된 교육과정뿐만 아니라 잠재적 교육과정까지 포함

〈표 8-3〉 현대적 의미의 교육과정

교육과정	주요 특징
현대적 의미의 교육과정	• 역량 중심성 - 지식 습득을 넘어 핵심 역량 개발에 초점 - 실제 생활에서의 문제 해결 능력 강조 • 유연성과 적응성 - 변화하는 사회적 요구에 신속하게 대응 - 학습자의 개별적 요구와 관심사를 반영할 수 있는 구조

교육과정	주요 특징
	• 통합적 접근 - 교과 간 경계를 넘어선 융합적, 간학문적 학습 강조 - 형식적 학습과 비형식적 학습의 연계 • 학습자 중심 - 학습자의 능동적 참여와 주도성 강조 - 개별화된 학습 경로 제공 • 테크놀로지 통합 - 디지털 기술을 활용한 학습 경험 설계 - 온라인-오프라인 블렌디드 학습 환경 구축 • 글로벌 및 다문화적 관점 - 세계시민성 함양을 위한 내용 포함 - 다양성과 포용성을 반영한 교육과정 구성 • 지속가능성 강조 - 환경, 사회, 경제적 지속가능성에 대한 인식 제고 - 미래 지향적 가치관 형성을 위한 내용 포함

현대적 의미의 교육과정은 급변하는 사회적 요구와 교육 패러다임의 변화를 반영하여, 학습자가 미래 사회에서 성공적으로 살아갈 수 있는 역량을 개발하는 데 초점을 맞추고 있다. 이는 단순히 지식 전달을 넘어 전인적 성장과 평생학습 능력 개발을 목표로 한다.

4) 교육과정의 구성요소

교육과정은 일반적으로 다음의 네 가지 주요 구성요소로 이루어진다. 이들은 서로 밀접하게 연관되어 있으며, 효과적인 교육을 위해 균형 있게 설계되어야 한다.

〈표 8-4〉 교육과정의 구성요소

구성요소	주요 특징
목표 (Objectives)	• 정의: 교육을 통해 달성하고자 하는 학습 결과 • 특징 - 명확성: 구체적이고 측정 가능해야 함 - 다양성: 인지적, 정의적, 심동적 영역을 포괄 - 계열성: 단기, 중기, 장기 목표로 구분 가능

구성요소	주요 특징
	• 예시 - "기본적인 수학적 개념을 이해하고 적용할 수 있다." - "과학적 탐구 방법을 사용하여 실생활 문제를 해결할 수 있다."
내용 (Contents)	• 정의: 학습자가 배워야 할 지식, 기능, 태도 • 특징 - 체계성: 논리적이고 체계적으로 조직 - 적절성: 학습자의 발달 단계와 사회적 요구에 부합 - 통합성: 다양한 학문 영역의 연계 • 구성 요소 - 사실적 지식 - 개념과 원리 - 기능과 절차 - 가치와 태도 • 예시 - 수학: 대수, 기하, 통계 - 과학: 물리, 화학, 생물, 지구과학의 핵심 개념과 원리
방법 (Methods)	• 정의: 교수-학습 활동의 형태와 전략 • 특징 - 다양성: 학습 목표와 내용에 따라 다양한 방법 활용 - 상호작용성: 교사-학생, 학생-학생 간 상호작용 강조 - 학습자 중심: 학습자의 능동적 참여 유도 • 주요 방법 - 강의법 - 토론법 - 프로젝트 학습 - 협동학습 - 탐구학습 - 문제 기반 학습 (PBL) - 플립드러닝 • 예시 - "과학 수업에서 모둠별 실험을 통해 가설 검증 과정을 경험한다." - "역사 수업에서 역할극을 통해 역사적 사건의 의미를 이해한다."
평가 (Evaluation)	• 정의: 교육목표 달성 여부를 확인하는 과정 • 특징 - 타당성: 목표와 내용에 부합하는 평가 - 신뢰성: 일관성 있는 결과 도출 - 다양성: 다양한 평가 방법 활용 • 평가 유형 - 진단평가

구성요소	주요 특징
	- 형성평가 - 총괄평가 • 평가 방법 - 지필고사 - 수행평가 - 포트폴리오 평가 - 관찰평가 - 자기평가 및 동료평가 • 예시 - "수학 문제 해결 과정을 단계별로 평가하는 루브릭 사용" - "과학 탐구 프로젝트의 계획, 실행, 결과 발표를 종합적으로 평가"

나. 교육과정의 종류

1) 공식적 교육과정

공식적 교육과정(official curriculum)은 교육목적과 목표에 따라 의도되고 계획된 표면적 교육과정을 의미한다. 다른 말로 명시적 교육과정이라고도 한다. 공식적 교육과정은 국가수준의 교육과정을 담고 있는 문서, 시・도교육청의 교육과정 지침, 지역 교육청의 장학자료, 교과서 등의 수업교재, 학교 교육과정 운영계획, 교수요목, 교사의 수업계획서 등과 같은 문서이다. 또한 이 문서를 바탕으로 교사들이 수업을 진행한 것까지 포함한다.

2) 잠재적 교육과정

잠재적 교육과정(hidden curriculum)은 학교환경, 제도, 교육과정 운영 전반에서 계획하거나 의도하지 않았으나 수업이나 학교생활 과정에서 학생들이 은연중에 배우는 가치, 태도, 행동 양식과 같은 학습 결과로서 경험된 교육과정을 의미한다. 잠재적 교육과정이라는 개념은 잭슨(Jackson, 1996)에 의해 처음 사용되었다. 쉽게 말해 잠재적 교육과정은 공식적으로 의도하지 않은 교육과정으로 잠재되어 있는 교육과정이다

(정주영, 천정미, 2022).

잠재적 교육과정은 학교교육을 받는 과정에서 학생들이 하게 되는 경험으로 공식적 교육과정을 제외한 학교의 모든 경험과 학교에서 일어나는 모든 상황과도 관련이 있다. 즉, 학교에서 의도적으로 시도하지 않았지만 학습의 결과가 나타나는 상태의 교육과정이다. 이것은 문서화 되지 않은, 연구되지 않은, 의도하지 않았으나 학생들에게 나타나는 학습 결과나 경험이다. 잠재적 교육과정은 계획되지 않은, 비형식적인, 보이지 않는, 비공식적 교육과정이다.

예를 들면 학교에서 학생들은 다양한 계층의 친구들과 어울리게 된다. 그래서 학교문화는 다양한 계층의 문화가 섞이게 되어 학생들은 긍정적인 태도뿐만 아니라 속어나 욕설과 같은 부정적인 태도도 은연중에 학습하게 된다. 또한 학교는 상과 칭찬 등으로 평가를 한다. 상과 칭찬은 많은 학생에게 어떻게 행동해야 하는지를 알게 해준다. 학생들은 칭찬받은 친구의 모습을 보고 상과 칭찬을 받기 위해 그렇게 행동하게 된다.

3) 영 교육과정

영 교육과정(null curriculum)은 실제로 존재하지 않는 교육과정을 의미한다. 즉, 영 교육과정은 학교에서 소홀히 하거나 공식적으로 가르치지 않는 지식, 사고 양식, 가치, 태도, 행동 양식, 교과들에 의해 학습자들이 경험하지 못한 것들을 포함하는 개념이다. 다시 말하면 영 교육과정은 학교에서 소홀히 하거나 공식적으로 가르치지 않는 교과나 지식 그리고 학교 교육과정에서 의도적으로 배제된 교육과정이다.

영 교육과정은 소극적인 의미에서 공식적 교육과정을 배우는 동안 학습자들이 놓치게 되는 내용이고 적극적인 의미에서는 학습내용을 의도적으로 가르치지 않아 아예 접할 수 없는 것이다. 예를 들면 교과서에는 진화론과 창조론이 있지만 수업 시간에 진화론만 가르치고 창조론은 가르치지 않는다든지, 북한에 관한 내용은 언급하지 않는 것 등이다.

아이즈너(Eisner)는 영 교육과정으로 학교에서 논리적 사고에 비해 정서적이거나 신체적 영역, 언어적이고 수리적인 것에 비해 시각적, 청각적, 은유적 등의 비언어적인 인지적 측면이 소홀히 다루어지거나 가르쳐지지 않음을 지적하였다. 공식적인 교육과정이 문자나 숫자 위주의 표현양식만을 강조하여 시각, 청각 등 다양한 표상 형식을 경시한다면 학습자의 다양한 능력 중 일부만을 계발하게 되어 교육적으로 손실을 볼 수 있다. 따라서 공식적 교육과정에 영 교육과정을 고려하는 것이 필요하다(김회용 외, 2022).

다. 교육의 4요소

교육의 본질을 이해하고 효과적인 교육 활동을 구현하기 위해서는 교육의 핵심 구성 요소를 파악하는 것이 중요하다. 교육학에서는 전통적으로 교육의 4대 요소를 교수자, 학습자, 교육내용, 교육환경으로 규정하고 있다. 이 네 가지 요소는 교육 과정에서 유기적으로 상호작용하며, 각 요소의 특성과 역할을 이해하고 조화롭게 운영할 때 비로소 교육의 목표를 달성할 수 있다.

1) 교수자(교사)

교수자는 지식과 기술을 전달하는 주체이다. 전통적인 교육에서 교사는 교육의 주도권을 가지고 학습자를 이끌어가는 사람이었다. 그러나 학습자중심 교육에서는 학습자가 중심이 되고 교사는 학습과정을 안내하고 촉진하는 조력자, 안내자로서의 역할을 한다. 이렇게 볼 때 교사는 전문적인 지식을 가르치고 학생을 지도, 조력, 안내, 자극하여 학생들의 성장과 발달을 지원하는 역할을 한다.

2) 학습자(학생)

학습자는 교육의 대상이자 주체이다. 학습자는 아직 미성숙하여 가르침이 필요하다. 가르침이 필요하다는 것이 교육의 출발점이 되어야 한다. 교육은 교사와 학습자의 상호작용으로 일어나는 활동이므로 학습자가 없으면 교육이 성립되지 않는다. 전통적인 교육에서 학습자는 교육의 객체 즉, 교사가 전달해 주는 지식을 그대로 받아들이는 수동적 존재였다. 그러나 학습자중심 교육에서 학습자는 스스로 지식과 기술을 습득하고 성장하는 학습의 주체이자, 자신의 학습에 대한 책임을 지고 적극적으로 참여하는 능동적 학습주체로서 교육에서 가장 중요한 위치를 차지한다.

3) 교육내용(교육과정)

교육내용은 교육 활동을 수행하는 지식, 기술, 가치 등 교사와 학습자를 연결해주는 교육의 매개체이다. 따라서 교육내용은 교사가 가르치고 학습자가 배우는 활동의 핵심이다. 또한 교육목표를 달성하기 위해 선정된 내용으로 지식, 규범, 가치, 기술, 제도에 관한 것을 포괄하고 있다. 사회적 요구와 학습자의 발달수준을 고려하여 구성해야 한다.

4) 교육환경

교육환경은 학습이 이루어지는 총체적인 맥락을 의미하며, 학생들의 학습과 성장에 중요한 영향을 미친다. 교육환경은 크게 물리적 환경, 심리적 환경, 사회적 환경으로 나눌 수 있다.

- 물리적 환경: 학교 건물, 교실, 운동장, 도서관 등의 시설과 책상, 의자, 칠판, 프로젝터 등의 교구, 조명, 온도, 환기 등의 실내 환경, 교과서, 참고서, 디지털 기기 등의 학습 자료, 학교 주변의 자연 환경
- 심리적 환경: 교사와 학생 간의 관계와 상호작용, 학생들 간의 관계와 분위기, 학습 동기를 유발하는 분위기, 학생들의 정서적 안정감과 소속감, 교실 내 규칙과 루틴
- 사회적 환경: 학교의 문화와 가치관, 학급 및 학교의 규범과 기대, 학부모와 지역사회의 참여와 지원, 교육 정책과 제도, 사회경제적 배경과 문화적 맥락

이 네 가지 요소는 서로 긴밀하게 연관되어 있으며, 효과적인 교육을 위해서는 이들 간의 조화로운 상호작용이 필요하다.

2. 2022 개정 교육과정

가. 교육과정과 수준

교육과정은 의도된 학교 교육에서 '왜, 무엇을, 어떻게, 어느 수준과 범위로 가르치고 평가하느냐'를 문서로 계획한 교육 설계도로서, 교육과정을 단순한 교육내용으로만 볼 것이 아니라 교육목표, 내용, 방법이나 운영 방식, 평가를 포괄하는 폭넓은 개념으로 이해해야 할 것이다.

이러한 교육과정은 교육내용을 결정하는 주체가 누구인가에 따라 국가 수준, 지역 수준, 학교 수준의 교육과정으로 구분할 수 있으며 그 내용은 다음과 같다.

> 국가에서 고시한 교육과정의 공통적, 일반적인 '기준(Ⅰ)'과 지역별로 그 지역의 특성과 역사, 전통, 자연, 산업, 사회, 문화 및 주민·학부모의 요구, 의견 등을 충분히 고려하여 만든 '지역 수준 교육과정(Ⅱ)'이 있다. 또한 각 학교의 실정 및 학생의 실태, 학교환경, 교원 실태 등을 고려하여 창출한 '학교교육과정(Ⅲ)'이 있다.

〈표 8-5〉 교육과정의 수준

교육과정 수준 (결정 주체)	근 거	내 용
국가 수준 교육과정 (교육부)	• 초·중등교육법 제23조 2항 (교육과정의 기준과 내용에 관한 기본적인 사항 결정)	• 초·중등학교에서 편성·운영하여야 할 학교 교육과정의 교육목표와 내용, 방법과 운영, 평가 등에 관한 국가 수준의 기준 및 지침 제시
지역 수준 교육과정 (시·도교육청)	• 초·중등교육법 제23조 2항 (지역의 실정에 적합한 기준과 내용 작성)	• 지역의 특수성과 학교의 실정, 학생의 실태, 학부모 및 지역사회의 요구, 해당 지역과 학교의 교육여건에 맞는 기준 제시
학교 수준 교육과정 (학교)	• 초·중등교육법 제23조 2항 (학교 교육과정의 운영)	• 학교의 실태를 반영하여 학부모와 학생들의 특성과 요구를 고려하여 학교의 교육내용, 방법과 운영 방식이 포함됨

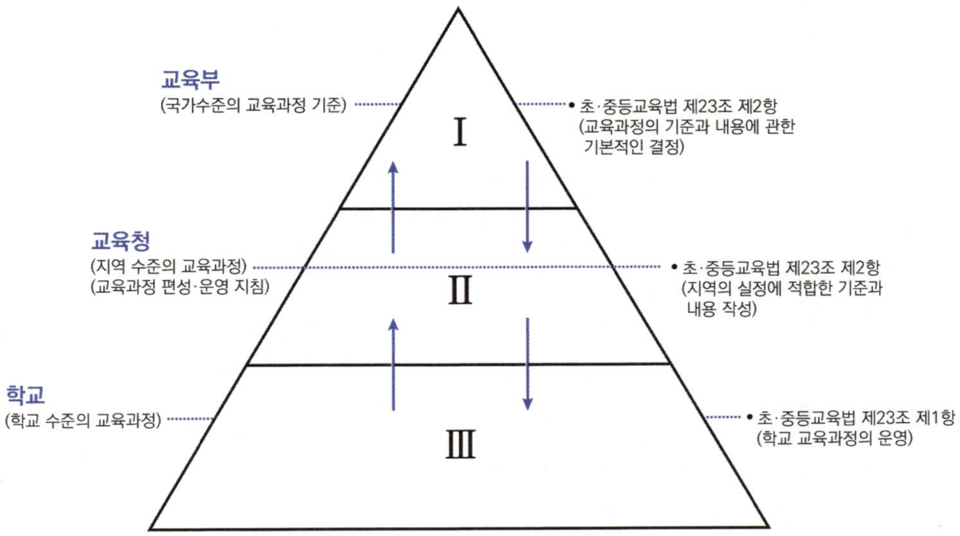

[그림 8-1] 교육과정의 수준

나. 교육과정의 법적 근거

교육과정은 법령에 근거하여 마련되고 실천된다는 점에서 법제적 의미를 지닌다. 교육과정과 관련되는 법령에는 크게 헌법, 교육기본법, 초・중등교육법 등이 있다.

〈표 8-6〉 교육과정의 법적 근거

교육과정 관련 사항	법적 근거
국가수준 교육과정 기준 설정	• 헌법 제31조 제1항, 제4항 • 초・중등교육법 제23조 제2항
국가 교육과정 기준 지역 수준의 교육과정 학교 교육과정 편성・운영의 지침	• 교육기본법 제3조(학습권) 제4조(교육의 기회균등), 제5조(교육의 자주성 등), 제6조(교육의 중립성) • 초・중등교육법 제23조 제2항 - 국가교육위원회는 제1항에 따른 교육과정의 기준과 내용에 관한 기본적인 사항을 정하며, 교육감은 국가교육위원회가 정한 교육과정의 범위에서 지역의 실정에 맞는 기준과 내용을 정할 수 있다
초등학교의 목적 규정 중학교의 목적 규정 고등학교의 목적 규정	• 초・중등교육법 제38조(목적) - 초등학교는 국민생활에 필요한 기초적인 초등교육을 하는 것을 목적으로 한다.

교육과정 관련 사항	법적 근거
	• 초 · 중등교육법 제41조(목적) - 중학교는 초등학교에서 받은 교육의 기초 위에 중등교육을 하는 것을 목적으로 한다. • 초 · 중등교육법 제45조(목적) - 고등학교는 중학교에서 받은 교육의 기초 위에 중등교육 및 기초적인 전문교육을 하는 것을 목적으로 한다.
학교 교육과정 편성 · 운영	• 초 · 중등교육법 제23조 제1항 - 학교는 교육과정을 운영하여야 한다.
교과	• 초 · 중등교육법 제23조 제4항 - 학교의 교과(教科)는 대통령령으로 정한다. • 초 · 중등교육법시행령 제43조(교과)

다. 교육과정의 변천

1차 교육과정부터 2022 개정 교육과정까지의 주요 특징과 핵심 변화 내용을 살펴보면 다음과 같다.

〈표 8-7〉 한국 교육과정의 변천

교육과정	적용시기	주요특징	핵심 변화 내용
1차	1954~1963	• 6 · 25사변 휴전 및 국가 사회 복구 요청 • 진보주의 새 교육운동 • 난이도 높은 교육내용제거	교육법 정신 구현, 전인교육 과정의 융통성, 반공교육, 도의교육, 실업교육, 지역성 고려, 재료단원 장려
2차	1963~1974	• 5 · 16군사 혁명과 제3공화국 출범 • 합리적 교육과정, 경험중심 교육과정 • 단편적 지식 위주의 교육지양	기초학력 강조, 생활경험중심 교과활동, 반공 · 도덕, 특별활동으로 구성, 자주성 · 생산성 · 유용성 · 합리성 · 지역성 강조, 고등학교 단위제 채택, 계열성 강조
3차	1973~1981	• 유신체제 단행 • 학문중심 교육과정 • 기본 개념의 소홀, 탐구학습 부족	국민교육헌장이념 구현, 국민적 자질의 함양, 인간교육의 강화, 지식 · 기술 교육의 쇄신, 지식의 구조화, 탐구학습의 강조, 도덕교과 신설

교육과정	적용시기	주요특징	핵심 변화 내용
4차	1981~1987	• 제5공화국출범 • 교육과정의 적합성 • 내용의 정선 및 수준의 적정화	국민정신교육 강화, 전인교육 충실, 진로교육개념 도입, 전인적 발달 강조, 국민학교 1 · 2학년에 통합지도 시도, 개별과정에서 연구 · 개발모형을 적용
5차	1987~1992	• 교육자치제 출범 • 교육과정의 질 • 교육과정 결정의 중앙집중성, 구조의 획일성, 내용의 부적합성, 목표달성의 비효율성	주체적 · 창조적 · 도덕적 인간의 강조, 국민학교 1 · 2학년에서 국어와 산수과목 분리, 중학교 기술 · 가정통합 교과신설, 고등학교 일반계 직업 과정에 정보산업 신설
6차	1992~1997	• 문민정부의 출범 • 교육과정의 질 • 교육과정 성격을 제시하지 않았음. 편성운영의 기본지침 덜 구체화	건강한 사람, 자주적인 사람, 창의적인 사람, 도덕적인 사람 강조, 선택교과제 도입, 교육과정 구조의 합리적 조정, 과학 · 기술교육 및 환경교육 강화, 연간수업 시간수 축소
7차	2000~2009	• 21세기 지식정보화 대비 • 학생 중심 교육과정 • 수준별 교육과정 도입 • 지역 및 학교의 자율성 증대를 강화	국민 공통 기본 교육과정의 편성과 학생 선택 중심 교육과정(11~12학년)을 도입, 재량활동을 신설하고 확대, 학습량 최적화와 수준을 조정, 교육과정 평가 체제를 확립, 창의성, 정보 능력 배양을 강조
2007 개정	2009~2011	• 교육부 고시 제2007-79호 • 주기적 부분 개정 체제 도입 • 학교 교육과정 자율성 확대	고교 선택 교육과정 확대, 범교과 학습 강화, 중학교 선택 교과로 보건, 진로와 직업 과목이 신설
2009 개정	2013~2021	• 총론 교육부 고시 제2009-41호 • 각론 교육부 고시 제2011-361호 • 창의 · 인성 교육 강조 • 학년군제 도입	교과군 도입, 교과별 수업 시수 20% 자율 증감 허용
2015 개정	2017~2023	• 교육부 고시 제2015-74호 • 핵심역량 중심 교육과정 • 창의융합형 인재 양성	공통 과목 도입, 자유학기제 도입, 소프트웨어 교육 강화
2022 개정	2024~현재	• 교육부 고시 제2022-33, 34호 • 미래 사회 역량 함양을 위한 교육과정 • 학습자 맞춤형 교육강화 • 디지털 기반 교육혁신 지원	기본 교육과정의 편제를 교과(군), 창의적 체험활동, 일상생활 활동으로 개선, 공통과목과 선택과목의 재구조화, 고교학점제 도입에 따른 학습과정 중심 평가 강화, AI 및 빅데이터 등 디지털 기술 활용 교육 강화

출처: 국가교육과정정보센터(2024), 교육문화연구소(2024)

라. 2022 개정 교육과정

1) 필요성

국가수준 교육과정은 국가가 법적 근거를 바탕으로 개발하고 고시하는 교육의 기본 틀로, 학교에서 가르치고 배워야 할 내용과 방법에 대한 전국 공통의 일반적 기준을 의미한다(교육부, 2022c).

- 교육기본법과 초·중등교육법에 근거하여 개발
- 교육부 장관이 고시
- 초·중등학교의 교육 목표, 내용, 방법, 평가 등에 관한 기본적인 사항을 규정

국가수준 교육과정의 필요성은 다음과 같다(교육부, 2022d).

① 교육의 기회균등 보장
- 전국의 모든 학생들에게 일정 수준 이상의 교육 내용과 질 보장
- 지역 간, 학교 간 교육 격차 해소

② 국가 교육이념 및 목표 실현
- 헌법과 교육기본법에 명시된 교육이념 구현
- 국가 수준의 교육 목표 달성을 위한 체계적 접근

③ 교육의 효율성 및 체계성 확보
- 교육과정 개발에 소요되는 시간과 비용의 절감
- 학교급 간, 교과 간 연계성 확보

④ 교육의 질 관리
- 일정 수준 이상의 교육 내용과 방법 제시
- 교육과정 평가를 통한 지속적인 개선 및 발전

⑤ 국가 경쟁력 강화
- 시대적 요구와 사회 변화를 반영한 교육 내용 제시
- 미래 사회에 필요한 핵심역량 개발 지원

⑥ 교육과정 운영의 자율성과 다양성 보장
- 지역 및 학교 특성에 맞는 교육과정 재구성의 기준 제공
- 교사의 전문성을 바탕으로 한 교육과정 운영의 자율성 확보

2) 비전과 인간상

2022 개정 교육과정(교육부, 2022c)은 '포용성과 창의성을 갖춘 주도적인 사람'이라는 비전 아래 다음과 같은 인간상, 핵심역량을 제시하고 있다. 교육 이념과 교육 목적을 바탕으로, 이 교육과정이 추구하는 인간상은 다음과 같다.

① 전인적 성장을 바탕으로 자아정체성을 확립하고 자신의 진로와 삶을 스스로 개척하는 자기주도적인 사람

② 폭넓은 기초 능력을 바탕으로 진취적 발상과 도전을 통해 새로운 가치를 창출하는 창의적인 사람

③ 문화적 소양과 다원적 가치에 대한 이해를 바탕으로 인류 문화를 향유하고 발전시키는 교양 있는 사람

④ 공동체 의식을 바탕으로 다양성을 이해하고 서로 존중하며 세계와 소통하는 민주시민으로서 배려와 나눔, 협력을 실천하는 더불어 사는 사람

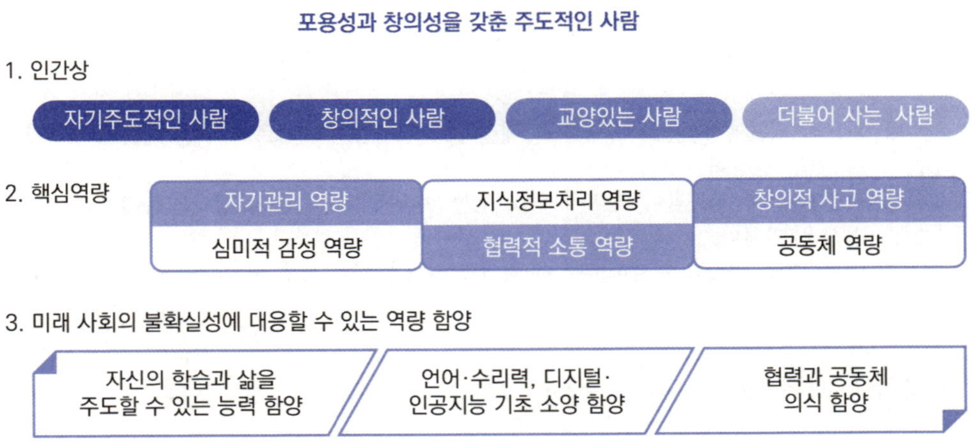

[그림 8-2] 2022 개정 교육과정 비전도

이 교육과정이 추구하는 인간상을 구현하기 위해 교과 교육과 창의적 체험활동을 포함한 학교 교육 전 과정을 통해 중점적으로 기르고자 하는 핵심역량은 다음과 같다.

가. 자아정체성과 자신감을 가지고 자신의 삶과 진로를 스스로 설계하며 이에 필요한 기초 능력과 자질을 갖추어 자기주도적으로 살아갈 수 있는 자기관리 역량

나. 문제를 합리적으로 해결하기 위하여 다양한 영역의 지식과 정보를 깊이 있게 이해하고 비판적으로 탐구하며 활용할 수 있는 지식정보처리 역량

다. 폭넓은 기초 지식을 바탕으로 다양한 전문 분야의 지식, 기술, 경험을 융합적으로 활용하여 새로운 것을 창출하는 창의적 사고 역량

라. 인간에 대한 공감적 이해와 문화적 감수성을 바탕으로 삶의 의미와 가치를 성찰하고 향유하는 심미적 감성 역량

마. 다른 사람의 관점을 존중하고 경청하는 가운데 자신의 생각과 감정을 효과적으로 표현하며 상호협력적인 관계에서 공동의 목적을 구현하는 협력적 소통 역량

3) 학교급별 교육목표

- 초등학교 교육목표(교육부, 2022c)

초등학교 교육은 학생의 일상생활과 학습에 필요한 기본 습관 및 기초 능력을 기르고 바른 인성을 함양하는 데 중점을 둔다.

1) 자신의 소중함을 알고 건강한 생활 습관을 기르며, 풍부한 학습 경험을 통해 자신의 꿈을 키운다.
2) 학습과 생활에서 문제를 발견하고 해결하는 기초 능력을 기르고, 이를 새롭게 경험할 수 있는 상상력을 키운다.
3) 다양한 문화 활동을 즐기며 자연과 생활 속에서 아름다움과 행복을 느낄 수 있는 심성을 기른다.
4) 일상생활과 학습에 필요한 규칙과 질서를 지키고 서로 돕고 배려하는 태도를 기른다.

- 중학교 교육목표(교육부, 2022c)

중학교 교육은 초등학교 교육의 성과를 바탕으로, 학생의 일상생활과 학습에 필요한 기본 능력을 기르고, 바른 인성 및 민주시민의 자질을 함양하는 데 중점을 둔다.

1) 심신의 조화로운 발달을 바탕으로 자아존중감을 기르고, 다양한 지식과 경험을 통해 책임감을 가지고 적극적으로 삶의 방향과 진로를 탐색한다.
2) 학습과 생활에 필요한 기본 능력 및 문제 해결력을 바탕으로, 도전정신과 창의적 사고력을 기른다.
3) 자신을 둘러싼 세계에서 경험한 내용을 토대로 우리나라와 세계의 다양한 문화를 이해하고 공감하는 태도를 기른다.
4) 공동체 의식을 바탕으로 타인을 존중하고 서로 소통하는 민주시민의 자질과 태도를 기른다.

- 고등학교 교육목표(교육부, 2022c)

고등학교 교육은 중학교 교육의 성과를 바탕으로, 학생의 적성과 소질에 맞게 진로를 개척하며 세계와 소통하는 민주시민으로서의 자질을 함양하는 데 중점을 둔다.
1) 성숙한 자아의식과 인간의 존엄성에 대한 존중을 바탕으로 일의 가치를 이해하고, 자신의 진로에 맞는 지식과 기능을 익히며 평생 학습의 기본 능력을 기른다.
2) 다양한 분야의 지식과 경험을 융합하여 창의적으로 문제를 해결하고, 새로운 상황에 능동적으로 대처하는 능력을 기른다.
3) 다양한 문화에 대한 이해를 바탕으로 자신의 삶을 성찰하고 새로운 문화 창출에 기여할 수 있는 자질과 태도를 기른다.
4) 국가 공동체에 대한 책임감을 바탕으로 배려와 나눔을 실천하며 세계와 소통하는 민주시민으로서의 자질과 태도를 기른다.

4) 편성 · 운영 기준

2022 개정 학교 교육과정 편성·운영의 기준은 다음과 같다.

〈표 8-8〉 2022 개정 학교 교육과정 편성 · 운영 기본 사항

기본 사항
가) 초등학교 1학년부터 중학교 3학년까지의 공통 교육과정과 고등학교 1학년부터 3학년까지의 학점 기반 선택 중심 교육과정으로 편성 · 운영한다.
나) 학교는 학교 교육과정 편성 · 운영 계획을 바탕으로 학년(군)별 교육과정 및 교과(군)별 교육과정을 편성할 수 있다.
다) 학년 간 상호 연계와 협력을 통해 학교 교육과정을 유연하게 편성 · 운영할 수 있도록 학년군을 설정한다.
라) 공통 교육과정의 교과는 교육 목적상의 근접성, 학문 탐구 대상 또는 방법상의 인접성, 생활양식에서의 연관성 등을 고려하여 교과(군)로 재분류한다.

기본 사항

마) 고등학교 교과는 보통 교과와 전문 교과로 구분하며, 학생들의 기초 소양 함양과 기본 학력을 보장하기 위하여 보통 교과에 공통 과목을 개설하여 모든 학생이 이수하도록 한다.

바) 교과와 창의적 체험활동의 내용 배열은 반드시 따라야 할 학습 순서를 의미하는 것은 아니며, 학생의 관심과 요구, 학교의 실정과 교사의 필요, 계절 및 지역의 특성 등에 따라 각 교과목의 학년군별 목표 달성을 위해 지도 내용의 순서와 비중, 교과 내 또는 교과 간 연계 지도 방법 등을 조정하여 운영할 수 있다.

사) 학업 부담을 적정화하고 의미 있는 학습 활동이 이루어질 수 있도록 학기당 이수 교과목 수를 조정하여 집중이수를 실시할 수 있다.

아) 학교는 학교급 간 전환기의 학생들이 상급 학교의 생활 및 학습을 준비하는 데 필요한 교육을 지원하기 위해 진로연계교육을 운영할 수 있다.

자) 범교과 학습 주제는 교과와 창의적 체험활동 등 교육 활동 전반에 걸쳐 통합적으로 다루도록 하고, 지역사회 및 가정과 연계하여 지도한다.

> 안전·건강 교육, 인성 교육, 진로 교육, 민주시민 교육, 인권 교육, 다문화 교육, 통일 교육, 독도 교육, 경제·금융 교육, 환경·지속가능발전 교육

차) 학교는 가정과 학교, 사회에서의 위험 상황을 알고 대처할 수 있도록 체험 중심의 안전교육을 관련 교과와 창의적 체험활동과 연계하여 운영한다.

카) 학교는 필요에 따라 계기 교육을 실시할 수 있으며, 이 경우 계기 교육 지침에 따른다.

타) 학교는 필요에 따라 원격수업을 실시할 수 있으며, 이 경우 원격수업 운영 기준은 관련 법령과 지침에 따른다.

파) 시·도 교육청과 학교는 필요에 따라 이 교육과정에 제시되어 있는 과목 외에 새로운 과목을 개설할 수 있다. 이 경우 시·도 교육감이 정하는 지침에 따라 사전에 필요한 절차를 거쳐야 한다.

하) 특수교육 대상 학생에 대해서는 이 교육과정 해당 학년군의 편제와 시간(학점 배당)을 따르되, 학생의 교육적 요구를 고려하여 특수교육 교육과정의 교과(군) 내용과 연계하거나 대체하여 수업을 설계·운영할 수 있다

5) 편제와 시간 배당

〈표 8-9〉 2022 개정 중학교 교육과정 편제(교육부, 2022b)

편제

가) 중학교 교육과정은 교과(군)와 창의적 체험활동으로 편성한다.

나) 교과(군)는 국어, 사회(역사 포함)/도덕, 수학, 과학/기술·가정/정보, 체육, 예술(음악/미술), 영어, 선택으로 한다.

다) 선택 교과는 한문, 환경, 생활 외국어(생활 독일어, 생활 프랑스어, 생활 스페인어, 생활 중국어, 생활 일본어, 생활 러시아어, 생활 아랍어, 생활 베트남어), 보건, 진로와 직업 등의 과목으로 한다.

라) 창의적 체험활동은 자율·자치 활동, 동아리 활동, 진로 활동으로 한다.

편제

- 중학교 교육과정
  - 교과(군)
    - 국어
    - 사회(역사 포함)/도덕
    - 수학
    - 과학/기술·가정/정보
    - 체육
    - 예술(음악/미술)
    - 영어
    - 선택
      - 한문
      - 환경
      - 생활 외국어(생활 독일어, 생활 프랑스어, 생활 스페인어, 생활 중국어, 생활 독일어, 생활 독일어, 생활 아랍어, 생활 베트남어)
      - 보건
      - 진로와 직업 등
  - 창의적 체험활동
    - 자율·자치 활동
    - 동아리 활동
    - 진로 활동

〈표 8-10〉 2022 개정 중학교 교육과정 시간 배당(교육부, 2022b)

시간 배당

구분		1~3학년
교과(군)	국어	442
	사회(역사 포함)/도덕	510
	수학	374
	과학/기술 · 가정/정보	680
	체육	272
	예술(음악/미술)	272
	영어	340
	선택	170
	소계	3,060
창의적 체험활동		306
총 수업 시간 수		3,366

① 1시간 수업은 45분을 원칙으로 하되, 기후 및 계절, 학생의 발달 정도, 학습 내용의 성격, 학교 실정 등을 고려하여 탄력적으로 편성 · 운영할 수 있다.
② 교과(군)별 및 창의적 체험활동 시간 배당은 연간 34주를 기준으로 3년간의 기준 수업 시수를 나타낸 것이다.
③ 총 수업 시간 수는 3년간의 최소 수업 시수를 나타낸 것이다.
④ 정보는 정보 수업 시수와 학교자율시간 등을 활용하여 68시간 이상 편성 · 운영한다.

〈표 8-11〉 2022 개정 고등학교 교육과정 편제

편제
가) 고등학교 교육과정은 교과(군)와 창의적 체험활동으로 편성한다. 나) 교과는 보통 교과와 전문 교과로 한다. (1) 보통 교과 (가) 보통 교과의 교과(군)는 국어, 수학, 영어, 사회(역사/도덕 포함), 과학, 체육, 예술, 기술·가정/정보/제2외국어/한문/교양으로 한다. (나) 보통 교과는 공통 과목과 선택 과목으로 구분한다. 선택 과목은 일반 선택 과목, 진로 선택 과목, 융합 선택 과목으로 구분한다. (2) 전문 교과 (가) 전문 교과의 교과(군)는 국가직무능력표준 등을 고려하여 경영·금융, 보건·복지, 문화·예술·디자인·방송, 미용, 관광·레저, 식품·조리, 건축·토목, 기계, 재료, 화학 공업, 섬유·의류, 전기·전자, 정보·통신, 환경·안전·소방, 농림·축산, 수산·해운, 융복합·지식 재산 과목으로 한다. (나) 전문 교과의 과목은 전문 공통 과목, 전공 일반 과목, 전공 실무 과목으로 구분한다. 다) 창의적 체험활동은 자율·자치 활동, 동아리 활동, 진로 활동으로 한다.

〈표 8-12〉 2022 개정 고등학교 교육과정 학점 배당(교육부, 2022a)

학점 배당

교과(군)	공통 과목	필수 이수 학점	자율 이수 학점
국어	공통국어1, 공통국어2	8	학생의 적성과 진로를 고려하여 편성
수학	공통수학1, 공통수학2	8	
영어	공통영어1, 공통영어2	8	
사회 (역사/도덕 포함)	한국사1, 한국사2	6	
	통합사회1, 통합사회2	8	
과학	통합과학1, 통합과학2 과학탐구실험1, 과학탐구실험2	10	
체육		10	
예술		10	
기술·가정/정보/ 제2외국어/한문/교양		16	
소계		84	90
창의적 체험활동		18(299시간)	
총 이수 학점		192	

① 1학점은 50분을 기준으로 하여 16회를 이수하는 수업량이다.
② 1시간의 수업은 50분을 원칙으로 하되, 기후 및 계절, 학생의 발달 정도, 학습 내용의 성격, 학교 실정 등을 고려하여 탄력적으로 편성·운영할 수 있다.
③ 공통 과목의 기본 학점은 4학점이며, 1학점 범위 내에서 감하여 편성·운영할 수 있다. 단, 한국사1, 2의 기본 학점은 3학점이며 감하여 편성·운영할 수 없다.

학점 배당
④ 과학탐구실험1, 2의 기본 학점은 1학점이며 증감 없이 편성 · 운영하는 것을 원칙으로 한다. 단, 과학, 체육, 예술 계열 고등학교의 경우 학교 실정에 따라 탄력적으로 운영할 수 있다. ⑤ 필수 이수 학점 수는 해당 교과(군)의 최소 이수 학점이다. 특수 목적 고등학교의 경우 예술 교과(군)는 5학점 이상, 기술 · 가정/정보/제2외국어/한문/교양 교과(군)는 12학점 이상 이수하도록 한다. ⑥ 국어, 수학, 영어 교과의 이수 학점 총합은 81학점을 초과하지 않도록 하며, 교과 이수 학점이 174학점을 초과하는 경우에는 초과 이수 학점의 50%를 넘지 않도록 한다. ⑦ 창의적 체험활동의 학점 수는 최소 이수 학점이며 ( )안의 숫자는 이수 학점을 시간 수로 환산한 것이다. ⑧ 총 이수 학점 수는 고등학교 졸업을 위해 3년간 이수해야 할 최소 이수 학점을 의미한다.

2022 개정 교육과정은 2024학년도부터 단계적으로 학교 현장에 적용된다.

[그림 8-3] 2022 개정 교육과정 단계별 적용 계획

3. 학교교육과정 편성과 운영

학교 교육과정이란, 지역특성, 학교여건, 학생 및 학부모의 희망 사항과 요구사항을 반영하여 국가 수준에 제시된 지도 내용을 상세화하고, 지도 시간 및 시기를 결정하고 교재를 선정하여 마련한 학교마다 살아 숨 쉬는 특색 있는 교육과정을 말한다(교육부, 2022d).

가. 학교 교육과정의 성격

1) 당해 학교에서 구체적 실행을 위한 교육과정

학교 교육과정은 국가 수준 교육과정 기준과 시・도 교육청 교육과정 편성과 운영 지침을 근거로 하여 지역의 특수성과 학교의 실정, 학생의 실태에 알맞게 학교별로 마련한 '당해 학교에서 구체적 실행을 위한 교육과정'이다.

2) 학교의 교육 설계도

학교 교육과정은 학교가 수용하고 있는 학생에게 책임지고 실현해야 할 교육 목표, 내용, 방법, 평가 등에 대한 구체적인 실행 교육 프로그램이고, 특색 있는 교육 설계도이며, 교육과정 운영을 위한 세부 시행 계획이다.

3) 학교의 특성 반영

학교 교육과정은 해당 학교의 교육 목표와 경영 철학, 전통, 특성 등이 치밀하게 반영되어 있고, 그 학교의 창의적이고 독특한 교육 내용, 방법과 특색 있는 운영 방안이 나타나 있어, 각 학교가 다양한 교육의 모습을 보일 수 있게 편성되어 있다.

나. 학교 교육과정 편성・운영 방향

1. 지역의 여건과 학교의 실정에 맞는 '특색 있는 교육과정' 실현이 중요하다.
2. 학생의 능력과 흥미를 존중하고, 적성과 진로 및 희망에 따라 선택하여 배울 수 있도록 하는 학습자 중심의 교육과정 편성・운영 노력이 필요하다.
3. 학교장의 교육적인 판단과 신념, 그리고 전 교직원의 공동 사고와 참여 속에 창의성을 발휘해 특색 있게 학교 교육과정을 편성해야 할 필요성이 있다.
4. 교사는 교육 목표를 명확히 인식하고 교육과정을 다양하게 구성하려는 열린 사고를 갖고 교육과정의 효율적 운영을 위해 적극 의견을 제시하고 편성에 동참하

여야 한다.

5. 교사는 교육과정-수업-평가 연계를 통해 학생과 함께 만들어가는 열린 교육과정 구현을 위해 노력해야 한다.
6. 교육과정 편성·운영 계획을 수립하고 평가하는 학교교육과정위원회, 교육과정 편성·운영 심의를 맡은 학교운영위원회, 교육과정 실천을 직접 담당하는 교과 협의회 및 학년협의회가 상호 역할 분담을 적절하게 하면서 협력체제가 구축되고 상호 교류가 활성화되어야 한다.

다. 학교 교육과정 편성 · 운영의 목적

〈표 8-13〉 학교 교육과정 편성 및 운영의 목적

목적	주요 특징
교육과정 중심, 학습자 중심 교육의 추구	• 학교 교육과정은 학생의 실태, 학교의 실정, 지역의 특성에 알맞게 조정, 보완, 가공하여 실천하기에 적합한 실행 교육과정이다. 따라서 교과서에 학습자를 철저하게 맞추어 가는 교과서 중심 체제와는 달리 학습자를 더 배려하고 존중할 수 있으므로 학습자 중심의 교육이 가능하다.
지역 및 학교의 특성에 맞는 개성있는 교육의 실현	• 학습자의 개성, 능력, 소질, 흥미, 요구와 지역 및 학교의 특성, 학부모의요구와교사의창의성 및 자율성 등을 충분히 반영하여 학교 교육과정이 편성되어 운영된다면 학생 중심의 교육이 더욱 내실 있게 실현될 수 있다.

라. 학교 교육과정 편성의 근거

- 교육기본법: 제9조(학교교육): 학교교육의 목적과 운영 원칙을 규정
- 초 · 중등교육법: 제23조(교육과정): 학교는 교육부장관이 정한 교육과정을 따라야 함을 명시
- 초 · 중등교육법 시행령: 제4장(학교): 교육과정 후속지원, 교과, 학기, 수업일수, 수업운영 등 교육과정 편성·운영 지침 작성에 대해 규정
- 국가교육과정: 교육부 고시로, 각 학교급별 교육과정의 기준과 기본적인 사항을 제시

마. 학교 교육과정 편성 · 운영 절차

학교 교육과정을 편성 · 운영하기 위한 절차는 1) 준비 단계, 2) 편성 단계, 3) 운영 단계, 4) 평가 단계로 나눌 수 있다.

〈표 8-14〉 학교 교육과정 편성 · 운영 절차

목적	주요 특징
1. 준비 단계	① 학교 교육과정 위원회 조직 · 운영 - 관련 규정 검토 - 역할 구체화, 조직하기, 운영하기 ② 기초 조사 - 전 학년도 학교 교육과정 평가 결과 분석을 통한 시사점 도출 - 관련 규정 검토 분석 - 계획 수립, 기초 조사 실시, 결과 분석, 시사점 반영
	⇩
2. 편성 단계	③ 편성 계획 • 구성 체제 결정 - 학교 교육과정의 편성 · 운영 방향 - 교과, 창의적 체험활동 - 학교 교육과정의 평가 • 편성 절차 - 기본 원칙 설정 - 편성 시 결정 사항 - 편성 절차 ④ 기본 방향 설정 - 학교의 교육비전 - 학교 교육 목표 - 교육 중점 과제 - 학교 특색 교육 - 중장기 발전 계획 ⑤ 학교 교육과정 시안 작성 - 편제와 시간 배당 - 학년군, 교과(군) 교육 활동 편성 계획 - 창의적 체험활동 편성 계획 - 교육과정 지원 계획 ⑥ 시안 검토, 심의 및 확정 - 시안 검토, 시안 심의 및 확정

목적	주요 특징
	⇩
3. 운영 단계	⑦ 교과 운영 - 교과(군) 수업 시수 증감 운영 - 교육과정의 재구성 - 역량 함양 교육 강화 - 인성 교육 강화 ⑧ 창의적 체험활동 운영 - 창의적 체험활동의 성격 및 목표, 유의점 파악 - 내용 및 운영 방법 - 창의적 체험활동 운영의 사례 분석 활용 ⑨ 범교과 학습 운영 - 범교과 학습 주제의 교육과정 반영 계획 - 범교과 학습 운영 방법 - 범교과 학습 운영의 실제 ⑩ 운영 관련 기타 사항 - 특별 보충 수업 - 귀국자, 다문화 가정 자녀 지원 - 인적 · 물적 자원 활용 - 교육과정 변경 운영 - 수업일수 및 수업시수 점검 - 전입생 미이수 및 중복이수 문제 해소 계획 - 학칙 및 학업 성적 관리 규정 등
	⇩
4. 평가 단계	⑪ 학교 교육과정 평가와 개선 • 학업 성취도 평가 - 교과 평가, 창의적 체험활동 평가, 일상생활 활동 평가 • 학교 교육과정 평가 - 학교 교육과정 연구와 개발 - 학교 교육과정 기본 계획 - 교과 교육과정 및 학습지도 - 창의적 체험활동 계획 및 운영 - 학교 교육과정 지원 - 학교 자체 점검 체제 - 계획별 성과 관리 활동 • 학년(군) 및 학급 교육과정 평가 • 개선점 추출, 다음 해의 편성 · 운영에 반영

생각해 볼 문제

1. 현대적 교육과정 운영에 있어 고려해야 할 사항을 다음에 관점에서 생각해 봅시다.
   - 학습환경, 학습자원, 시간배분, 교육과정 실행 지원 측면
2. 2022 개정 교육과정의 핵심 변경 사항과 추구하는 미래 인재상에 대해 생각해 봅시다.

학습활동

• 2015 개정 교육과정과 2022 개정 교육과정을 비교해 봅시다.

학교급	2015 개정 교육과정	2022 개정 교육과정	비고
초등학교			
중학교			
고등학교			

• 2022 개정 교육과정에서 강조하는 내용과 교사의 역할에 대해 생각해 봅시다.

2022 개정 교육과정 강조점	교사의 역할

제9장

디지털교육과 AI

디지털 기술과 인공지능(AI)의 급속한 발전은 우리 사회 전반에 큰 변화를 가져왔으며, 교육 분야도 예외가 아니다. 본 장에서는 디지털 시대의 교육 환경 변화와 그에 따른 교육 방식의 혁신을 살펴본다. 디지털 리터러시와 정보 윤리의 중요성을 인식하고, 에듀테크(EdTech)의 개념과 주요 도구들을 소개한다. 또한, AI 기반 교육의 현황과 미래 전망을 탐색하여, 예비 교원들이 디지털 시대의 교육 혁신을 주도할 수 있는 역량을 기르는 데 도움을 줄 것이다

1. 디지털 교육

디지털 기술과 인공지능(AI)의 급속한 발전은 우리 사회 전반에 큰 변화를 가져왔으며, 교육 분야도 예외가 아니다. 본 장에서는 디지털 시대의 교육 환경 변화와 그에 따른 교육 방식의 혁신, 디지털 리터러시와 정보 윤리의 중요성, 에듀테크(EdTech)의 개념과 주요 도구들을 소개하고자 한다. 또한, AI 기반 교육의 현황과 미래 전망을 탐색하여, 예비 교원들이 디지털 시대의 교육 혁신을 주도할 수 있는 역량을 기르는 데 도움을 줄 것으로 본다.

가. 디지털 시대의 교육환경 변화

디지털 시대의 교육환경의 변화는 다음과 같이 정리할 수 있다.

- 정보 접근성의 확대: 인터넷과 디지털 기기의 보급으로 학습자들은 언제 어디서나 방대한 양의 정보에 접근할 수 있게 되었다. 이는 전통적인 교실 중심의 학습 방식을 넘어 자기주도적 학습의 가능성을 크게 확장시켰다(Collins & Halverson, 2018).
- 학습 플랫폼의 다양화: 온라인 학습 관리 시스템(LMS), MOOC(Massive Open Online Courses), 교육용 앱 등 다양한 디지털 학습 플랫폼이 등장했다. 이로 인해 시간과 공간의 제약 없이 학습할 수 있는 환경이 조성되었다(Selwyn, 2016).
- 개인화 학습의 실현: 빅데이터와 AI 기술의 발전으로 학습자 개개인의 학습 스타일, 진도, 선호도 등을 분석하여 맞춤형 학습 경험을 제공할 수 있게 되었다(교육부, 2021).
- 협력적 학습의 증가: 소셜 미디어와 온라인 협업 도구의 발달로 학습자들 간, 그리고 학습자와 교수자 간의 실시간 상호작용과 협력이 용이해졌다(Collins & Halverson, 2018).
- 멀티미디어 학습 자료의 활용: 텍스트 위주의 학습 자료에서 벗어나 동영상, 인터랙티브 콘텐츠, 가상현실(VR), 증강현실(AR) 등 다양한 형태의 멀티미디어 학습

자료가 활용되고 있다(Selwyn, 2016).

- 평가 방식의 변화: 디지털 기술을 활용한 실시간 평가, 적응형 평가, 포트폴리오 평가 등 새로운 평가 방식이 도입되어 학습자의 역량을 다각도로 측정할 수 있게 되었다(교육부, 2021).
- 교수자 역할의 변화: 지식 전달자에서 학습 촉진자, 멘토로의 역할 변화가 요구되고 있다. 교수자는 디지털 도구를 활용한 수업 설계 및 운영 능력을 갖추어야 한다(Collins & Halverson, 2018; Selwyn, 2016).
- 디지털 리터러시의 중요성 증대: 정보의 신뢰성 평가, 디지털 도구의 효과적 활용, 온라인 에티켓 등 디지털 리터러시 교육의 필요성이 커지고 있다(교육부, 2021).

뿐만 아니라, 21세기 학습자들의 특성을 살펴보면 다음과 같다.

- 디지털 네이티브: 태어날 때부터 디지털 환경에 노출된 세대로, 디지털 기기와 인터넷 사용에 능숙하다. 이들은 정보를 빠르게 검색하고 처리하는 능력이 뛰어나며, 멀티태스킹을 선호한다(Prensky, 2001).
- 시각적 학습 선호: 텍스트보다는 이미지, 비디오, 인포그래픽 등 시각적 정보를 통한 학습을 선호한다. 이는 디지털 미디어에 익숙한 환경에서 자란 결과로 볼 수 있다(Fadel, Bialik & Trilling, 2015).
- 상호작용과 참여 중시: 일방적인 지식 전달보다는 토론, 프로젝트, 체험 학습 등 상호작용이 있는 학습 방식을 선호한다. 자신의 의견을 표현하고 피드백을 받는 것에 익숙하다(OECD, 2018).
- 즉각적인 피드백 요구: 실시간으로 자신의 학습 상태를 확인하고 즉각적인 피드백을 받기를 원한다. 이는 소셜 미디어와 온라인 게임 등에서의 경험과 연관이 있다(Prensky, 2001).
- 개인화된 학습 경험 추구: 자신의 관심사, 학습 속도, 스타일에 맞는 맞춤형 학습을 원한다. 획일화된 교육과정보다는 자신의 필요에 맞는 학습 경로를 선택하고자 한다(OECD, 2018).
- 협력적 학습 지향: 팀 프로젝트, 온라인 커뮤니티 활동 등을 통해 또래나 전문가와

협력하여 학습하는 것을 선호한다(Fadel, Bialik & Trilling, 2015).

- 실용적 지식 요구: 실제 생활이나 직업 세계에서 적용 가능한 실용적인 지식과 기술을 배우기를 원한다. 단순 암기보다는 문제 해결 능력 개발에 관심이 많다(OECD, 2018).
- 유연한 학습 환경 선호: 시간과 장소에 구애받지 않는 유연한 학습 환경을 원한다. 온라인 학습, 모바일 학습 등 언제 어디서나 학습할 수 있는 환경을 선호한다(교육부, 2022b).
- 다양성과 글로벌 시각 중시: 다양한 문화와 관점을 접하고 이해하는 것에 관심이 많다. 글로벌 이슈에 대한 인식과 참여를 중요하게 여긴다(OECD, 2018).
- 지속적인 학습 필요성 인식: 빠르게 변화하는 사회에서 평생학습의 중요성을 인식하고 있다. 새로운 기술과 지식을 지속적으로 습득하려는 의지가 강하다(교육부, 2022b; Fadel, Bialik & Trilling, 2015).

이러한 변화들은 교육의 패러다임을 크게 변화시키고 있으며, 미래 교육을 준비하는 예비 교원과 현직 교원들에게 새로운 역량 개발을 요구하고 있다.

나. 디지털 리터러시

1) 개념과 구성요소

디지털 리터러시는 디지털 기술을 이해하고, 평가하며, 효과적으로 사용할 수 있는 능력을 의미한다(Gilster, 1997). 이는 단순히 기술을 사용하는 능력을 넘어서, 디지털 환경에서 정보를 찾고, 이해하고, 평가하며, 생산하고 공유할 수 있는 복합적인 역량을 포함한다(ALA Digital Literacy Task Force, 2013). 교육부(2022a)에서는 디지털 리터러시를 "디지털 지식과 기술에 대한 이해와 윤리의식을 바탕으로 정보를 수집・분석하고 비판적으로 이해・평가하여 새로운 정보와 지식을 생산・활용하는 능력"으로 정의하고 있다.

또한 디지털 리터러시는 정보 리터러시, 미디어 리터러시, ICT 리터러시 등과 연계되어 다양한 학습영역에서 중요한 역할을 하고 있다.

디지털 리터러시의 구성요소는 다음과 같다.

〈표 9-1〉 디지털 리터러시의 구성요소

구성요소	주요 특징
정보 리터러시 Association of College & Research Libraries (2015)	• 정보 요구 인식 및 정보 소스 파악 • 효과적인 정보 검색 기술 • 정보의 신뢰성, 정확성, 시의성 평가 • 정보 종합 및 분석 • 정보 윤리 이해
미디어 리터러시 Hobbs (2010)	• 다양한 디지털 미디어 형식 이해 • 미디어 메시지 분석 • 가짜 뉴스, 허위 정보 식별 • 기본적인 미디어 콘텐츠 제작 • 소셜 미디어 활용
컴퓨터 리터러시 Fraillon, et al. (2019)	• 기본적인 하드웨어 조작 • 운영 체제 및 파일 관리 • 기본 소프트웨어 활용 • 인터넷 브라우저 사용 • 기본적인 문제 해결
커뮤니케이션 리터러시 Dijk & Deursen (2014)	• 다양한 디지털 커뮤니케이션 도구 활용 • 온라인 에티켓 이해 및 실천 • 디지털 환경에서의 협업 • 온라인 커뮤니티 참여 • 디지털 아이덴티티 관리
기술 리터러시 UNESCO (2018)	• 새로운 디지털 기술 동향 파악 • 새로운 디지털 도구 학습 및 활용 • 최신 기술 이해 및 활용 • 코딩의 기본 개념 이해 • 디지털 기술의 사회적 영향 이해

2) 디지털 리터러시의 중요성

디지털 리터러시는 현대 사회에서 필수적인 능력으로 자리 잡고 있다. 정보의 디지털화가 가속화됨에 따라, 디지털 리터러시는 필요한 정보를 신속하고 정확하게 찾을 수 있다는 장점이 있으나, 그 신뢰성과 정확성에 대해서는 인간이 평가할 수 있어야 하고 비판적으로 수용할 수 있어야 한다. 디지털 시대에는 방대한 양의 정보가 기하급수적으로 증가하였고, 너무 많은 정보에 노출되어 필요한 정보를 찾는데 어려움을 느끼게 되었다.

사용자는 수많은 정보 중에서 필요한 정보를 선별하고 활용하는 능력을 길러야 한다. 특히, 잘못된 정보나 가짜 뉴스가 범람하는 환경에서 올바른 정보를 선별하는 능력은 개인의 의사결정과 사회적 참여에 큰 영향을 미치게 된다.

디지털 환경에서의 활동은 현실 세계와 밀접하게 연관되어 있으며, 디지털 리터러시는 정보의 윤리적 사용과 책임감 있는 행동을 강조하고 있다. 개인정보 보호, 저작권 준수, 온라인 상에서의 예의와 같은 윤리적 이슈는 디지털 리터러시 교육의 중요한 부분을 차지한다. 사용자는 디지털 환경에서 자신의 행동이 미치는 영향을 이해하고, 책임감 있게 행동해야 한다.

디지털 리터러시는 평생 학습의 중요한 요소로 작용한다. 디지털 기술과 도구는 빠르게 변화하고 발전하고 있기 때문에, 사용자는 지속적으로 새로운 기술을 배우며 적응해 나아가야 한다. 또한, 디지털 리터러시는 사회적 참여를 촉진하는 역할을 하여, 사용자가 디지털 도구를 통해 사회적 이슈에 참여하고, 공동체의 일원으로서 자신의 목소리를 높일 수 있도록 해준다.

결론적으로, 디지털 리터러시는 정보의 디지털화와 함께 정보의 신뢰성 평가, 확증 편향의 극복, 비판적 사고와 문제 해결, 윤리적 태도와 책임감, 평생 학습과 사회적 참여, 교육과 직업 세계에서의 성공, 그리고 AI 시대에의 대비를 위해 매우 중요하다. 디지털 리터러시는 개인의 삶의 질을 향상시키고, 사회적 참여를 촉진하며, 변화하는 사회에 효과적으로 적응할 수 있도록 해준다.

3) 디지털 리터러시의 구성 체계

한국교육학술정보원(2023a)에서는 '디지털 리터러시 교육 가이드라인 개발 연구'에서 디지털 리터러시의 구성체계를 발표하였다. 구성체계는 최종 4개 대영역, 10개 세부요소, 22개 학습요소, 54개 세부학습요소, 91개 학습 수행기대를 [그림 9-1]과 같이 제시하였다.

구성체계는 'I. 디지털 기기와 소프트웨어의 활용', 'II. 디지털 윤리와 정보보호', 'III. 디지털 정보의 활용과 생성', 'IV. 디지털 윤리와 정보 보호' 등의 4개로 구성하였는데, 그 세부적인 내용은 아래와 같다.

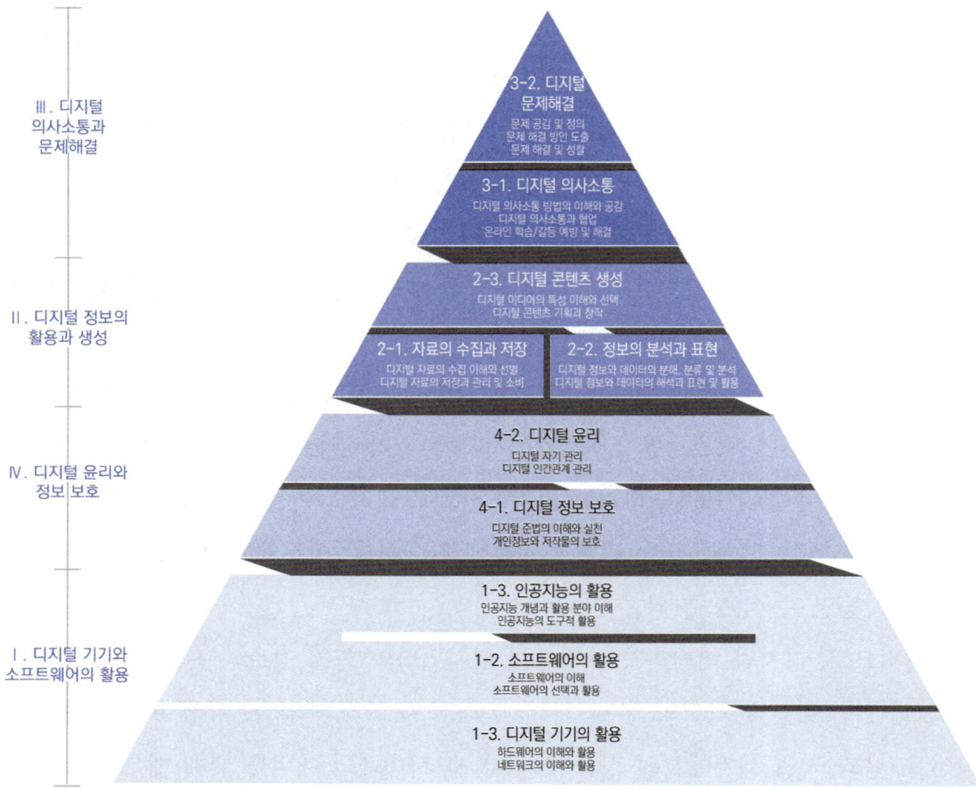

[그림 9-1] 디지털 리터러시 구성 체계

디지털 리터러시는 디지털 기술의 급속한 발전과 함께 미래사회에서 필수적인 능력으로 자리잡고 있다. 디지털 환경에서 적응하고, 정보를 효과적으로 활용하며, 문제를 해결하는 능력은 개인의 성공과 사회적 참여를 위해 필수적으로 학습해야 할 능력이다.

디지털 리터러시 구성체계를 정립함으로써 학습 목표를 명확히 정의하고, 학생들의 단계적 디지털 리터러시 학습을 유도하며, 교육의 효율성과 효과성을 높일 수 있다. 또한, 디지털 리터러시 교육의 평가기준을 명확히 하여 학습성과를 정확히 평가하고, 필요한 교육적 지원을 제공할 수 있다. 또한, 다양한 교과와의 연계를 통해 통합적인 교육을 가능하게 하여 학생들이 실생활에서 디지털 리터러시를 적용할 수 있도록 도움을 주고, 디지털 기술의 윤리적 사용과 정보보호를 강조하여 학생들이 책임감 있는 디지털 역량을 확보하는 지침이 될 것이다.

4) 디지털 리터러시와 교사의 역할

디지털 리터러시 교육에서 교사는 학생들이 디지털 환경에서 필요한 능력을 체계적으로 습득할 수 있도록 다양한 역할을 수행해야 한다(정주영, 이미화, 안세훈, 2024).

1. 정보 제공자로서의 교사
   - 최신 정보와 기술 제공
   - 트렌드와 변화 반영
2. 멘토로서의 교사
   - 문제 해결 지도
   - 비판적 사고 함양
   - 창의적 문제 해결 지원
3. 윤리적 모델로서의 교사
   - 윤리적 행동 모범
   - 윤리 교육
4. 협력자이자 학습자로서의 교사
   - 협력적 학습 환경 조성
   - 동료 교사와의 협력
5. 창의적 교육 설계자로서의 교사
   - 창의적 학습 활동 설계
   - 창의적 표현 환경 조성

디지털 리터러시 교육에서 교사는 정보 제공자, 멘토, 윤리적 모델, 협력자이자 학습자, 그리고 창의적 교육 설계자로서의 다양한 역할을 수행한다. 이러한 역할을 효과적으로 수행함으로써, 교사는 학생들이 비판적 사고와 창의적 문제 해결 능력을 갖추고, 윤리적으로 행동하는 디지털 시민으로 성장할 수 있도록 유도할 수 있다.

다. AI 리터러시

AI 리터러시(AI Literacy)는 인공지능(AI) 기술의 원리를 이해하고, AI 도구를 효과적으로 활용하며, AI의 윤리적 문제를 인식하고 대응하는 능력을 의미한다. 여기에서는 AI 리터러시의 개념과 구성요소 그리고 교육의 중요성에 대해 살펴보고자 한다(정주영, 이미화, 안세훈, 2024).

1) 개념

AI 리터러시는 인공지능 기술을 이해하고, 활용하며, 평가할 수 있는 능력을 의미한다. 이는 단순히 AI 기술을 사용하는 능력을 넘어서, AI가 우리 사회에 미치는 영향을 비판적으로 분석하고 윤리적으로 활용할 수 있는 종합적인 역량을 포함한다(김홍겸 외, 2022). Long and Magerko(2020)는 AI 리터러시를 'AI 시스템의 기능을 이해하고 합리적으로 평가하며, AI와 안전하고 효과적으로 소통하고 협력할 수 있는 능력의 집합'으로 정의했다.

교육부(2020)는 AI 리터러시를 'AI 기술의 이해와 활용 능력뿐만 아니라, AI 시대에 필요한 윤리의식과 가치관을 포함하는 포괄적인 역량'으로 정의하고 있다. 이는 AI 기술의 활용뿐만 아니라 사회적 책임감과 윤리적 판단 능력의 중요성을 강조하는 것이다. 한국교육학술정보원(2021)은 AI 리터러시를 'AI의 기본 개념과 원리를 이해하고, AI 기술을 효과적으로 활용하며, AI가 미치는 사회적 영향을 비판적으로 평가할 수 있는 능력'으로 정의하고 있다. 이는 기술적 이해와 활용 능력, 그리고 사회적 영향에 대한 비판적 사고를 모두 포함하는 개념이다.

2) 구성 요소

가) AI 기본 원리 이해

AI 리터러시의 첫 번째 구성요소는 AI가 어떻게 작동하는지 이해하는 것이다. 이는 기계 학습, 딥러닝, 알고리즘의 기초 개념을 포함한다. 예를 들어, 기계 학습은 컴퓨터가 데이터에서 패턴을 학습하여 예측이나 결정을 내리는 과정이며, 딥러닝은 인공 신경망을 사용하여 더 복잡한 문제를 해결하는 기술이다. 이러한 기본 원리를 이해함으로써 학생들은 AI의 작동 방식을 명확히 이해할 수 있게 된다(교육부, 2020).

나) AI 도구의 활용 능력

AI 기반 소프트웨어와 애플리케이션을 사용하여 문제를 해결하고 업무를 효율화하는 능력이다. 이는 파이썬(Python)과 같은 프로그래밍 언어를 사용하여 AI 모델을 구축하거나, 텐서플로(TensorFlow)와 같은 라이브러리를 활용하는 것을 포함한다. 이러한 도구를 사용하여 실제 데이터를 분석하고, 예측 모델을 만들고, 다양한 문제를 해결할 수 있는 능력을 양성한다.

다) AI의 윤리적 문제 인식 및 대응

AI 기술이 초래할 수 있는 윤리적 문제를 인식하고 이를 해결하기 위한 책임감 있는 접근법을 학습하는 것이다. 예를 들어, AI 시스템이 편향된 데이터를 학습하여 불공정한 결정을 내릴 수 있는 위험성이 있음을 이해하고, 이를 최소화하기 위한 방법을 모색하는 것도 AI리터러시의 영역이다. 또한, 개인정보 보호, 투명성, 공정성 등 AI 윤리와 관련된 문제들을 다루는 능력을 배양한다.

라) 비판적 사고 및 문제 해결 능력

AI 시스템의 결정 과정을 비판적으로 분석하고, 그 결과를 평가하며, 창의적으로 문제를 해결하는 능력이다. 이는 AI 모델이 어떻게 결정을 내리는지 이해하고, 그 결정을 검토하며, 필요시 수정하는 과정을 포함한다. 이를 통해 학생들은 AI 기술을 창의적으로 활용하여 복잡한 문제를 해결하는 능력을 기를 수 있다(김홍겸 외, 2022).

마) AI와의 협력 및 의사소통 능력

AI 시스템과 효과적으로 상호작용하고 협업할 수 있는 능력을 의미한다. 이는 AI 시스템의 특성과 한계를 이해하고, AI의 출력을 정확히 해석하며, AI와 인간의 역할을 적절히 구분하여 상호 보완적으로 작업할 수 있는 능력을 포함한다. 또한, AI 관련 프로젝트에서 전문가들과 효과적으로 소통하고, AI 기술을 활용한 결과를 다른 사람들에게 명확히 설명할 수 있는 능력도 포함된다. 이러한 능력은 AI가 점점 더 일상화되는 현대 사회에서 필수적인 역량으로 간주 된다.

바) 지속적 학습 및 적응 능력

빠르게 변화하는 AI 기술 환경에서 필수적인 역량이다. 이는 새로운 AI 기술과 도구에 대해 지속적으로 학습하고, 이를 효과적으로 활용할 수 있는 능력을 의미한다. 또한, AI 기술의 발전으로 인한 사회적, 직업적 변화에 유연하게 대응할 수 있는 적응력을 포함한다. 이 능력은 단순히 기술적 지식을 습득하는 것을 넘어서, 자기주도적 학습 능력, 비판적 사고력, 창의적 문제 해결 능력 등을 포괄하는 종합적인 역량이다. 교육부(2020)는 이러한 능력이 AI 시대의 평생학습 사회에서 개인의 경쟁력을 좌우하는 중요한 요소라고 강조하고 있다.

3) AI 리터러시 교육의 중요성

- 미래 역량 함양: AI는 다양한 산업과 일상생활에 깊이 영향을 미치고 있으며, AI기술에 대한 이해와 활용 능력은 미래 직업시장에서 필수적인 능력이 되고 있다. 많은 직업이 AI와 관련된 기술을 요구하고 있어, 이러한 기술을 습득한 인재는 더 많은 기회를 얻을 수 있다.
- 비판적 사고 증진: AI는 대량의 데이터를 처리하고 분석하는 데 탁월한 능력을 가지고 있다. AI리터러시는 학습자들이 데이터를 비판적으로 분석하고, 그 결과를 이해하고 활용할 수 있는 능력을 양성시킨다. 또한, AI시스템은 편향된 데이터 학습을 통해 편향적 결과를 도출할 수도 있다. AI리터러시는 학습자들이 AI의 편향성을 인식하고, 이를 개선하기 위한 방법을 모색하는 능력을 함께 증진시킨다.

- 윤리적 사용: AI기술은 강력한 도구이지만, 잘못 사용될 경우 심각한 윤리적 문제를 일으킬 수 있다. AI리터러시는 학습자들이 AI를 윤리적으로 사용하고, AI 기술의 부정적인 영향을 최소화하고 책임감 있게 행동하는 능력을 양성한다.
- 사회적 책임: AI시스템은 공정성과 투명성을 유지하는 것이 중요하다. AI리터러시를 통해 학습자들은 AI시스템의 공정성을 평가하고, AI시스템을 공정하게 설계하는 방법을 학습하게 된다.

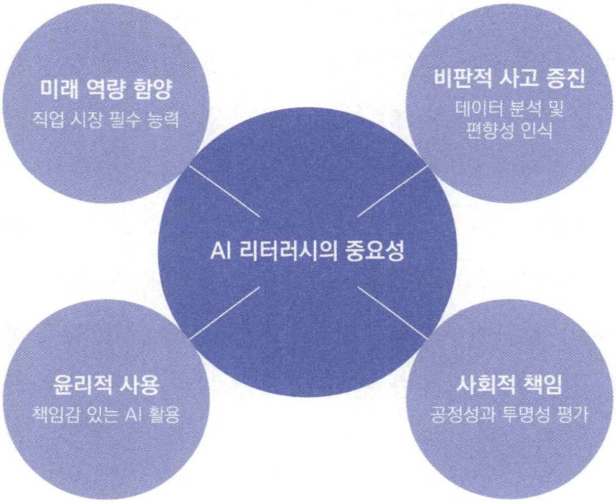

[그림 9-2] AI 리터러시의 중요성

2. 에듀테크(EdTech)

에듀테크는 인공지능(AI), 가상현실(VR), 증강현실(AR), 빅데이터 등의 첨단 기술을 교육에 접목시켜 개인화된 학습 경험을 제공하고, 시공간의 제약을 넘어선 교육을 가능하게 하는 것이 에듀테크의 주요 특성이다. 에듀테크는 새로운 도전이자 기회로 다가올 것이다. 전통적인 교수법에 디지털 도구를 통합하는 능력, 학생들의 디지털 리터러시를 향상시키는 역할, 그리고 끊임없이 변화하는 교육 환경에 적응하는 유연성이 더욱 중요해질 것이다. 따라서 예비 교원들은 에듀테크에 대한 이해와 활용 능력을 갖춤으로써, 미래 교육 현장에서 혁신적이고 효과적인 교육을 제공할 수 있는 준비된 교육자로 성장할 수 있을 것이다.

가. 에듀테크의 개념과 특성

에듀테크는 'Education'과 'Technology'의 합성어로, 교육과 기술의 융합을 의미한다. 구체적으로, 교육의 문제를 해결하고 학습 경험을 향상시키기 위해 최신 기술을 교육에 적용하는 것을 말한다(Becker, et al., 2018). 또한 에듀테크(EdTech)는 교육(Education)과 기술(Technology)의 합성어로, 교육분야에서 혁신적인 정보통신기술(ICT)을 적용하여 교수자와 학습자의 학습경험 향상, 유연한 학습환경 제공, 차별화된 맞춤형 교육기회 제공, 학습의 효과성, 효율성, 매력성을 증가시키는, 궁극적으로 교육의 질을 개선하기 위한 모든 방식을 의미한다(정주영, 2024a). 교육(Education)과 기술(Technology)의 합성어로 이러닝을 넘어 학습자 맞춤형 교육, 교사의 업무 경감 등 교육 효과를 높이기 위해 AI, 빅데이터, AR, VR, 솔루션, 하드웨어시스템 등 ICT 기술을 접목하여 기존과 다른 학습 경험을 제공하는 기술이다(한국교육학술정보원, 2023b).

[그림 9-3] 에듀테크의 개념

에듀테크의 특성을 살펴보면 다음과 같다.

〈표 9-2〉 에듀테크의 특성

특성	주요 내용
개인화 학습	• 학습자의 수준, 관심사, 학습 속도에 맞춘 맞춤형 학습 경험 제공 • AI와 빅데이터를 활용한 학습자 분석 및 개인화된 학습 경로 설계
상호 작용성	• 실시간 피드백과 양방향 소통을 통한 학습 참여도 증가 • 가상현실(VR), 증강현실(AR) 등을 활용한 몰입형 학습 경험 제공
접근성 향상	• 시간과 공간의 제약을 극복한 학습 기회 제공 • MOOC, 모바일 학습 앱 등을 통한 교육 자원의 민주화
협력 학습 촉진	• 온라인 협업 도구를 통한 학습자 간, 학습자-교수자 간 협력 강화 • 글로벌 학습 커뮤니티 형성 지원
데이터 기반의 의사결정	• 학습 분석(Learning Analytics)을 통한 학습자 진단 및 교육과정 개선 • 실시간 학습 데이터 수집 및 분석을 통한 맞춤형 개입
지속적인 혁신	• 신기술의 지속적인 도입으로 교육 방법과 내용의 끊임없는 혁신 • AI, 블록체인, IoT 등 최신 기술의 교육적 활용 탐색
평가 방식의 변화	• 실시간 형성평가, 적응형 평가 등 새로운 평가 방식 도입 • 학습 과정과 결과를 종합적으로 평가하는 포트폴리오 평가 지원
비형식 학습 지원	• 게이미피케이션, 마이크로러닝 등을 통한 비형식 학습 경험 제공 • 평생학습 지원을 위한 다양한 학습 플랫폼 개발
교육 격차 해소	• 고품질 교육 콘텐츠의 광범위한 보급을 통한 교육 기회의 평등화 • 장애학생, 지역적으로 고립된 학생 등을 위한 접근성 향상
교수자 역할의 변화	• 교수자의 역할이 지식 전달자에서 학습 촉진자, 멘토로 변화 • 교수자를 위한 다양한 지원 도구 개발

출처: Becker, et al., (2018), Siemens & Long (2011), Dede (2014), Luckin, et al., (2016), OECD (2016)

이러한 에듀테크의 특성들은 교육 패러다임의 근본적인 변화를 보여준다. 전통적인 일방향적, 표준화된 교육에서 벗어나 학습자 중심의 개인화된 교육으로의 전환을 가능하게 한다. 데이터 기반의 의사결정과 실시간 피드백은 교육의 효과성을 높이고, 학습자의 요구에 더 빠르고 정확하게 대응할 수 있게 해준다. 또한, 시공간의 제약을 넘어선 학습 환경은 평생학습 사회의 실현을 앞당기고 있다. 그러나 이러한 기술적 혁신이 교육의 본질적 가치를 대체하는 것이 아니라 보완하고 강화하는 방향으로 활용되어야 함을 인식해야 한다. 결국, 에듀테크의 궁극적인 목표는 기술 그 자체가 아니라 모든 학습자의 잠재력을 최대한 발휘할 수 있도록 지원하는 것에 있다. 따라서 에듀테크의 도입과 활용에 있어 교육적 가치와 윤리적 고려, 그리고 디지털 격차 해소 등의 사회적 책임을 함께 고려해야 할 것이다.

나. 주요 에듀테크 소개

현대 교육 환경에서 에듀테크(EdTech)의 역할은 날로 증대되고 있다. 다양한 기술과 혁신적인 접근 방식을 통해 에듀테크는 학습의 효율성을 높이고, 개인화된 교육 경험을 제공하며, 교육의 접근성을 확대하고 있다. 이러한 에듀테크의 발전은 교육의 패러다임을 변화시키고 있으며, 학습자와 교육자 모두에게 새로운 기회를 제공하고 있다.

정주영(2024b)은 에듀테크의 유형을 다음과 같이 구분하고 주요 에듀테크 도구들을 다음과 같이 분류하고 있다. 소개된 에듀테크 도구들은 현재 교육 현장에서 널리 사용되고 있거나 미래 교육을 선도할 것으로 기대되는 기술들이다. 이들은 각각 고유한 특징과 장점을 가지고 있으며, 다양한 교육적 요구를 충족시키는 데 기여하고 있다.

〈표 9-3〉 에듀테크의 유형과 소개

유형	주요 에듀테크 소개
학습관리시스템 (LMS)	• Moodle, Canvas, Blackboard, Schooloty, Tableau, D2L Brightspace 등
모바일 학습	• Duolingo, Khan Academy, EdPuzzle 등
게이미피케이션	• Classpoint, NearPod, Kahoot, QuizN, Quizlet, Mentimeter, Socrative, Allo, Miro, Slido, Wordwall 등
창의적 콘텐츠 제작	• Canva, Piktochart, Adobe Spark, Visme, Prezi 등
협업 및 공유 도구	• Padlet, Google Workspace for Education, Microsoft Teams 등
오픈 코스 플랫폼	• Udacity, K-MOOC, Coursera, edX, Coursera, Udemy 등
적응형 학습 시스템	• Knewton, ALEKS, DreamBox, Smart Sparrow 등
Metaverse (VR, AR, MR, XR)	• ZEP, GatherTown, Meta Oculus Quest 3, Apple Vision Pro, Google Expeditions, zSpace 등
인공지능 및 AI 튜터	• ChatGPT, Claude, Mizou, Brisk Teaching, Gamma, AskUP, Lilys, HeyGen, Autodraw, Udio, Suno, Carnegie Learning 등

그럼 이제 주요 에듀테크 도구들을 하나씩 살펴보도록 하자.

1) Classpoint

ClassPoint는 PowerPoint에서 상호 작용하는 프레젠테이션 슬라이드, 실시간 퀴즈, 그리고 게임화된 경험을 만들어 학생들을 적극적으로 참여시키고, 주의를 집중시킬 수 있는 모든 기능을 갖춘 올인원 대화형 프레젠테이션 및 에듀테크이다.

	• 교수자 접속: https://classpoint.io • 학습자 접속: https://classpoint.app

ClassPoint는 PowerPoint를 기반으로 운영되며, 학습자들과의 역동적인 상호작용을 지원하는 다양한 기능들을 제공하고 있다. 교수자는 로그인 후, Class Code를 학습자에게 공지한 후, 학습자들은 학습자 접속 사이트에 회원가입 없이 Class Code 입력으로 참여가 가능하다. 다양한 상호작용 퀴즈 활동 지원으로 정적인 슬라이드를 매력적인 학습 경험으로 빠르게 변환해서 학습활동을 전개할 수 있는 장점이 있다. 주요 기능을 살펴보면 다음과 같다.

• Multiple Choice

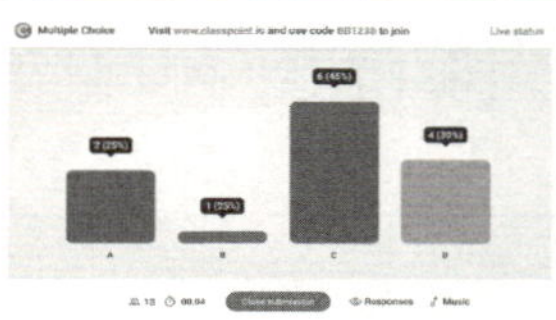	• PowerPoint 내에서 익숙한 질문 유형을 사용하여 학생의 이해력 평가 • 형성 평가 또는 아이스브레이킹 활동으로 사용 가능

• Word Cloud

	• 프레젠테이션 중에 교실에서 학생들의 생각, 의견, 감정 등이 바로 교사의 PowerPoint 안에 표시 • 학생들의 말(word)이 화면에서 춤을 추는 것을 감상

- Short Answer

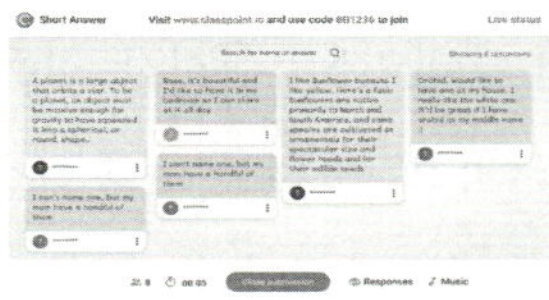	• 단답형 질문을 바로 PowerPoint 슬라이드에서 실행 • 학생들이 즉각적으로 답변을 작성하여 제출 • 학생들이 사실, 개념 설명, 또는 자신의 생각, 태도 또는 의견을 표현할 수 있어 역동적 수업 운영 가능

- Slide Drawing

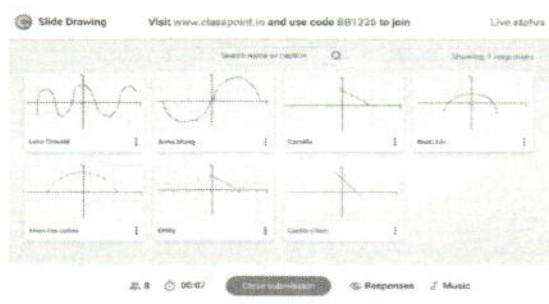	• 슬라이드 그리기 활동을 실행하고 학생들이 직접 생각이나 답변을 그려서 제출 • 학생들이 친숙한 잉크 도구로 주석을 만들어 활동 경험을 더 향상

- Image Upload

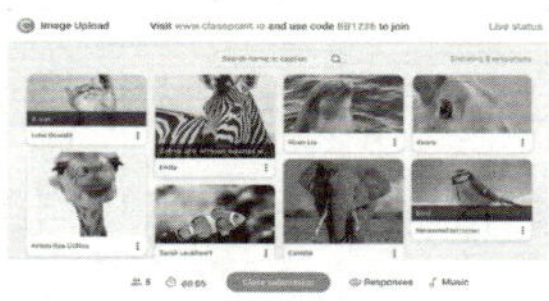	• 모든 학생들이 이미지를 즉시 교수자의 프레젠테이션에 업로드할 수 있는 활동 • 학생들의 창의력을 열고 학생들이 멀티미디어를 통해 학습, 공유 및 시각적 학습의 기회를 제공

- Fill in the Blanks

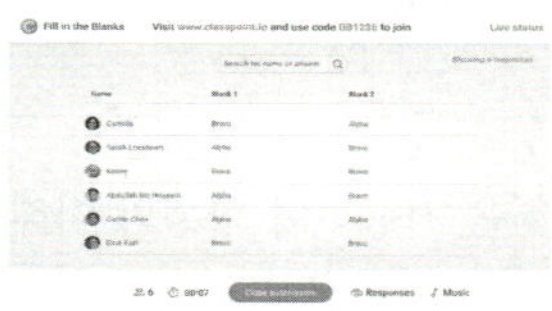	• ClassPoint의 빈칸 채우기를 통해 참가자들이 PowerPoint로부터 바로 빈칸의 응답을 제출 • 교수자들은 학생들의 완전한 참여를 극대화할 뿐만 아니라, 각 질문에 대한 자동 채점 가능

- Audio Record

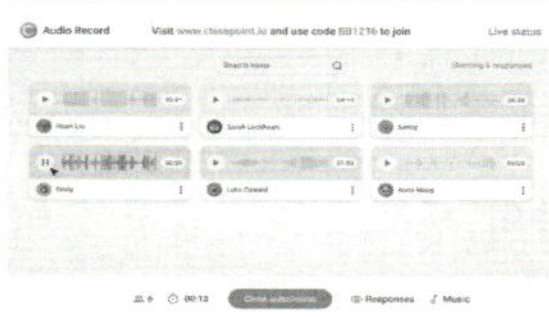	• ClassPoint의 오디오 녹음은 PowerPoint 활동에 학생들이 자신의 목소리를 오디오 녹음으로 공유할 수 있는 활동 • 질문을 통해 학습을 촉진하고 학생들로 하여금 서면이 아닌 말로 아이디어를 공유하도록 유도

• Video Record

	• PowerPoint 프레젠테이션에 동영상 공유 가능 • 학생들이 비디오를 공유하고 각 비디오를 수업 중에 실시간비디오 시청 가능

• AI 퀴즈 생성

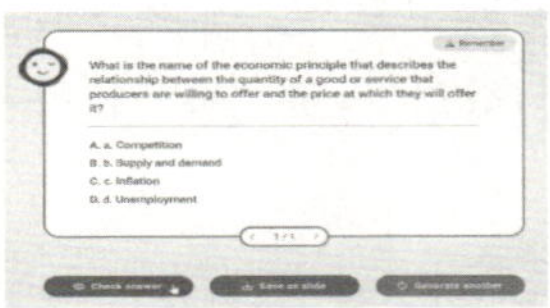	• AI가 교수자의 슬라이드를 학습하여 퀴즈(multiple choice, short answer, fill in the blanks)를 자동으로 생성 • 학생들은 AI가 생성한 문제에 응답을 제출

• 다양한 실시간 수업지원 도구들

• 커서, 레이저, 펜, 형광펜, 지우개, 도형, 텍스트입력, 화이트보드, 객체이동, AI기능, 타이머, 브라우저, 퀵퀴즈, 학생선정, 리더보드 등의 기능을 제공

2) Canva

Canva는 다양한 에듀테크 유형에 걸쳐있지만, 주로 '창의적 도구 및 콘텐츠 제작' 카테고리에 속한다고 볼 수 있다.

Canva	• 접속: https://canva.com

Canva의 특성과 교육적 활용을 고려한 기능은 다음과 같다.

• 창의적 도구 및 콘텐츠 제작: Canva의 주요 기능은 시각적 콘텐츠 제작이다. 교육

환경에서 이는 학습 자료, 프레젠테이션, 포스터 등을 쉽게 만들 수 있게 해준다. 이를 통해 교사와 학생 모두 창의적이고 효과적인 시각 자료를 제작할 수 있다.

- 협력 도구: Canva는 실시간 협업 기능을 제공하여 여러 사용자가 동시에 한 프로젝트를 작업할 수 있다. 이는 그룹 프로젝트나 원격 학습 환경에서 유용하게 활용될 수 있다.
- 디지털 리터러시 도구: Canva를 사용하면서 학생들은 디지털 미디어의 제작과 활용, 저작권 준수 등 디지털 리터러시 스킬을 자연스럽게 학습할 수 있다.
- 학습 관리 도구: Canva for Education은 과제 관리, 학생 작업 검토 등의 기능을 제공하여 학습 관리 도구로써의 역할도 수행한다.
- 전문성 개발 도구: 교육자들은 Canva를 통해 효과적인 교육 자료를 제작하는 스킬을 개발할 수 있으며, Canva에서 제공하는 교육자 리소스를 통해 전문성을 향상시킬 수 있다.

Canva는 최근 AI 기술을 적극적으로 도입하여 사용자 경험을 향상시키고 있다. Canva의 주요 AI 기능과 그 교육적 활용을 살펴보면 다음과 같다.

- Magic Studio
  - Magic Write(자연어 처리 AI를 사용하여 텍스트를 생성)
  - Magic Resize(콘텐츠의 크기를 다양한 플랫폼에 맞게 자동으로 조정)
  - Magic Animate(움직이는 이미지 생성), Magic Morph(단어와 도형을 변환), Magic Media(이미지와 동영상으로 변환)
  - Magic Edit(이미지의 특정 부분을 수정하거나 새로운 요소를 추가)
  - Magic Grab, Magic Expand 등의 기능 제공
- Magic Design: 사용자의 요구사항에 맞춰 AI가 자동으로 디자인을 생성한다. 교수자들이 빠르게 전문적인 수업 자료를 만들거나, 학생들이 프로젝트 발표 자료를 제작할 때 유용하게 활용될 수 있다.
- Background Remover: 이미지 배경을 자동으로 제거하는 AI 기능이다. 학습 자료 제작 시 필요한 요소만 추출하거나, 학생들의 디지털 아트 프로젝트에 활용될

수 있다.

- Brand Kit: AI가 브랜드의 색상, 폰트, 로고 등을 자동으로 적용한다. 학교나 교육 기관의 일관된 브랜딩을 유지하는 데 도움이 된다.

이러한 AI 기능들은 교육자와 학습자 모두에게 시간을 절약하고 더 전문적인 결과물을 만들 수 있게 해준다.

3) Brisk Teaching

Brisk Teaching은 AI가 교육과정, 수업계획, 퀴즈 등을 쉽게 만들어 주는 에듀테크 도구이다. AI기반 Chrome 확장 프로그램으로 설치 가능하여, 무료로 활용이 가능하다. 몇 번의 클릭으로 빠르게 퀴즈, 수업 계획, 상세한 루브릭 평가 준거, 매력적인 프레젠테이션을 생성하여 교수자의 시간을 절약해 준다.

- 공식사이트: https://www.briskteaching.com
- 설치사이트: chrome 웹 스토어(확장 프로그램)
  - 검색: Brisk Teaching

Brisk Teaching의 주요 기능은 다음과 같다.

- 교육과정 생성
  - 교육 목표와 학생들의 필요에 맞춘 커리큘럼을 자동으로 생성
  - 이는 학습 단계를 체계적으로 설계할 수 있도록 지원
- 수업계획 작성
  - 상세한 수업 계획안을 생성하여 교수자는 수업 내용을 체계적으로 준비
  - 각 단계별로 필요한 자료와 활동을 제시하여 수업의 질 개선
- 퀴즈 개발
  - 다양한 유형의 퀴즈(객관식, 주관식, 단답형 등)를 쉽게 생성

  - 이를 통해 학생들의 학습 진도를 평가하고 피드백을 제공
- 루브릭 개발
  - 평가 기준을 명확히 하여 학생들이 학습 목표 도달을 지원
  - 이는 공정한 평가를 가능하게 하며, 학생들의 성취도를 객관적으로 측정
- 프레젠테이션 개발
  - 시각적 자료를 통해 수업의 효과를 극대화
  - 템플릿을 활용하여 쉽고 빠르게 효과적인 프레젠테이션 생성
- 맞춤형 학습 지원
  - 학습에 어려움을 겪는 학생들을 위해 맞춤형 지도 방안을 제공
  - 학생들의 학습 동기를 높이고 학습 격차를 줄일 수 있음
  - 모든 온라인 텍스트를 다양한 독해 수준에 맞게 간소화하거나 번역
- AI 기반 평가 및 피드백 제공
  - Inspect Writing 사용하면 학생들이 과제를 어떻게 구성하는지 확인하고 평가
  - 맞춤형 피드백(4가지 피드백 스타일) 제공

에듀테크는 교육의 미래를 형성하는 핵심 요소로, 학습의 개인화, 접근성 향상, 참여도 증가, 그리고 효율적인 교육 관리를 가능하게 한다. 인공지능, 빅데이터, 가상현실 등의 첨단 기술을 활용하여 전통적인 교육 방식의 한계를 극복하고, 학습자 중심의 혁신적인 교육 경험을 제공한다. 그러나 에듀테크의 효과적인 도입과 활용을 위해서는 기술에 대한 이해뿐만 아니라 교육학적 접근, 디지털 리터러시 향상, 그리고 윤리적 고려가 필수적이다. 또한, 에듀테크는 교사의 역할을 대체하는 것이 아니라 보완하고 강화하는 도구로 인식되어야 한다. 결국, 에듀테크의 진정한 가치는 기술 그 자체가 아니라 이를 통해 실현되는 교육의 질적 향상과 학습자의 성장에 있다. 앞으로 에듀테크는 계속해서 진화하며, 우리가 교육을 어떻게 이해하고 실천하는지에 대한 근본적인 변화를 이끌어낼 것이다.

생각해 볼 문제

1. AI 기반 개인화 학습 시스템이 널리 도입된다면, 교육의 형평성과 다양성에 어떤 영향을 미칠까? 이러한 시스템의 장점과 잠재적인 문제점은 무엇일까?에 대해 생각해 봅시다.
2. 급변하는 디지털 환경에서, 학교 교육은 학생들의 디지털 리터러시를 어떻게 발전시켜야 할까? 그리고 이는 미래 사회 준비와 어떤 관련이 있을까?에 대해 생각해 봅시다.

학습활동

- 수업에서 소개된 에듀테크 도구 중 3개를 선택하여 주요 기능, 교육적 활용 방안, AI 기술 적용 여부 등을 조사해 봅시다.

에듀테크 도구	주요 기능	교육적 활용 방안	AI 기술 적용 여부

- 디지털 리터러시 5가지 구성 요소 중 1개를 선택하여, 선택한 리터러시 향상을 위한 30분 분량의 학습 모듈을 설계해 봅시다. 학습 모듈에는 다음 요소가 포함되어야 합니다.

  - 학습 목표
  - 주요 학습 내용
  - 1~2개의 학습 활동
  - 최소 2개 이상의 에듀테크 도구 활용 방안
  - 학습 성과 평가 방법

제10장

혁신적 교수법

21세기 교육 환경의 급격한 변화와 함께, 혁신적 교수법의 중요성이 그 어느 때보다 부각되고 있다. 디지털 기술의 발전, 학습자 중심 교육의 강조, 그리고 미래사회가 요구하는 역량의 변화는 교육 현장에 새로운 도전과 기회를 제공하고 있다. 이러한 맥락에서 혁신적 교수법은 단순히 새로운 기술이나 방법의 도입을 넘어, 학습자의 능동적 참여와 창의적 문제 해결 능력을 촉진하는 총체적인 교육 패러다임의 전환을 의미한다. 본 장에서는 프로젝트 기반 학습, 플립러닝, 게이미피케이션 등 주요 혁신적 교수법의 이론적 기초와 실제적 적용 방안을 탐구함으로써, 예비 교원들이 변화하는 교육 환경에 능동적으로 대응하고 효과적인 학습 경험을 설계할 수 있는 역량을 기르는데 도움을 주고자 한다.

1. 21세기와 혁신적 교수법

21세기 미래지능정보사회의 도래와 함께 교육 패러다임의 혁신적 전환이 요구되고 있다. 인공지능, 빅데이터, 사물인터넷 등의 첨단 기술이 일상화되는 시대에, 학습자들은 단순 지식 습득을 넘어 창의적 문제해결능력, 비판적 사고력, 협업 능력 등 복합적인 역량을 필요로 한다. 이러한 맥락에서 혁신적 교수법은 미래사회가 요구하는 인재 양성을 위한 핵심 전략으로 부상하고 있다. 본 장에서는 프로젝트 기반 학습, 플립러닝, 게이미피케이션 등 주요 혁신적 교수법을 탐구함으로써, 예비 교원들이 지능정보사회에 부응하는 효과적인 교육 방법을 습득하고, 미래 교육의 변화를 주도할 수 있는 역량을 기르는 데 도움을 주고자 한다.

가. 전통적 교수법과 혁신적 교수법

혁신적 교수법으로의 변화가 단순한 교육 트렌드가 아닌, 사회, 기술, 경제적 변화에 따른 필연적인 결과임을 보여주는 구체적인 내용을 살펴보자.

1. 정보화 사회의 도래: 인터넷과 디지털 기술의 발달로 지식의 접근성이 높아져, 단순 지식 전달 중심의 교육이 더 이상 효과적이지 않게 됨
2. 4차 산업혁명: AI, 빅데이터 등의 기술 발전으로 미래 사회가 요구하는 역량이 변화하여, 창의성, 비판적 사고력, 협업 능력 등의 함양이 중요해짐
3. 학습 과학의 발전: 인지과학, 교육심리학 등의 발전으로 학습자 중심, 능동적 참여, 개별화 학습 등의 중요성이 부각됨
4. 세대 변화: 디지털 네이티브 세대의 등장으로 학습자들의 특성과 선호도가 변화하여, 새로운 교육 방식의 필요성이 대두됨
5. 글로벌화: 국제 경쟁력 강화를 위해 문제해결능력, 의사소통능력 등 실제적인 역량 개발의 중요성이 증대됨
6. 평생학습 사회: 빠르게 변화하는 사회에서 지속적인 학습 능력의 중요성이 강조되면서, 자기주도적 학습 능력 함양의 필요성이 커짐

이러한 변화들로 인해 교육 패러다임은 단순 지식 전달에서 벗어나 학습자의 전인적 성장과 실제적 역량 개발을 지원하는 방향으로 전환되어야 했다.

〈표 10-1〉 전통적 교수법과 혁신적 교수법

특성	전통적 교수법	혁신적 교수법
학습 중심	• 교수자 중심	• 학습자 중심
지식 전달 방식	• 일방향적 강의	• 상호작용적, 참여적 학습
학습자 역할	• 수동적 수용자	• 능동적 참여자, 지식 생산자
교수자 역할	• 지식 전달자	• 학습 촉진자, 조력자
학습 환경	• 교실 중심, 고정적	• 다양한 환경, 유연한 학습 공간
평가 방식	• 총괄평가 중심, 표준화된 시험	• 과정 중심 평가, 다양한 평가 방법
기술 활용	• 제한적	• 적극적, 다양한 기술 통합
학습 목표	• 지식 습득 중심	• 역량 개발, 문제해결능력 향상
수업 구조	• 고정적, 교과서 중심	• 유연한 구조, 다양한 자료 활용
협력 학습	• 제한적, 개별 학습 중심	• 협동 학습, 팀 프로젝트 강조
학습 속도	• 일괄적, 교사 주도	• 개별화, 학습자 맞춤형
피드백	• 주로 교사에 의한 일방향적	• 즉각적, 상호적, 지속적

나. 혁신적 교수법의 필요성

급변하는 디지털 시대와 함께 새로운 세대의 학습자들이 등장하면서, 교육 현장은 큰 변화의 기로에 서 있다. 21세기 학습자들은 이전 세대와는 현저히 다른 특성을 보이며, 이는 교육 방식의 근본적인 변화를 요구하고 있다. 디지털 네이티브로 불리는 이들은 기술에 능숙하고, 즉각적인 정보 접근을 선호하며, 협업과 능동적 참여를 중시한다. 이러한 학습자 특성의 변화는 단순히 새로운 기술을 도입하는 것을 넘어, 교육의 본질과 방법론에 대한 재고를 필요로 한다. 여기에서는 21세기 학습자들의 주요 특성을 살펴보고, 이에 대응하는 교수법의 변화 필요성을 탐구함으로써, 미래 교육의 방향성을 제시하고자 한다. 이를 통해 예비 교원들은 변화하는 교육 환경에 적응하고, 효과적인 학습 경험을 설계할 수 있는 통찰을 얻을 수 있을 것이다.

먼저 21세기 학습자의 특성을 살펴보자.

1. 디지털 네이티브: 디지털 기기와 인터넷에 능숙, 멀티태스킹 능력이 뛰어남, 시각적, 인터랙티브한 콘텐츠 선호
2. 정보 접근성이 높음: 즉각적인 정보 획득에 익숙, 다양한 정보 소스를 활용할 수 있음
3. 개인화된 경험 추구: 맞춤형 학습 경험을 선호, 자신의 학습 속도와 스타일에 맞는 학습을 원함
4. 협업과 소통 중시: 소셜 미디어를 통한 연결에 익숙, 팀 프로젝트와 협력 학습을 선호함
5. 능동적 참여 선호: 수동적 학습보다 체험과 참여를 통한 학습을 선호, 실제적이고 의미 있는 과제에 흥미를 느낌

이러한 21세기 학습자들의 특성을 반영한 새로운 교수법의 요구는 필연적이다.

- 기술 통합 교육
  - 디지털 도구와 플랫폼을 활용한 학습 환경 조성
  - 온라인 학습 자원의 효과적 활용
- 개별화 학습
  - 학습자의 수준과 관심사에 맞춘 개별화된 학습 경로 제공
  - 적응형 학습 기술의 도입
- 협력적 학습 환경
  - 그룹 프로젝트와 토론 중심의 수업 설계
  - 온/오프라인을 연계한 협력 학습 기회 제공
- 실제적 문제 해결 중심 학습
  - PBL(문제 기반 학습), CBL(사례 기반 학습) 등의 도입
  - 실제 세계의 문제와 연계된 학습 활동 설계
- 능동적 학습자 역할 강조
  - 학습자 주도의 탐구 활동 장려

  - 메타인지 능력 개발을 위한 자기 평가 및 성찰 활동 포함
- 다양한 평가 방법
  - 과정 중심 평가, 수행평가 등 다양한 평가 방법 도입
  - 즉각적이고 지속적인 피드백 제공
- 창의성과 혁신 촉진
  - 발산적 사고와 창의적 문제 해결을 위한 활동 설계
  - 학제 간 융합 학습 기회 제공

이러한 변화는 21세기 학습자들의 특성을 고려하여 더 효과적이고 의미 있는 학습 경험을 제공하고, 미래 사회가 요구하는 핵심 역량을 개발하는 데 필수적이다.

다. 혁신적 교수법의 핵심 원리

혁신적 교수법의 핵심 원리는 21세기 교육의 방향성을 제시하는 나침반과 같다. 이 원리들은 학습자 중심, 능동적 참여, 실제적 학습 등을 강조하며, 전통적 교육 방식의 한계를 극복하고자 한다. 여기에서는 이러한 핵심 원리들을 탐구함으로써, 예비 교원들이 미래 교육의 패러다임을 이해하고 효과적인 교수법을 개발할 수 있는 기반을 제공하고자 한다.

〈표 10-2〉 혁신적 교수법의 핵심 원리

구분	정의	적용
학습자 중심 교육 (Learner-Centered Education)	• 학습자의 개별적 요구, 관심사, 학습 스타일을 고려한 교육 접근법	• 개별화된 학습 경로 설계 • 학습자의 사전 지식과 경험을 활용한 수업 구성 • 학습자 선택권 부여(예: 과제 주제, 평가 방식 등)
능동적 학습 (Active Learning)	• 학습자가 수동적 청취자가 아닌 적극적 참여자로서 학습에 참여하는 방식	• 토론, 발표, 실험 등 참여형 활동 설계 • 문제 해결 과정에 학습자 직접 참여 • 체험 학습 및 시뮬레이션 활용

구분	정의	적용
구성주의적 접근 (Constructivist Approach)	• 학습자가 기존 지식을 바탕으로 새로운 지식을 구성해 나가는 과정을 중시	• 탐구 기반 학습 활동 설계 • 협력적 지식 구성 촉진 • 반성적 사고와 메타인지 능력 개발 지원
실제적 학습(Authentic Learning)	• 실제 세계와 연관된 맥락에서 의미 있는 학습 경험 제공	• 실제 사회 문제를 다루는 프로젝트 학습 • 현장 전문가와의 연계 학습 • 실생활 관련 사례 연구 및 시뮬레이션
협력 학습 (Collaborative Learning)	• 학습자 간 상호작용과 협력을 통한 학습 강조	• 그룹 프로젝트 및 팀 기반 학습 활동 • 피어 티칭 및 피어 평가 활용 • 온/오프라인 협업 도구 활용
기술 통합 교육 (Technology-Integrated Education)	• 디지털 기술을 효과적으로 활용하여 학습 경험 향상	• 블렌디드 러닝 및 플립드 러닝 도입 • 교육용 앱 및 소프트웨어 활용 • 가상/증강 현실 기술을 활용한 체험 학습
역량 중심 교육 (Competency-Based Education)	• 지식 습득을 넘어 실제적 역량 개발에 초점	• 핵심 역량 중심의 교육과정 설계 • 수행 과제 및 프로젝트 기반 평가 • 자기 주도적 학습 능력 개발 지원
다양성 존중 교육 (Diversity-Inclusive Education)	• 학습자의 다양한 배경과 특성을 고려한 포용적 교육 접근	• 다문화 교육 컨텐츠 통합 • 보편적 학습 설계(UDL) 원칙 적용 • 다양한 학습 자료 및 평가 방법 활용

이러한 핵심 원리들은 상호 연관되어 있으며, 효과적인 혁신적 교수법은 이들을 유기적으로 통합하여 적용한다.

2. 혁신적 교수법

혁신적 교수법은 전통적인 교육 방식에서 벗어나, 현대 사회의 요구와 학습자의 특성을 반영한 새로운 교수-학습 방법을 의미한다. 이는 단순히 새로운 기술을 도입하는 것을 넘어, 교육의 패러다임을 학습자 중심으로 전환하고 실제적인 역량 개발을 목표로 하는 총체적인 접근 방식이다.

〈표 10-3〉 혁신적 교수법

구분	프로젝트기반학습 (Project Based Learning)	플립러닝 (Flipped Learning)	게이미피케이션 (Gamification)
정의	• 학습자가 실제적인 문제나 과제를 프로젝트 형태로 해결해가는 과정에서 학습이 이루어지는 교수법	• 전통적인 수업 구조를 '뒤집어' • 수업 전 학습자가 온라인으로 개념을 학습하고, 교실에서는 심화 활동을 하는 교수법	• 게임의 요소와 메커니즘을 교육에 적용하여 학습 동기와 참여를 높이는 교수법
특징	• 실제적이고 복잡한 문제/과제 중심 • 장기간에 걸친 탐구 활동 • 학습자 주도의 문제 해결 과정 • 최종 산출물 제작 및 발표	• 온라인과 오프라인 학습의 결합 • 학습자 중심의 능동적 수업 참여 • 개별화된 학습 속도 조절 가능 • 교실 수업 시간의 효율적 활용	• 게임 요소(점수, 레벨, 보상 등) 활용 • 즉각적인 피드백 제공 • 도전과 성취의 반복 • 협력과 경쟁의 균형
적용 방법	• 핵심 질문 또는 문제 설정 • 프로젝트 계획 수립 • 정보 수집 및 연구 • 산출물 제작 • 발표 및 평가	• 사전 학습 자료 제작 및 제공(동영상, 읽기 자료 등) • 학습자의 사전 학습 수행 • 교실 수업에서 심화 활동(토론, 문제 해결, 프로젝트 등) • 학습 내용 정리 및 평가	• 학습 목표와 연계한 게임 요소 설계 • 명확한 규칙과 보상 체계 수립 • 단계별 과제 및 도전 과제 제시 • 진행 상황 시각화 및 피드백 제공 • 협력적 요소 통합
장점	• 실제적 문제 해결 능력 향상 • 협업 능력 및 의사소통 능력 개발 • 자기 주도적 학습 능력 강화 • 학제간 통합적 사고 촉진	• 개별화된 학습 가능 • 심화된 학습 활동에 더 많은 시간 할애 • 학습자-교수자, 학습자-학습자 간 상호작용 증가 • 자기 주도적 학습 능력 향상	• 학습 동기와 참여도 증가 • 즐거운 학습 경험 제공 • 자기 주도적 학습 촉진 • 실패에 대한 두려움 감소
주의점	• 적절한 난이도의 과제 선정 필요 • 교사의 체계적인 지원과 피드백 중요 • 공정한 평가 기준 마련 필요	• 양질의 사전 학습 자료 제작 필요 • 학습자의 사전 학습 참여 독려 방안 마련 • 교실 수업 활동의 체계적 설계 중요	• 학습 목표와의 연계성 유지 필요 • 과도한 경쟁 지양 • 외재적 동기에 치우치지 않도록 주의 • 모든 학습자에게 공정한 기회 제공

이러한 교수법들은 교육 상황에 맞게 선택하고 통합하여 활용할 수 있다. 예비 교원들은 유연하고 창의적으로 이를 적용할 수 있도록 능숙할 필요가 있다.

가. 프로젝트(P_jBL) 기반 학습

1) 개념 및 특징

프로젝트기반학습(Project-Based Learning; P_jBL)은 학습자들이 실제적이고 복잡한 문제 또는 과제를 장기간에 걸쳐 탐구하고 해결해 나가는 과정에서 지식과 기술을 습득하는 학습자 중심의 교수-학습 방법이다(Thomas, 2000).

프로젝트기반학습의 특징은 실제성, 학습자 주도성, 협력학습, 통합적 접근, 산출물 중심, 지속성, 반성적 사고 등을 들 수 있다(Thomas, 2000; Larmer. Mergendoller & Boss, 2015; Bell, 2010; Blumenfeld, Soloway, Marx, Krajcik, Guzdial & Palincsar, 1991).

1. 실제성
    - 실제 세계의 문제나 상황을 다룬다.
    - 학습 내용과 실생활의 연계성을 강조한다.
2. 학습자 주도성
    - 학습자가 프로젝트의 계획, 실행, 평가 전 과정에 주도적으로 참여한다.
    - 자기 주도적 학습 능력을 개발한다.
3. 협력학습
    - 팀 활동을 통해 협업 능력을 향상시킨다.
    - 의사소통 능력과 리더십을 기를 수 있다.
4. 통합적 접근
    - 여러 학문 분야의 지식과 기술을 통합적으로 적용한다.
    - 복합적 사고력을 개발한다.
5. 산출물 중심
    - 구체적인 결과물(보고서, 발표, 모델 등)을 제작한다.

- 과정뿐만 아니라 결과의 중요성도 강조한다.

6. 지속성
   - 일회성 활동이 아닌 장기간에 걸친 지속적인 탐구 과정이다.
   - 깊이 있는 학습과 성찰의 기회를 제공한다.
7. 반성적 사고
   - 프로젝트 수행 과정에서 지속적인 성찰과 피드백이 이루어진다.
   - 메타인지 능력을 개발한다.

2) 운영 절차

P$_j$BL의 운영은 일반적으로 다음과 같은 절차를 따른다(Buck Institute for Education, 2015).

〈표 10-4〉 운영 절차

단계	세부 내용	교사의 역할	주의 사항
주제선정 및 문제제시	• 교육과정과 연계된 주제 선정 • 실제적이고 도전적인 문제 설정 • 학습 목표 명확화	• 적절한 주제와 문제 설계 • 학습 목표 제시 • 학생들의 흥미 유발	• 학생의 수준과 흥미를 고려한 주제 선정 • 너무 광범위하거나 협소하지 않은 문제 설정
프로젝트 계획 수립	• 팀 구성 • 역할 분담 • 일정 및 자원 계획 수립 • 평가 기준 확인	• 팀 구성 지원 • 계획 수립 가이드 제공 • 평가 기준 설명	• 균형 있는 팀 구성 • 현실적인 일정 수립 • 명확한 평가 기준 제시
정보 수집 및 탐구 활동	• 다양한 자료 수집 • 필드 리서치 수행 • 전문가 인터뷰 • 수집된 정보 분석 및 해석	• 정보 수집 방법 안내 • 필요한 자원 제공 • 탐구 과정 모니터링	• 다양한 출처의 정보 활용 • 정보의 신뢰성 검증 • 저작권 준수
중간 점검 및 피드백	• 진행 상황 점검 • 중간 발표 또는 보고서 제출 • 피드백 제공 및 수용	• 진행 상황 모니터링 • 건설적인 피드백 제공 • 필요시 추가 지원 제공	• 정기적인 점검 일정 수립 • 구체적이고 건설적인 피드백 제공 • 학생 자율성 존중

단계	세부 내용	교사의 역할	주의 사항
결과물 제작	• 프로젝트 결과물 완성 • 발표 자료 준비 • 최종 보고서 작성	• 결과물 제작 과정 지원 • 질문에 대한 조언 제공 • 결과물의 질 모니터링	• 시간 관리의 중요성 강조 • 결과물의 형식과 내용 균형 • 팀원 모두의 참여 독려
발표 및 공유	• 결과물 발표 • 질의응답 세션 • 다른 팀과의 결과 공유	• 발표 환경 조성 • 건설적인 질문 유도 • 공정한 평가 진행	• 발표 시간 엄수 • 모든 팀원의 발표 참여 • respectful한 피드백 문화 조성
평가 및 성찰	• 자기 평가, 동료 평가, 교사 평가 실시 • 프로젝트 전체 과정 성찰 • 학습 경험 정리 및 개선점 도출	• 다양한 평가 방법 활용 • 객관적이고 공정한 평가 진행 • 성찰 활동 가이드 제공	• 과정과 결과의 균형 있는 평가 • 건설적인 피드백 제공 • 성찰의 중요성 강조

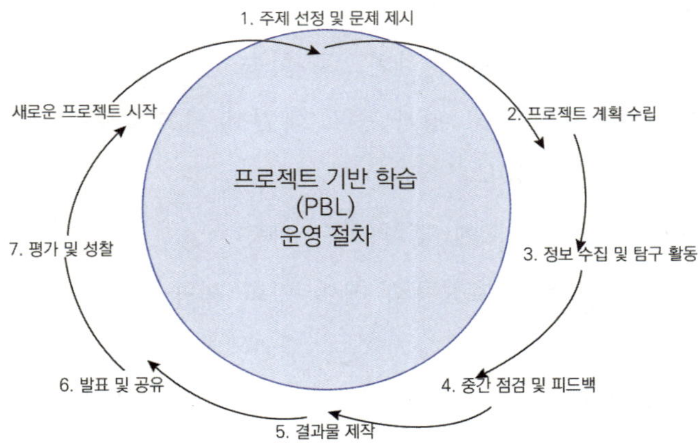

[그림 10-1] 프로젝트기반학습의 운영 절차

이러한 절차는 프로젝트의 성격과 교육 환경에 따라 유연하게 조정될 수 있으며, 각 단계는 순환적이고 반복적으로 이루어질 수 있다(Markham, Larmer & Ravitz, 2003).

다. 플립러닝(Flipped Learning)

1) 개념 및 특징

플립러닝은 전통적인 수업 방식을 '뒤집은(flipped)' 교수-학습 모델로, 학생들이 수업 전에 온라인으로 학습 내용을 미리 학습하고, 교실에서는 토론, 문제 해결, 프로젝트 등 심화 활동을 수행하는 방식이다(Bergmann & Sams, 2012).

플립러닝의 특징으로는 사전 학습과 교실 활동의 역전, 학습자 중심의 능동적 참여, 테크놀로지의 활용, 교사 역할의 변화, 시공간의 유연한 활용, 형성평가의 강화 등을 들 수 있다(Brame, 2013; O'Flaherty & Phillips, 2015; Bishop & Verleger, 2013; Hwang, Lai & Wang, 2015; Abeysekera & Dawson, 2015; Lee, Lim & Kim, 2017).

1. 사전 학습과 교실 활동의 역전
   - 강의 내용을 수업 전에 온라인으로 학습
   - 교실에서는 적용, 분석, 평가 등 고차원적 사고 활동 수행
2. 학습자 중심의 능동적 참여
   - 학습자가 자신의 속도에 맞춰 학습 가능
   - 교실에서 더 많은 상호작용과 참여 기회 제공
3. 테크놀로지의 활용
   - 온라인 동영상, 퀴즈, 학습 관리 시스템 등 활용
   - 학습 과정과 결과에 대한 즉각적인 피드백 가능
4. 교사 역할의 변화
   - 지식 전달자에서 학습 촉진자, 코치로 역할 전환
   - 개별화된 지원과 피드백 제공 가능
5. 시공간의 유연한 활용
   - 학습 시간과 공간의 확장
   - 개별화 학습과 협력 학습의 균형
6. 형성평가의 강화
   - 사전 학습 단계에서 학습자의 이해도 확인

– 수업 중 다양한 활동을 통한 지속적인 평가

2) 운영 절차

플립러닝의 운영은 일반적으로 다음과 같은 절차를 따른다(Chen, Lui & Martinelli, 2017).

〈표 10-5〉 플립러닝 운영 절차

단계	세부 내용	교사의 역할	주의 사항
1. 수업 설계 및 준비	• 학습 목표 설정 • 사전 학습 자료 제작/선정 • 교실 활동 계획 수립	• 명확한 학습 목표 설정 • 질 높은 사전 학습 자료 제작 • 효과적인 교실 활동 설계	• 학습 목표와 내용의 일관성 유지 • 학습자 수준에 맞는 자료 선정 • 사전 학습과 교실 활동의 연계성 확보
2. 사전 학습 단계	• 학생들에게 사전 학습 자료 제공 • 온라인 퀴즈 또는 과제 부여 • 학생들의 참여 모니터링	• 학습 관리 시스템 운영 • 학생 참여 독려 • 학습 진행 상황 확인	• 기술적 문제에 대비 • 학생들의 사전 학습 부담 조절 • 학습 동기 유지 방안 마련
3. 교실 수업 전 준비	• 사전 학습 결과 확인 • 학생들의 이해도 파악 • 교실 활동 최종 조정	• 학생 이해도 분석 • 수업 활동 맞춤 조정 • 필요한 자료 및 도구 준비	• 모든 학생의 사전 학습 여부 확인 • 다양한 수준의 학생들을 고려한 활동 준비 • 유연한 수업 계획 수립
4. 교실 수업 단계	• 사전학습 내용 간단히 리뷰 • 심화 학습 활동 수행 • 개별화된 피드백 제공	• 학습 활동 촉진 및 지원 • 학생 간 상호작용 장려 • 적시에 피드백 제공	• 시간 관리 • 모든 학생의 참여 유도 • 학습 목표에서 벗어나지 않도록 주의
5. 평가 및 성찰	• 학습 성과 평가 • 학생 및 교사 활동 성찰 • 다음 수업 계획에 반영	• 다양한 평가 방법 활용 • 성찰 활동 유도 • 수업 개선점 파악	• 과정과 결과의 균형 있는 평가 • 객관적인 성찰 유도 • 학생 피드백의 적극적 수용

플립러닝은 Before Class, In Class, After Class와 같은 3단계 구조를 가진다.

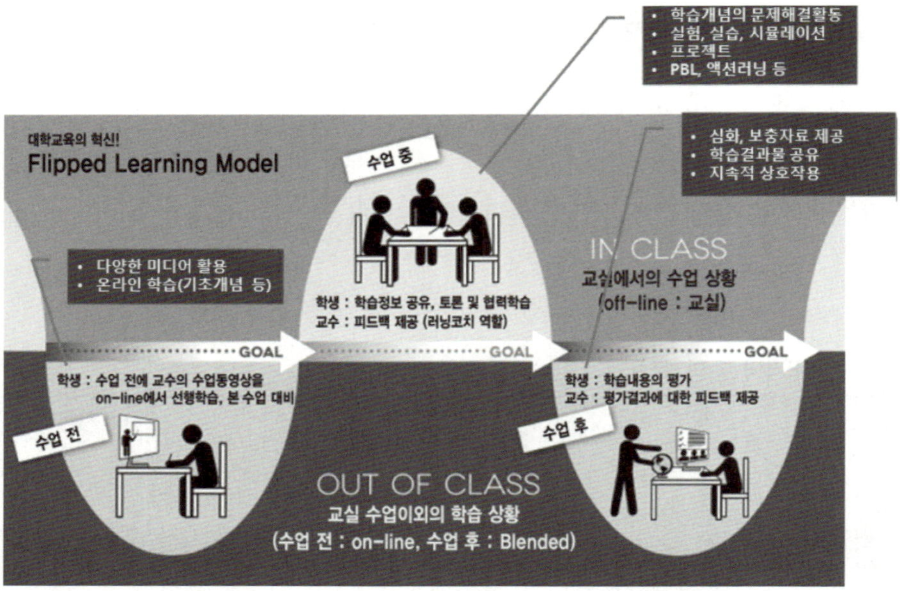

출처: 정주영(2015). e-러닝 매치포인트 발표자료

[그림 10-2] 플립러닝의 구조

1. Before Class
   - 교사가 제공한 학습 자료(동영상, 읽기 자료 등)로 개별 학습
   - 기초 개념 및 지식 습득
   - 온라인 퀴즈 또는 간단한 과제 수행
2. In Class
   - Before Class에서 학습한 내용 리뷰
   - 심화 학습 활동(토론, 문제 해결, 프로젝트 등)
   - 협력 학습 및 peer instruction
   - 교사와 학생, 학생 간 상호작용
3. After Class
   - 학습 내용 정리 및 복습
   - 추가 심화 학습 또는 보충 학습
   - 성찰 일지 작성
   - 다음 차시 준비

이 3단계 구조는 순환적으로 이어지며, 각 단계가 유기적으로 연결되어 효과적인 학습 경험을 제공한다. 교사는 각 단계에서 학습자의 요구에 맞는 지원과 피드백을 제공하여 학습 효과를 극대화할 수 있다.

라. 게이미피케이션(Gamification)

1) 개념 및 특징

게이미피케이션은 게임이 아닌 맥락에 게임 디자인 요소와 게임적 사고를 적용하여 사용자의 참여, 동기 부여, 충성도, 학습 등을 증진시키는 접근 방식이다. 또한 게이미피케이션은 놀이라는 심리를 이용하여 여러 행동에 재미를 유도하는 방식(이동엽, 2011), 참여를 유도하거나 혹은 더 큰 목적을 성취하기 위해 비게임의 맥락에 게임요소를 적용한 것으로 정리된다(Deterding, Dixon, Khaled & Nacke, 2011).

게이미피케이션의 특징으로 게임 요소의 활용, 도전과 보상의 균형, 내재적 동기 유발, 피드백의 즉시성, 협력과 경쟁의 조화, 개인화와 적응성, 스토리텔링과 맥락화를 들 수 있다(Kapp, 2012; Csikszentmihalyi, 1990; Ryan & Deci, 2000; Dicheva, Dichev, Agre & Angelova, 2015; Chou, 2019; Plass, Homer & Kinzer, 2015).

1. 게임 요소의 활용
   - 포인트, 배지, 리더보드 등 게임적 요소 사용
   - 레벨, 진행 상황 표시 등을 통한 성취감 제공
2. 도전과 보상의 균형
   - 적절한 난이도의 과제 제시
   - 성취에 따른 즉각적이고 명확한 보상 제공
3. 내재적 동기 유발
   - 자율성, 유능감, 관계성 등 기본 심리 욕구 충족
   - 학습 자체에 대한 흥미와 즐거움 유발

4. 피드백의 즉시성
   - 실시간 또는 빠른 피드백 제공
   - 학습 진행 상황에 대한 지속적인 정보 제공
5. 협력과 경쟁의 조화
   - 개인 간 또는 팀 간 건전한 경쟁 유도
   - 협력적 문제 해결 기회 제공
6. 개인화와 적응성
   - 학습자의 수준과 선호에 따른 맞춤형 학습 경험
   - 다양한 학습 경로 제공
7. 스토리텔링과 맥락화
   - 학습 내용을 흥미로운 내러티브로 구성
   - 실제적 맥락 속에서의 학습 경험 제공

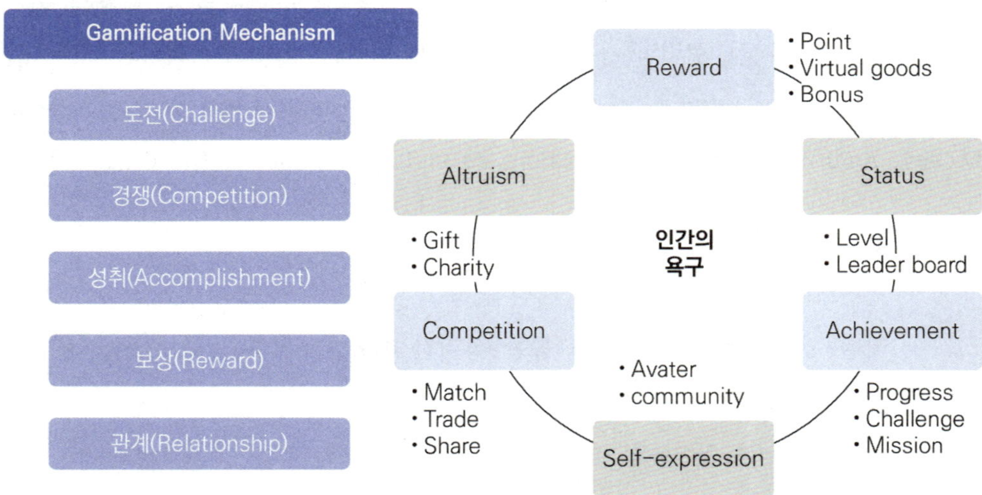

[그림 10-3] 게이미피케이션 메커니즘

게이미피케이션 수업을 효율적, 효과적, 매력적으로 운영하기 위해 우선 메커니즘을 설계해야 한다. 학습자 중심의 게이미피케이션 수업 운영을 위해 도전, 경쟁, 성취, 보상, 관계의 메커니즘을 설정해야 한다(정주영, 이미화, 2021).

- 포인트(points): 학습자의 활동결과에 대한 포인트를 상, 벌로 구분하여 제공한다. 이는 학습자가 수업활동에 지속적으로 몰입할 수 있는 전략이다.
- 보상(rewards): 학습자에 대한 실질적인 보상을 제공하는 것으로 학습자와 협의하여 보상의 내용을 결정하도록 하였다.
- 리더보드(leader boards): 포인트 획득에 따른 리더를 보여주면서 선의의 경쟁 정신을 불러일으키도록 하였다.
- 도전(challenges): 학습자들이 극복해야 할 과제를 팀별로 부여하였다.
- 지속적인 참여(continuous engagement): 학습자가 학습의 과정에서 팀 활동의 과정이나 보상을 공유하면서 더 많은 목표 도달 범위를 얻을 수 있도록 권장하였다.

2) 운영 절차

게이미피케이션의 운영은 일반적으로 다음과 같은 절차를 따른다.

〈표 10-6〉 게이미피케이션 운영 절차

단계	세부 내용	교사의 역할	주의 사항
1. 학습 목표 및 대상 분석	• 명확한 학습 목표 설정 • 학습자의 특성, 흥미, 요구 분석 • 게이미피케이션 적용 범위 결정	• 교육과정 분석 및 학습 목표 구체화 • 학습자 특성 파악을 위한 사전 조사 실시 • 게이미피케이션 적용 가능성 검토	• 학습 목표와 게임 요소의 연계성 확보 • 학습자의 연령, 배경, 선호도 고려 • 교육과정과의 일관성 유지
2. 게임요소 설계	• 학습 목표에 적합한 게임 요소 선정 • 보상 체계, 레벨 구조, 도전 과제 설계 • 게임 메커닉스와 다이내믹스 구성	• 교육적으로 의미 있는 게임 요소 선별 • 학습 내용과 게임 요소의 유기적 연결 • 다양한 학습자 유형을 고려한 설계	• 내재적 동기를 자극하는 요소 포함 • 난이도의 점진적 상승 고려 • 다양한 학습자 유형을 위한 선택권 제공
3. 학습 활동 게이미피케이션	• 학습 내용을 게임 요소와 연계 • 스토리라인 개발 및 학습 경로 구성 • 피드백 및 평가 시스템 설계	• 교과 내용을 게임 형식으로 재구성 • 흥미로운 스토리라인 개발 • 효과적인 피드백 방식 고안	• 학습 내용의 본질을 해치지 않도록 주의 • 흥미로운 내러티브 구성 • 즉각적이고 건설적인 피드백 방식 고안

단계	세부 내용	교사의 역할	주의 사항
4. 플랫폼 및 도구 선정	• 적합한 기술 플랫폼 선택(웹, 모바일 앱 등) • 필요한 도구 및 리소스 준비 • 사용자 인터페이스 설계	• 교육 환경에 적합한 플랫폼 선정 • 필요한 디지털 도구 활용 능력 개발 • 학습자 친화적 인터페이스 구성 지원	• 학습자의 접근성과 사용 편의성 고려 • 데이터 보안 및 개인정보 보호 확인 • 확장성과 유지보수 용이성 검토
5. 파일럿 테스트 및 수정	• 소규모 그룹을 대상으로 시범 운영 • 사용자 경험 및 학습 효과 분석 • 피드백을 바탕으로 설계 수정 및 보완	• 파일럿 테스트 진행 및 관찰 • 학습자 피드백 수집 및 분석 • 개선점 도출 및 수정 사항 적용	• 다양한 학습자 그룹 포함 • 정량적, 정성적 데이터 수집 • 예상치 못한 문제점 식별 및 해결
6. 본격적인 운영 및 모니터링	• 게이미피케이션 학습 활동 실시 • 학습자 참여 및 진행 상황 지속적 모니터링 • 실시간 지원 및 문제 해결	• 게이미피케이션 활동 진행 및 안내 • 학습자 참여 독려 및 지원 • 실시간 모니터링 및 문제 해결	• 초기 참여 독려 전략 수립 • 학습자 간 상호작용 촉진 • 기술적 문제에 대한 신속한 대응 체계 마련
7. 평가 및 개선	• 학습 효과 및 참여도 평가 • 결과 분석을 통한 개선점 도출 • 지속적인 업데이트 및 최적화	• 다각적 평가 실시 및 결과 분석 • 개선 방안 수립 및 적용 • 게이미피케이션 전략의 지속적 개선	• 다각적 평가 방법 활용(자기평가, 동료평가, 객관적 지표 등) • 장기적 효과 추적 • 새로운 게임 요소 및 콘텐츠 추가 고려

생각해 볼 문제

1. 혁신적 교수법, 특히 플립러닝과 게이미피케이션은 종종 디지털 기술에 크게 의존합니다. 이러한 상황에서 다음과 같은 질문들을 고려해 봅시다.
   - 기술에 대한 접근성이 제한된 학생들에게 이러한 교수법을 적용할 때 발생할 수 있는 교육 격차는 어떻게 해소할 수 있을까요?
   - 교사의 기술 활용 능력 차이가 학생들의 학습 경험과 성과에 어떤 영향을 미칠 수 있을까요?
   - 혁신적 교수법의 효과적인 실행을 위해 학교와 교육 정책 입안자들이 어떤 지원을 제공해야 할까요?
2. 혁신적 교수법들이 강조하는 가치들과 전통적인 교육에서 중시해 온 가치들(예: 기초 지식의 습득, 규율, 체계적인 학습 등) 사이의 균형을 어떻게 맞출 수 있을까요?

학습활동

• 혁신적 교수법을 정리해 봅시다.

교수법	개념과 특징	운영 절차	교수자의 역할
프로젝트기반 학습			
플립러닝			
게이미피케이션			

• 여러분은 중학교 2학년 과학 교사입니다. '기후변화와 지속가능한 발전'이라는 주제로 4주간의 수업을 계획하고 있습니다. 이 수업에서 프로젝트 기반 학습(PjBL), 플립러닝, 게이미피케이션 요소를 모두 활용하여 학생들의 참여와 학습 효과를 극대화하고자 합니다. 이 세 가지 교수법을 통합한 4주 수업 계획을 수립해 봅시다.

통합적 교수-학습지도안

제 3 부

학교 행정에 대한 이해

제11장

학교업무 및 학사운영

효과적인 학교 운영은 교육의 질과 학생들의 성장에 직접적인 영향을 미치는 중요한 요소이다. 본 장에서는 예비 교원들이 실제 학교 현장에서 마주하게 될 다양한 학교업무와 학사운영의 주요 요소와 역할, 그리고 이를 효율적으로 관리하기 위한 방법을 다룬다. 구체적으로, 교육과정 운영, 학생 관리, 학부모 및 지역사회와의 연계, 학교 행정 및 재정 관리, 학교 시설 관리와 같은 학교업무의 주요 요소를 설명하고, 학사 일정 계획 및 관리, 수업 시간표 작성 및 관리, 시험 및 평가 관리, 성적 처리 및 기록 관리, 졸업 및 입학 관리와 같은 학사운영의 주요 요소를 다룰 것이다. 이를 통해 예비 교원들은 단순히 교과 지식을 전달하는 역할을 넘어, 학교 공동체의 효율적인 운영자로서의 역량을 갖추게 될 것이다.

1. 학교업무

가. 교육과정 운영

교육과정 운영은 학교가 설정한 교육 목표를 달성하기 위해 계획된 학습 경험을 학생들에게 제공하는 일련의 활동을 의미한다. 이는 교육과정의 설계, 개발, 시행, 평가를 포함하며, 교사와 학교 관리자의 협력 하에 이루어진다(신현석, 조대연, 김종윤, 2020).

1) 교육과정 설계

- 목적: 교육과정 설계는 국가 교육과정 기준, 지역사회 특성, 학교의 교육 철학을 반영하여 학교 교육과정을 구성하는 것이다. 이는 교과목 선택, 교육 목표 설정, 학습 내용 구성 등을 포함한다.
- 활동: 교사와 교육과정 개발 팀은 교육 목표를 설정하고, 이를 달성하기 위한 학습 내용을 선정하며, 학습 단원과 활동을 체계적으로 구성한다.
- 사례: 특정 교과목에서 프로젝트 기반 학습(PBL)을 도입하여 학생들이 실제 문제를 해결하는 과정을 통해 학습 내용을 깊이 있게 이해하도록 설계할 수 있다.

2) 교육과정 개발

- 목적: 설계된 교육과정을 실제 수업에 적용할 수 있도록 교재 개발, 교수 방법 연구, 학습 자료 준비 등을 수행한다.
- 활동: 교사들은 교육과정에 맞춰 교재를 제작하거나 선택하고, 효과적인 교수법을 연구하며, 필요한 학습 자료를 준비한다.
- 사례: 과학 교과에서 실험 활동을 강화하기 위해 실험 키트를 개발하고, 교사들이 실험 수업을 효과적으로 진행할 수 있도록 연수를 실시한다.

3) 교육과정 시행

- 목적: 교사들이 교육과정을 바탕으로 수업을 진행하고, 학생들이 목표한 학습 성과를 달성할 수 있도록 지도한다.
- 활동: 수업 계획 작성, 수업 자료 준비, 학생 평가 등을 포함한다. 교사들은 매일의 수업 계획을 작성하고, 수업 자료를 준비하며, 학생들의 학습 진도를 지속적으로 평가한다.
- 사례: 매주 금요일마다 학생들이 프로젝트 결과를 발표하는 시간을 마련하여, 학생들이 학습한 내용을 공유하고 피드백을 받는 기회를 제공한다.

4) 교육과정 평가

- 목적: 교육과정이 설정된 목표를 얼마나 잘 달성했는지 평가하고, 그 결과를 바탕으로 교육과정을 개선한다.
- 활동: 학업 성취도 평가, 교육과정 분석, 교사와 학생의 피드백 수집 등을 포함한다.
- 사례: 학기 말에 학생 설문조사를 실시하여, 교육과정과 수업에 대한 피드백을 수집하고, 이를 바탕으로 다음 학년도 교육과정을 개선한다.

나. 학생관리

학생 관리는 학생들의 학습과 생활 전반을 지도하고 지원하는 활동을 의미한다. 이는 학생의 학업 성취, 행동 지도, 심리적 지원 등을 포함하며, 학생들이 건강하고 바람직하게 성장할 수 있도록 돕는다(박종덕, 조흥순, 2021).

1) 학업 관리

- 목적: 학생들의 학업 성취도를 지속적으로 모니터링하고, 필요시 학습 지원을 제공한다.
- 활동: 학습 계획 수립, 개별 지도, 학습 상담 등을 포함한다.

- 사례: 매월 학생들의 학업 성취도를 점검하고, 성적이 부진한 학생들에게는 방과 후 보충 학습을 제공한다.

2) 행동 지도

- 목적: 학생들의 바람직한 행동을 장려하고, 문제 행동을 예방 및 교정한다.
- 활동: 학교 규칙 준수 지도, 상벌 제도 운영, 생활 지도 등을 포함한다.
- 사례: 긍정적 행동을 강화하기 위해 매주 '이달의 모범 학생'을 선정하여 상을 수여하고, 문제 행동을 보인 학생들에게는 상담을 통해 개선 방안을 모색한다.

3) 심리적 지원

- 목적: 학생들의 정신 건강을 지원하고, 정서적 안정을 도모한다.
- 활동: 상담 서비스 제공, 심리검사 실시, 위기 상황 대응 등을 포함한다.
- 사례: 학교 상담 교사를 통해 정기적인 심리 상담을 제공하고, 스트레스 관리 워크숍을 개최하여 학생들의 정서적 안정을 돕는다.

4) 건강 관리

- 목적: 학생들의 신체 건강을 유지하고 증진시키기 위한 활동을 수행한다.
- 활동: 정기 건강검진, 응급처치, 건강 교육 등을 포함한다.
- 사례: 연 2회 정기 건강검진을 실시하고, 학생들이 응급 상황에 대처할 수 있도록 응급처치 교육을 제공한다.

다. 학부모 및 지역사회와의 연계

학부모 및 지역사회와의 연계는 학교가 학부모와 지역사회와 협력하여 학생들의 교육과 복지에 기여하는 활동을 의미한다. 이는 학부모 참여 프로그램, 지역사회 자원 활용, 학교-가정-지역사회 연계 활동 등을 포함한다(정연홍, 박경희, 2021).

1) 학부모 참여 프로그램

- 목적: 학부모가 학교 교육에 적극적으로 참여할 수 있도록 다양한 프로그램을 운영한다.
- 활동: 학부모 회의, 학부모 교육, 학부모 봉사활동 등을 포함한다.
- 사례: 학기 초에 학부모 설명회를 개최하여 학교 교육과정과 프로그램을 소개하고, 학부모 교육 프로그램을 통해 자녀 교육 방법을 공유한다.

2) 지역사회 자원 활용

- 목적: 지역사회의 인적, 물적 자원을 활용하여 교육 활동을 지원한다.
- 활동: 지역 전문가 초빙, 지역 시설 활용, 지역사회와의 협력 프로젝트 등을 포함한다.
- 사례: 지역 도서관과 협력하여 독서 프로그램을 운영하고, 지역 전문가를 초청하여 진로 상담과 특강을 진행한다.

3) 학교-가정-지역사회 연계 활동

- 목적: 학교, 가정, 지역사회가 협력하여 학생들의 전인적 성장을 도모하는 활동을 수행한다.
- 활동: 공동체 프로그램, 가족 참여 행사, 지역사회 봉사활동 등을 포함한다.
- 사례: 지역사회 봉사활동 프로그램을 통해 학생들이 지역사회에 기여하고, 가족 참여 행사를 통해 학교와 가정의 협력을 강화한다.

라. 학교행정 및 재정관리

학교 행정 및 재정 관리는 학교 운영의 효율성을 높이기 위해 필요한 행정 업무와 재정 관리를 수행하는 활동을 의미한다. 이는 학교 운영 계획 수립, 인사 관리, 예산 편성 및 집행 등을 포함한다(이정미, 김민조, 김민희, 박소영, 나민주, 2020).

1) 학교 운영 계획 수립

- 목적: 학교의 중장기 발전 계획과 연간 운영 계획을 수립하고, 이를 바탕으로 학교 운영을 체계적으로 관리한다.
- 활동: 목표 설정, 전략 계획 수립, 성과 평가 등을 포함한다.
- 사례: 5년 단위 중장기 발전 계획을 수립하여 학교의 방향성을 제시하고, 연간 운영 계획을 통해 구체적인 목표와 활동을 설정한다.

2) 인사 관리

- 목적: 교직원의 채용, 배치, 평가, 보상 등을 관리하여 효율적인 인적 자원 관리를 수행한다.
- 활동: 교원 연수, 인사 기록 관리, 복지 제공 등을 포함한다.
- 사례: 교원 연수 프로그램을 통해 교사들의 전문성을 강화하고, 성과 평가를 통해 우수 교원에게 보상을 제공한다.

3) 예산 편성 및 집행

- 목적: 학교의 재정을 투명하고 효율적으로 관리하기 위해 예산을 편성하고 집행한다.
- 활동: 예산 계획 수립, 재정 보고, 감사 등을 포함한다.
- 사례: 연간 예산 계획을 수립하여 각 부서별로 예산을 할당하고, 재정 보고서를 통해 투명하게 재정 상태를 공개한다.

4) 시설 및 자산 관리

- 목적: 학교의 시설과 자산을 체계적으로 관리하여 교육 환경을 유지하고 개선한다.
- 활동: 시설 유지 보수, 안전 관리, 자산 목록 관리 등을 포함한다.
- 사례: 정기적인 시설 점검과 유지 보수를 통해 안전한 교육 환경을 조성하고, 자산 목록을 관리하여 효율적인 자산 활용을 도모한다.

마. 학교 시설 관리

학교 시설 관리는 학교의 물리적 환경을 안전하고 쾌적하게 유지하여 교육 활동이 원활히 이루어질 수 있도록 지원하는 활동을 의미한다. 이는 시설 유지 보수, 안전 관리, 환경 미화 등을 포함한다.

1) 시설 유지 보수

- 목적: 학교 건물과 시설의 상태를 지속적으로 점검하고, 필요한 수리를 통해 안전하고 기능적인 교육 환경을 유지한다.
- 활동: 정기 점검, 긴급 수리, 시설 개보수 등을 포함한다.
- 사례: 매년 여름 방학 동안 시설 점검을 실시하여, 필요한 수리를 통해 새 학기를 대비한다.

2) 안전 관리

- 목적: 학교 내외의 안전을 확보하여 학생과 교직원의 신체적 보호를 도모한다.
- 활동: 화재 안전, 재난 대비, 비상 대피 훈련 등을 포함한다.
- 사례: 정기적으로 비상 대피 훈련을 실시하여, 학생들이 비상 상황에서 신속하고 안전하게 대처할 수 있도록 교육한다.

3) 환경 미화

- 목적: 학교 환경을 깨끗하고 아름답게 유지하여 학생들이 쾌적한 환경에서 학습할 수 있도록 한다.
- 활동: 청소 관리, 조경 관리, 환경 캠페인 등을 포함한다.
- 사례: 매주 청소 점검을 실시하고, 학교 정원을 가꾸는 조경 프로그램을 통해 아름다운 학교 환경을 조성한다.

4) 에너지 관리

- 목적: 학교의 에너지를 효율적으로 관리하여 지속 가능한 운영을 도모한다.
- 활동: 에너지 절약 캠페인, 효율적인 에너지 사용 계획 수립, 재생 에너지 활용 등을 포함한다.
- 사례: 학생들을 대상으로 에너지 절약 캠페인을 실시하고, 태양광 패널을 설치하여 재생 에너지를 활용한다.

2. 학사업무

가. 학교교육과정 수립

1) 준비 단계

① 교육과정 중심의 업무 재구조화, 교원·교육과정 전문가·학부모 등이 참여하는 학교 교육과정 위원회 구성 등을 통해 학교 교육과정의 합리적인 편성과 효율적인 운영을 위한 기반을 구축한다.

② 교육공동체의 요구, 교육적 여건, 학교의 환경적 특성에 대한 기초 조사를 토대로 학교에 필요한 교육과정 및 교육 활동을 분석한다.

③ 교육공동체는 기초 조사 결과를 토대로 소통·협력하여 교육 비전과 목표를 명시하고, 비전에 담을 핵심 가치를 추출하여 학교 교육과정 편성·운영의 방향을 설정한다.

2) 편성 · 운영 단계

가) 선택 중심 교육과정의 편성

- 학생들이 자신의 적성과 진로에 따른 과목을 선택할 수 있도록 학생·학부모에게 다양한 선택 과목을 안내하고, 이에 대한 학생 선호도를 조사·분석한다.

함께 만드는 학교 교육과정 흐름도(예시)

단계		내용
준비		1. 기반 구축 • 교육과정 중심의 조직 재구조화 • 학교 교육과정 위원회 구성 및 학교 교육과정 편성·운영 계획 마련 2. 기초 조사 • 국가 및 지역 수준 교육과정 및 교육 시책 분석 • 전년도 학교 교육과정 운영 평가 결과 분석 • 교육공동체의 요구 및 실태, 학교 시설·설비 분석 • 학생 선택 중심 교육과정 편성을 위한 제반 요소 실태 파악 3. 방향 설정 • 학교 교육 목표 및 비전 설정
편성·운영	선택 중심 교육과정 편성	4. 학생 선호도 조사 • 학생 및 학부모 대상 진로별 선택 과목 안내 • 과목 선택을 위한 진로·진학 상담 실시 • 학생의 이수 희망 과목 선호도 조사 및 결과 분석 5. 학교 교육과정 시안 작성·심의 • 개설 과목 범위 설정, 편제 및 단위(학점) 배당 • 교과(군), 창의적 체험활동의 운영 계획 수립 • 교육과정 시안에 대한 학교 교육공동체의 의견 수렴 • 시안 검토·분석, 학교운영위원회 심의
편성·운영	교육과정 운영	6. 교육과정 재구성 • 교육과정 재구성 유형 결정 • 교과 내 및 교과 간 교육과정 재구성 7. 교육과정 적용 • 선택 중심 교육과정 운영 • 교육과정 재구성에 따른 수업·평가 적용 • 소통과 나눔을 통한 학교 교육과정 운영 지원
평가		8. 학교 교육과정 평가·환류 - 선택 중심 교육과정 운영 및 교육과정 재구성 적용 평가 - 다음 학년 및 학기 교육과정 계획 수립을 위한 평가 결과 환류

- 학생의 선호도를 바탕으로 교육공동체의 요구, 교원 조직과 교육 시설·설비 및 환경 등의 학교 여건을 고려하여 학교에서 개설·운영 가능한 선택 과목의 범위를 정한다.
- 교과 및 학년 협의회, 학교 교육과정 위원회 등 다양한 민주적 협의체를 통해 교육 수요자의 만족도가 높은 교육과정을 마련하고 학교운영위원회의 심의를 거친다.

나) 교육과정 운영

- 교육과정 재구성
  - 학교 특성과 학생들의 발달 수준을 고려하여, 학생이 성취해야 할 교육 목표와 수업·평가·기록이 일관되게 이루어질 수 있도록 교육과정을 재구성한다.
  - 교과 내 교육과정 재구성, 교과 통합 또는 주제 중심과 같은 교과 간 교육과정 재구성 등 학교의 실정에 따라 적절한 재구성 유형을 결정한다.
  - 성취기준을 토대로 교육 목표, 교육 내용, 지도 및 평가 방법, 교육 순서와 시기, 비중 등을 재구성하여 교육과정을 적정화한다.
- 교육과정 적용
  - 선택 중심 교육과정을 학교의 여건 및 상황에 따라 탄력적으로 운영하며, 학생들이 스스로 선택한 교육과정에 따라 자기 주도적으로 학습할 수 있도록 지원한다.
  - 교육과정을 재구성하여 수업 및 평가에 적용하고 그 결과를 교수·학습의 질을 개선하는 자료로 활용한다.
  - 소통과 나눔의 학교 문화를 조성하여 교육공동체가 함께 만드는 교육과정 중심 체제를 구현한다.

3) 평가 단계

① 학교는 학이 장에서는 학교업무와 학사운영의 주요 요소와 역할, 그리고 이를 효율적으로 관리하기 위한 방법을 다룬다. 구체적으로, 교육과정 운영, 학생 관

리, 학부모 및 지역사회와의 연계, 학교 행정 및 재정 관리, 학교 시설 관리와 같은 학교업무의 주요 요소를 설명하고, 학사 일정 계획 및 관리, 수업 시간표 작성 및 관리, 시험 및 평가 관리, 성적 처리 및 기록 관리, 졸업 및 입학 관리와 같은 학사운영의 주요 요소를 다룰 것이다. 교육과정의 적합성, 타당성, 효과성을 자체 평가하고, 그 결과를 다음 학년도의 교육과정 편성·운영에 반영한다.

② 학교 교육과정의 평가는 설문 조사, 면담, 토론회 등 다양한 방법으로 실시하여, 교육공동체의 의견을 수렴한다.

③ 평가 기준은 학교의 특성에 따라 다양하게 구안할 수 있다.

나. 학사운영의 주요 요소

1) 학사 일정 계획 및 관리

학사 일정 계획 및 관리는 학교의 연간 교육 활동을 체계적으로 계획하고 관리하는 과정을 의미한다. 이는 학기 시작과 종료, 방학 기간, 시험 일정, 학교 행사 등 중요한 학사 일정을 포함하며, 학생과 교직원이 계획된 일정을 효과적으로 수행할 수 있도록 돕는다.

가) 학기 시작과 종료

- 목적: 학기 시작과 종료 일정을 명확히 하여 학생과 교직원이 학사 일정을 잘 이해하고 준비할 수 있도록 한다.
- 활동: 연간 학사 일정표 작성, 학기 시작과 종료에 대한 안내, 학기 말 정리 작업 등을 포함한다.
- 사례: 학교 홈페이지와 공지 게시판에 학기 시작과 종료 일정을 게시하고, 학기 종료 후 성적 처리를 위한 기간을 명확히 안내한다.

나) 방학 기간

- 목적: 방학 기간을 정하여 학생들이 학업을 재충전하고, 교직원들이 새로운 학기

를 준비할 수 있는 시간을 제공한다.

- 활동: 여름 방학과 겨울 방학 일정 계획, 방학 중 학습 프로그램 운영, 방학 중 교직원 연수 등을 포함한다.
- 사례: 여름 방학 중에 교직원 연수를 실시하고, 학생들에게 방학 과제를 제공하여 학습을 이어갈 수 있도록 한다.

다) 시험 일정

- 목적: 시험 일정을 체계적으로 관리하여 학생들이 학업 성취를 평가받고, 교사가 학습 지도를 조정할 수 있도록 한다.
- 활동: 중간고사와 기말고사 일정 계획, 시험 준비와 시행, 시험 결과 분석 등을 포함한다.
- 사례: 시험 일정표를 학기 초에 발표하여 학생들이 시험 준비를 할 수 있도록 하고, 시험 후 성적 분석을 통해 학습 지도에 반영한다.

라) 학교 행사

- 목적: 학교 행사를 통해 학생들의 다양한 경험을 지원하고, 학교 공동체 의식을 강화한다.
- 활동: 체육대회, 문화제, 학부모 간담회 등의 행사 일정 계획, 준비 및 시행 등을 포함한다.
- 사례: 연간 학교 행사 일정을 작성하여 학기 초에 학생과 학부모에게 안내하고, 각 행사에 대한 준비 활동을 체계적으로 계획한다.

2) 수업 시간표 작성 및 관리

수업 시간표 작성 및 관리는 학교의 교육과정을 효과적으로 운영하기 위해 교사와 학생의 수업 시간을 체계적으로 계획하고 관리하는 과정을 의미한다. 이는 교사와 학생의 시간을 최적화하고, 교육의 질을 높이기 위한 중요한 요소이다.

가) 시간표 작성

- 목적: 교사와 학생의 수업 시간을 효율적으로 배분하여 교육과정을 원활하게 운영한다.
- 활동: 교사 배치, 교실 배정, 과목별 시간 배정 등을 포함한다.
- 사례: 학기 초에 교사와 학생의 요구를 반영하여 시간표를 작성하고, 교실 배정과 과목별 시간 배정을 최적화한다.

나) 시간표 관리

- 목적: 시간표를 체계적으로 관리하여 교사와 학생이 원활하게 수업을 진행할 수 있도록 한다.
- 활동: 시간표 변경, 교사 대체 배치, 특별 수업 시간 관리 등을 포함한다.
- 사례: 교사 병결 시 대체 교사를 신속히 배치하고, 시간표 변경 사항을 즉시 공지하여 혼란을 최소화한다.

다) 특별 수업 시간 관리

- 목적: 정규 수업 외의 특별 수업 시간을 관리하여 학생들이 다양한 학습 경험을 쌓을 수 있도록 한다.
- 활동: 방과 후 수업, 특별 강의, 현장 학습 등의 시간 계획과 관리 등을 포함한다.
- 사례: 방과 후 프로그램을 체계적으로 계획하여 학생들이 다양한 활동에 참여할 수 있도록 하고, 특별 강의 일정을 미리 공지하여 학생들의 참여를 유도한다.

3) 시험 및 평가 관리

시험 및 평가 관리는 학생들의 학업 성취도를 평가하고, 교육과정의 효과성을 측정하기 위한 일련의 활동을 의미한다. 이는 공정하고 체계적인 평가를 통해 학생들의 학습 상태를 파악하고, 학습 지도를 조정하는 데 중요한 역할을 한다.

가) 시험 준비

- 목적: 시험을 공정하게 실시하기 위해 필요한 준비 작업을 체계적으로 수행한다.
- 활동: 시험 문제 출제, 시험 일정 공지, 시험 감독 배치 등을 포함한다.
- 사례: 시험 문제를 미리 출제하여 보안성을 유지하고, 시험 감독 교사를 배치하여 공정한 시험 환경을 조성한다.

나) 시험 시행

- 목적: 공정하고 원활한 시험 시행을 통해 학생들의 학업 성취도를 평가한다.
- 활동: 시험 감독, 부정행위 방지, 시험 환경 관리 등을 포함한다.
- 사례: 시험 시행 중 부정행위를 방지하기 위해 시험장 내 CCTV를 설치하고, 시험 환경을 조성하여 학생들이 최상의 조건에서 시험을 볼 수 있도록 한다.

다) 시험 평가 및 분석

- 목적: 시험 결과를 분석하여 학생들의 학습 상태를 파악하고, 학습 지도를 개선한다.
- 활동: 성적 채점, 성적 분석, 피드백 제공 등을 포함한다.
- 사례: 시험 후 성적을 신속하게 채점하여 학생들에게 피드백을 제공하고, 성적 분석을 통해 학습 지도의 방향을 설정한다.

4) 성적 처리 및 기록 관리

성적 처리 및 기록 관리는 학생들의 학업 성취도를 체계적으로 기록하고 관리하는 과정을 의미한다. 이는 학생들의 학업 진로를 계획하고, 학부모와 소통하며, 교육적 결정을 내리는 데 중요한 역할을 한다.

가) 성적 입력 및 관리

- 목적: 학생들의 성적을 정확하게 입력하고, 체계적으로 관리한다.
- 활동: 성적 입력, 성적 오류 수정, 성적 데이터 관리 등을 포함한다.
- 사례: 성적 입력 시스템을 통해 학생들의 성적을 입력하고, 오류를 신속히 수정하

여 정확한 성적 데이터를 유지한다.

나) 성적 보고서 작성

- 목적: 학생들의 학업 성취도를 학부모와 학생에게 투명하게 제공한다.
- 활동: 성적표 작성, 성적 보고서 발송, 성적 상담 등을 포함한다.
- 사례: 학기 말에 성적표를 작성하여 학부모에게 발송하고, 성적 상담을 통해 학생들의 학습 상태를 논의한다.

다) 성적 기록 보존

- 목적: 학생들의 학업 기록을 장기적으로 보존하여 추후 참고할 수 있도록 한다.
- 활동: 성적 기록 보존, 성적 기록 열람 요청 처리 등을 포함한다.
- 사례: 졸업 후에도 성적 기록을 체계적으로 보존하여, 학생들이 필요할 때 성적을 열람하거나 증명서를 발급받을 수 있도록 한다.

5) 졸업 및 입학 관리

졸업 및 입학 관리는 학생들의 졸업과 입학 과정을 체계적으로 관리하여 원활한 학사 운영을 지원하는 활동을 의미한다. 이는 졸업 요건 확인, 졸업식 준비, 신입생 모집 및 입학 절차 관리 등을 포함한다.

가) 졸업 요건 확인

- 목적: 학생들이 졸업 요건을 충족했는지 확인하여 졸업을 준비한다.
- 활동: 졸업 요건 확인, 졸업 신청서 접수, 졸업 자격 심사 등을 포함한다.
- 사례: 졸업 요건을 충족한 학생들에게 졸업 신청서를 제출받아, 졸업 자격을 심사하고 최종 졸업 명단을 확정한다.

나) 졸업식 준비

- 목적: 졸업식을 통해 학생들의 졸업을 축하하고, 성취를 기념한다.

- 활동: 졸업식 일정 계획, 졸업증서 제작, 졸업식 행사 준비 등을 포함한다.
- 사례: 졸업식 일정을 학기 초에 확정하여 공지하고, 졸업증서를 제작하며, 졸업식 행사를 위한 리허설을 진행한다.

다) 신입생 모집 및 입학 절차 관리

- 목적: 신입생 모집과 입학 절차를 체계적으로 관리하여 원활한 입학을 지원한다.
- 활동: 신입생 모집 계획 수립, 입학 원서 접수, 입학 심사 및 배정 등을 포함한다.
- 사례: 신입생 모집 요강을 공지하고, 입학 원서를 접수받아 입학 심사를 통해 신입생을 배정한다.

생각해 볼 문제

1. 학교가 학부모 및 지역사회와 연계하여 수행하는 다양한 활동 중 하나를 선택하여, 그 활동이 학생들의 학습과 성장에 어떤 긍정적인 영향을 미치는지 분석해 봅시다.
2. 학사 일정 계획 및 관리가 학교 운영에서 중요한 이유는 무엇일까요? 학교에서 학기 시작과 종료, 방학 기간, 시험 일정, 학교 행사 등을 체계적으로 관리하지 못하면 어떤 문제들이 발생할 수 있을까요? 구체적인 사례를 들어 설명해 봅시다.

학습활동

• 가상의 학교 운영 팀을 구성하여, 학교운영과 관련된 다양한 문제를 해결하는 모의 시뮬레이션을 진행합니다. 각 팀은 교장, 교감, 행정직원, 교사 등 역할을 분담하고, 주어진 문제 상황에 대한 해결책을 모색합니다. 예를 들어, 학사 일정 조정, 예산 배분, 학생 문제 해결, 학부모와의 협력 방안 등을 다루어 봅시다.

활동 방법
• 학생들은 팀을 구성하고, 각자 역할을 분담한다. • 주어진 문제 상황에 대해 토의하고, 해결책을 마련한다. • 해결책을 바탕으로 모의 시뮬레이션을 진행하며, 그 결과를 기록한다. • 시뮬레이션 결과를 발표하고, 다른 팀과 피드백을 주고받는다.

• 학사일정 계획 및 관리와 관련한 정의, 중요성, 예시를 작성해 봅시다.

정의	중요성	예시

제12장

학교안전사고와 학교폭력예방

교육 현장에서 학생들의 안전과 건강한 학교생활은 가장 중요한 과제 중 하나이다. 본 장에서는 예비 교원들이 반드시 알아야 할 학교안전사고와 학교폭력에 대해 심도 있게 다룬다. 학교안전사고의 개념과 다양한 유형을 이해하고, 이를 예방하기 위한 체계적인 전략과 프로그램을 소개한다. 또한 실제 성공 사례를 통해 안전 대책의 실질적인 적용 방안을 제시한다. 더불어 학교폭력의 정의와 유형을 살펴보고, 이에 대한 효과적인 예방 및 대처 방법을 탐구한다. 본 장의 내용은 예비 교원들이 안전하고 건강한 학교 환경을 조성하는 데 필요한 지식과 역량을 갖추는 데 도움이 될 것이다.

1. 학교안전사고

가. 학교안전사고의 개념과 유형

1) 학교안전사고의 개념

학교안전사고란 학교 내외에서 학생, 교직원, 방문자 등이 교육 활동 중이나 학교 시설 이용 중에 발생하는 다양한 사고를 말한다. 이러한 사고는 신체적 부상, 건강 문제, 심리적 충격 등을 포함하며, 학교 환경에서 일어나는 모든 예기치 않은 사건을 포괄한다. 학교안전사고는 예방과 대처가 중요하며, 이를 통해 학생들이 안전하고 건강하게 학습할 수 있는 환경을 조성하는 것이 목표이다(고영아, 2009).

학교안전사고는 학생들이 학교생활을 하면서 겪을 수 있는 다양한 위험 상황을 의미한다. 예기치 않은 사고로 인해 학생들이 부상을 입거나 심리적 충격을 받는 경우, 그리고 학교 시설을 이용하는 중에 발생하는 사고 모두가 학교안전사고에 포함된다. 예를 들어, 체육 시간에 운동장에서 발생하는 부상, 실험실에서의 화학물질 사고, 급식 중에 발생하는 식중독 사고 등이 학교안전사고의 범주에 들어간다. 이러한 사고는 학생들의 학습과 생활에 부정적인 영향을 미칠 수 있으므로 사전 예방과 신속한 대응이 매우 중요하다.

학교안전사고가 가진 특징을 다음과 같다(이경규, 김용규, 2018). 먼저, 학교안전사고는 물리적 사고, 건강 관련 사고, 기타 사고 등 여러 가지 유형으로 발생할 수 있다. 물리적 사고에는 화재, 지진, 실험실 사고 등이 포함되며, 건강 관련 사고로는 전염병, 식중독, 열사병 등이 있다. 또한 교통사고, 체육활동 중 부상 등도 학교안전사고의 범주에 속한다. 이러한 사고는 발생 원인과 상황이 다양하기 때문에 각각의 사고에 맞는 예방과 대응 전략이 필요하다. 학교안전사고는 사전에 예방할 수 있는 사고가 많다. 예방을 위해서는 학교 내 안전 교육과 훈련이 필수적이다. 학생들에게 안전 수칙을 교육하고, 정기적인 안전 점검과 훈련을 통해 사고 발생 가능성을 줄일 수 있다. 또한, 학교 시설과 장비의 안전성을 지속적으로 점검하고 유지 관리하는 것도 중요하다. 예방 조치를 철저히 함으로써 사고 발생을 최소화할 수 있다.

사고가 발생했을 때 신속한 대응이 이루어져야 한다. 사고 발생 시 초동 조치가 제대로 이루어지지 않으면 피해가 확대될 수 있다. 교직원과 학생들은 사고 발생 시 대처 방법을 숙지하고 있어야 하며, 응급 상황에서는 신속하게 대피하고 응급 처치를 실시할 수 있어야 한다. 또한, 사고 후에는 정확한 사고 보고와 기록이 필요하며, 이를 기반으로 재발 방지 대책을 마련해야 한다. 학교안전사고는 신체적 부상뿐만 아니라 심리적 충격을 동반할 수 있다. 사고를 경험한 학생들은 불안감, 두려움, 스트레스 등을 느낄 수 있으며, 이는 학습과 생활에 부정적인 영향을 미칠 수 있다. 따라서 사고 후 심리적 지원이 필요하다. 상담 프로그램을 통해 학생들이 심리적 안정을 찾을 수 있도록 돕고, 필요한 경우 전문 상담사의 도움을 받을 수 있게 해야 한다. 학교안전사고 예방과 대응은 학교 내의 노력만으로는 충분하지 않다. 학부모, 지역사회, 관련 기관과의 협력이 필수적이다. 학부모와의 긴밀한 소통을 통해 학생들의 안전에 대한 정보를 공유하고, 지역사회와의 협력을 통해 학교 주변의 안전 환경을 조성할 수 있다. 또한, 경찰서, 소방서 등 관련 기관과의 협력을 통해 사고 발생 시 신속하고 효과적인 대응이 가능하다.

2) 학교안전사고의 유형

학교안전사고는 다양한 유형으로 발생할 수 있으며, 그 범위와 영향은 매우 다양하다. 주요 사고 유형은 물리적 사고, 건강 관련 사고, 기타 사고로 나눌 수 있다.

가) 물리적 사고

물리적 사고는 학교 환경에서 발생할 수 있는 물리적 요인에 의해 발생하는 사고를 말한다. 주요 물리적 사고 유형은 다음과 같다.

- 화재: 학교 건물 내에서 발생하는 화재 사고. 주로 전기적 결함, 실험실 사고, 부주의한 화기 사용 등으로 인해 발생할 수 있다.
- 예방: 소화기 및 화재 경보기 설치, 정기적인 소방 훈련, 화기 사용 시 안전 규칙 준수

- 대응: 화재 발생 시 신속한 대피, 소방서에 즉각 신고, 화재 진압을 위한 초기 소화 활동
- 지진: 지진으로 인해 학교 건물이나 시설이 파손되거나 붕괴되어 발생하는 사고
- 예방: 내진 설계 건물 사용, 지진 대피 훈련, 지진 발생 시 대처 방법 교육
- 대응: 지진 발생 시 책상 아래로 대피, 진동이 멈춘 후 신속하게 안전한 장소로 이동, 부상자 응급 처치
- 실험실 사고: 과학 실험 중 화학물질 유출, 폭발, 화재 등으로 인한 사고
- 예방: 실험실 안전 규칙 준수, 보호 장비 착용, 안전한 실험 환경 조성
- 대응: 사고 발생 시 즉각적인 대피, 응급 처치, 사고 보고 및 구조 요청

나) 건강 관련 사고

건강 관련 사고는 학교 내외에서 발생하는 다양한 건강 문제를 포함한다. 주요 건강 관련 사고 유형은 다음과 같다.

- 전염병: 인플루엔자, 결핵, 수두 등 학교에서 집단생활을 하는 학생들 사이에 전파될 수 있는 전염병
- 예방: 예방 접종, 손 씻기 교육, 감염병 발생 시 신속한 격리 및 방역 조치
- 대응: 전염병 의심 시 즉각 보건실 보고, 감염자 격리, 방역 당국에 신고 및 조치
- 식중독: 학교 급식이나 외부 음식으로 인해 발생하는 식중독 사고
- 예방: 급식 위생 관리, 신선한 식재료 사용, 조리 기구 및 환경 청결 유지
- 대응: 식중독 증상 발생 시 즉각 보건실 방문, 병원 치료 필요 시 신속하게 이동, 원인 조사 및 재발 방지 대책 수립
- 열사병: 고온 환경에서 야외 활동 시 발생할 수 있는 열사병
- 예방: 무더운 날씨에 실외 활동 자제, 충분한 수분 섭취, 적절한 휴식 시간 제공
- 대응: 열사병 증상 발생 시 시원한 장소로 이동, 수분 공급, 신속한 응급 처치

다) 기타 사고

기타 사고는 학교 내외에서 발생할 수 있는 다양한 사고를 포함한다. 주요 기타

사고 유형은 다음과 같다.

- 교통사고: 학교 주변이나 등하교 시 발생하는 교통사고
- 예방: 교통 안전 교육, 안전한 등하교 경로 확보, 교통 지도 교사 배치
- 대응: 사고 발생 시 즉각 응급 처치, 경찰 및 응급 의료 서비스 신고, 사고 원인 조사 및 대책 마련
- 체육활동 중 부상: 체육 수업이나 스포츠 활동 중 발생하는 부상
- 예방: 체육 활동 전 스트레칭 및 준비 운동, 적절한 보호 장비 착용, 안전한 체육 시설 관리
- 대응: 부상 발생 시 즉각 응급 처치, 심각한 부상 시 병원 이송, 체육 활동 안전 수칙 교육

나. 학교안전사고 예방 전략

학교안전사고를 예방하기 위해서는 체계적인 예방 전략이 필요하다. 이를 위해 학교 안전 관리 시스템을 구축하고, 안전 교육 프로그램을 개발 및 실시하며, 학교 시설 및 장비의 안전 점검, 비상 대응 훈련과 모의 훈련, 학생 참여형 안전 활동 등을 포괄하는 다양한 예방 조치를 실행해야 한다.

먼저, 학교 안전 관리 시스템 구축의 중요성에 대해 설명할 수 있다. 학교 안전 관리 시스템은 학교 내외의 모든 위험 요소를 식별하고 관리하는 체계를 포함한다. 이를 통해 잠재적인 사고를 미연에 방지할 수 있으며, 안전 책임자를 지정하여 안전 관리 활동을 총괄하고 사고 발생 시 신속한 대응을 주도할 수 있다. 또한, 학교는 모든 구성원이 이해하고 따를 수 있는 안전 매뉴얼을 작성하여 배포해야 한다. 매뉴얼에는 사고 예방, 대응 절차, 보고 방법 등이 포함되며, 정기적인 안전 점검을 통해 학교 시설과 장비의 안전성을 지속적으로 유지하고 관리한다.

안전 교육 프로그램의 개발 및 실시도 학교안전사고 예방의 핵심 요소이다. 학생들의 연령과 이해 수준에 맞는 맞춤형 안전 교육을 제공함으로써 학생들이 안전 수칙을 지속적으로 상기하고 실천할 수 있도록 해야 한다. 이론 교육뿐만 아니라 실습을 통한

교육을 병행하여 실제 상황에서 대처 능력을 기르는 것이 중요하다. 더불어, 학부모와 연계한 교육을 통해 가정에서도 일관된 안전 교육이 이루어지도록 한다.

학교 시설과 장비의 안전 점검은 정기적으로 이루어져야 한다. 교실, 체육관, 실험실, 운동장 등 학교 내 모든 시설을 정기적으로 점검하고 안전 상태를 확인해야 한다. 실험 장비, 체육 기구, 전기 설비 등 모든 장비의 안전성을 점검하고 필요 시 교체하거나 수리하며, 소화기, 응급 처치 키트, 비상 탈출구 등의 긴급 대응 장비가 제대로 작동하는지 정기적으로 확인한다. 점검 중 발견된 위험 요소는 즉시 제거하거나 개선하여 사고 발생을 예방한다.

비상 대응 훈련과 모의 훈련도 매우 중요하다. 정기적으로 화재 대피 훈련, 지진 대피 훈련, 응급 상황 대처 훈련 등을 실시하여 학생들과 교직원들이 비상 상황에 익숙해지도록 해야 한다. 실제 상황을 가정한 모의 훈련을 실시하여 비상 상황 발생 시 적절한 행동을 할 수 있도록 하고, 훈련 시 각자 맡은 역할을 분명히 하여 각 역할에 따른 행동 요령을 숙지한다. 훈련 후에는 평가를 통해 잘된 점과 개선할 점을 파악하고 이를 바탕으로 다음 훈련을 개선한다.

마지막으로, 학생 참여형 안전 활동을 통해 학생들의 안전의식을 높이고 자발적인 안전 문화를 형성할 수 있다. 학생들이 자발적으로 참여할 수 있는 안전 동아리를 운영하여 안전에 대한 관심과 참여를 유도하고, 학생들이 주도하는 안전 캠페인을 통해 안전의 중요성을 널리 알리며 안전한 학교 환경을 조성한다. 또래 교육을 통해 학생들이 친구들에게 안전 수칙을 교육하고 안전한 행동을 유도할 수 있도록 지원하며, 안전과 관련된 프로젝트를 기획하고 실행하여 실질적인 안전 개선 활동을 경험할 수 있도록 한다.

이와 같은 학교안전사고 예방 전략을 통해 학생들이 안전한 환경에서 학습하고 성장할 수 있도록 학교와 가정, 지역사회가 함께 노력해야 한다. 체계적이고 지속적인 예방 활동은 사고 발생을 줄이고, 발생 시 신속한 대응을 가능하게 하여 학생들의 안전을 보장할 수 있다.

다. 학교안전사고 대응 방안

학교안전사고가 발생했을 때는 신속하고 체계적인 대응이 필수적이다. 사고 발생 시 적절한 초동 조치와 응급 상황 대응 절차, 사고 보고 및 기록 관리, 피해 학생 지원 방안, 사고 후 복구 및 재발 방지 대책 등을 통해 학생들의 안전을 보장하고 추가적인 피해를 예방할 수 있다(조인식, 정필운, 2015).

사고가 발생하면 가장 먼저 현장에 있는 교직원이나 학생들이 신속하게 초동 조치를 취해야 한다. 이는 추가적인 피해를 막고, 사고 상황을 안정화하는 데 중요한 역할을 한다. 우선, 사고 발생 즉시 사고 현장을 신속히 파악하고, 사고의 유형과 피해 정도를 확인해야 한다. 부상자가 있을 경우 즉시 응급 처치를 시행하는데, 출혈이 있는 경우 지혈을 하고, 의식을 잃은 경우 심폐소생술을 실시해야 한다. 또한, 화재나 폭발 등 대피가 필요한 상황에서는 학생들과 교직원을 안전한 장소로 신속히 대피시키고, 사고 현장의 안전을 확보하여 2차 피해를 방지해야 한다.

응급 상황 발생 시 체계적인 대응 절차를 마련하여 신속하고 효과적으로 대처해야 한다. 사고 발생 즉시 119, 112 등 긴급 구조대에 연락하여 상황을 보고하고, 필요 시 구급차나 소방차를 요청한다. 사고 현장에서 가능한 응급 처치를 실시하고, 부상자의 상태를 안정시킨다. 심각한 부상자는 신속하게 병원으로 이송하며, 학교 내 연락망을 통해 사고 발생 사실을 알리고, 학교 관리자와 관련 교직원들에게 신속히 전파한다. 사고 발생 사실은 학생의 보호자에게 신속하게 통보하여 상황을 공유하고, 필요한 경우 병원으로 이송된 부상자의 상태를 설명한다.

사고 발생 후 정확한 사고 보고와 기록 관리는 재발 방지와 사고 분석에 중요하다. 사고 발생 경위, 사고 현황, 부상자 명단, 초동 조치 내용 등을 포함한 사고 보고서를 작성하고, 이를 학교 관리자와 교육청 등 관련 부서에 신속히 제출해야 한다. 사고 관련 모든 기록을 체계적으로 보관하여 향후 사고 예방 및 대응 계획 수립에 참고하도록 한다.

사고로 인해 피해를 입은 학생들에게 적절한 지원을 제공하여 심리적, 신체적 회복을 돕는다. 사고로 인해 정신적 충격을 받은 학생들에게 심리 상담을 제공하여 정서적 안정을 찾을 수 있도록 돕고, 부상당한 학생들에게 필요한 의료 지원을 제공하며,

치료가 필요한 경우 지속적인 치료를 받을 수 있도록 지원한다. 또한, 사고로 인해 학습에 지장을 받은 학생들에게 학습 지원 프로그램을 제공하여 학업 복귀를 돕고, 피해 학생의 가족에게도 사고 상황을 설명하고, 필요한 지원을 제공하여 가정 내에서도 학생을 지원할 수 있도록 돕는다.

사고 후 복구 작업과 재발 방지 대책을 마련하여 같은 사고가 다시 발생하지 않도록 한다. 사고로 인해 파손된 시설과 장비를 신속히 복구하고, 필요한 경우 새로 교체하며, 사고 원인을 철저히 분석하여 문제점을 파악하고 이를 바탕으로 재발 방지 대책을 수립한다. 사고 발생 원인과 대응 과정을 바탕으로 안전 교육과 훈련 프로그램을 강화하여 학생들과 교직원들이 더 나은 대응 능력을 갖출 수 있도록 하고, 정기적인 안전 점검을 통해 잠재적인 위험 요소를 사전에 발견하고 이를 개선하여 안전한 학교 환경을 조성한다.

2. 학교폭력예방

가. 학교폭력의 개념과 유형

관련법률 및 시행령

학교폭력예방법[7]

제2조(정의) 이 법에서 사용하는 용어의 정의는 다음 각 호와 같다.

1. "학교폭력"이란 학교 내외에서 학생을 대상으로 발생한 상해, 폭행, 감금, 협박, 약취·유인, 명예훼손·모욕, 공갈, 강요·강제적인 심부름 및 성폭력, 따돌림, 사이버폭력 등에 의하여 신체·정신 또는 재산상의 피해를 수반하는 행위를 말한다.

1의2. "따돌림"이란 학교 내외에서 2명 이상의 학생들이 특정인이나 특정집단의 학생들을 대상으로 지속적이거나 반복적으로 신체적 또는 심리적 공격을 가하여 상대방이 고통을 느끼도록 하는 모든 행위를 말한다.

1의3. "사이버폭력"이란 정보통신망(「정보통신망 이용촉진 및 정보보호 등에 관한 법률」 제2조 제1항 제1호의 정보통신망을 말한다)을 이용하여 학생을 대상으로 발생한 따돌림과 그 밖에 신체·정신 또는 재산상의 피해를 수반하는 행위를 말한다.

7) 「학교폭력예방 및 대책에 관한 법률」로 본문에서는 '학교폭력예방법' 또는 '법률'로 표기함. 또한 「학교폭력예방 및 대책에 관한 법률 시행령」은 '시행령'으로 표기하기로 함.

1) 학교폭력의 개념

학교폭력은 학교 내외에서 학생을 대상으로 이루어지는 일련의 행위로, 신체적, 정신적, 재산적 피해를 야기하는 모든 행위를 포함한다. 이러한 행위는 상해, 폭행, 감금, 협박, 유괴, 명예훼손, 모욕, 공갈, 강제적인 심부름, 성폭력, 따돌림, 사이버폭력 등을 포함하며, 학생의 신체와 정신, 재산에 손해를 입히는 것을 의미한다(김창군, 임계령, 2010).

〈표 12-1〉 학교폭력의 특징

특징	내용
다양한 형태	• 신체적 폭력, 정신적 폭력, 재산적 피해, 성폭력, 사이버폭력 등 다양한 형태로 나타남
영향 범위	• 신체적, 정신적, 사회적 영향을 포함하며, 건강 악화, 불안, 우울, 스트레스, 대인관계 문제 등 발생
발생 장소의 다양성	• 교실, 복도, 운동장 등 학교 내부뿐만 아니라 학교 주변, 집, 온라인 공간 등에서도 발생
지속성 및 반복성	• 한 번의 사건으로 끝나지 않고, 지속적이고 반복적으로 발생할 수 있음
권력 불균형	• 가해자가 피해자보다 신체적으로나 심리적으로 우위에 있는 경우가 많음
은폐와 무시	• 피해자가 보복이나 더 큰 피해를 두려워하여 신고하지 않는 경우가 많으며, 학교나 사회가 문제를 무시하거나 축소하는 경향이 있을 수 있음

〈표 12-2〉 학교폭력의 유형[8)]

유형	예시상황
신체 폭력	• 신체를 손, 발로 때리는 등 고통을 가하는 행위(상해, 폭행) • 일정한 장소에서 쉽게 나오지 못하도록 하는 행위(감금) • 강제(폭행, 협박)로 일정한 장소로 데리고 가는 행위(약취) • 상대방을 속이거나 유혹해서 일정한 장소로 데리고 가는 행위(유인) • 장난을 빙자한 꼬집기, 때리기, 힘껏 밀치기 등 상대방이 폭력으로 인식하는 행위

8) 출처: 인천광역시교육청(2024). 2024개정판 학교폭력 사안처리 요령.

유형	예시상황
언어폭력	• 여러 사람 앞에서 상대방의 명예를 훼손하는 구체적인 말(성격, 능력, 배경 등)을 하거나 그런 내용의 글을 인터넷, SNS 등으로 퍼뜨리는 행위(명예훼손). ※ 내용이 진실이라고 하더라도 범죄이고, 허위인 경우에는 형법상 가중 처벌 대상이 됨 • 여러 사람 앞에서 모욕적인 용어(생김새에 대한 놀림, 병신, 바보 등 상대방을 비하하는 내용)를 지속적으로 말하거나 그런 내용의 글을 인터넷, SNS 등으로 퍼뜨리는 행위(모욕) • 신체 등에 해를 끼칠 듯한 언행("죽을래" 등)과 문자메시지 등으로 겁을 주는 행위(협박)
금품갈취(공갈)	• 돌려 줄 생각이 없으면서 돈을 요구하는 행위 • 옷, 문구류 등을 빌린다며 되돌려주지 않는 행위 • 일부러 물품을 망가뜨리는 행위
강요	• 속칭 빵 셔틀, 와이파이 셔틀, 과제 대행, 게임 대행, 심부름 강요 등 의사에 반하는 행동을 강요하는 행위(강제적 심부름) • 폭행 또는 협박으로 상대방의 권리행사를 방해하거나 해야 할 의무가 없는 일을 하게 하는 행위(강요) • 돈을 걷어오라고 하는 행위
따돌림	• 집단적으로 상대방을 의도적이고 반복적으로 피하는 행위 • 싫어하는 말로 바보 취급 등 놀리기, 빈정거림, 면박주기, 겁주는 행동, 골탕 먹이기, 비웃기 • 다른 학생들과 어울리지 못하도록 막는 행위
성폭력	• 폭행 · 협박을 하여 성행위를 강제하거나 유사 성행위, 성기에 이물질을 삽입하는 등의 행위 • 상대방에게 폭행과 협박을 하면서 성적 모멸감을 느끼도록 신체적 접촉을 하는 행위 • 성적인 말과 행동을 함으로써 상대방이 성적 굴욕감, 수치감을 느끼도록 하는 행위
사이버 폭력	• 사이버 언어폭력, 사이버 명예훼손, 사이버 갈취, 사이버 스토킹, 사이버 따돌림, 사이버 영상 유포 등 정보통신기기를 이용하여 괴롭히는 행위 • 특정인에 대해 모욕적 언사나 욕설 등을 인터넷 게시판, 채팅, 카페 등에 올리는 행위. 특정인에 대한 저격글이 그 한 형태임 • 특정인에 대한 허위 글이나 개인의 사생활에 관한 사실을 인터넷, SNS 등을 통해 불특정 다수에 공개하는 행위 • 성적 수치심을 주거나, 위협하는 내용, 조롱하는 글, 그림, 동영상 등을 정보통신망을 통해 유포하는 행위 • 공포심이나 불안감을 유발하는 문자, 음향, 영상 등을 휴대폰 등 정보통신망을 통해 반복적으로 보내는 행위

여기서 몇 가지 유의할 사항이 있다. 먼저, 사소한 괴롭힘, 학생들이 장난이라고 여기는 행위도 학교폭력이 될 수 있음을 인식할 수 있도록 분명하게 가르쳐야 한다. 학교폭력예방법의 학교폭력은 '학교 내·외에서 학생을 대상으로 하는 폭력'이므로, 가해자가 학생이 아닌 경우에도 필요시 피해학생에 대해 보호조치를 할 수 있다. 아동학대로 신고·접수된 사안의 경우 학교폭력 사안처리 적용을 제외할 수 있다(「학교폭력예방법」 제5조). 단 단위학교에서는 피해아동 보호를 위해 관계기관에 적극적으로 협조하며 지속적 보호를 위해 노력해야 한다(교육부 「아동학대 예방 및 대처 요령 가이드북」에 따라 운영).

나. 사안처리 흐름도

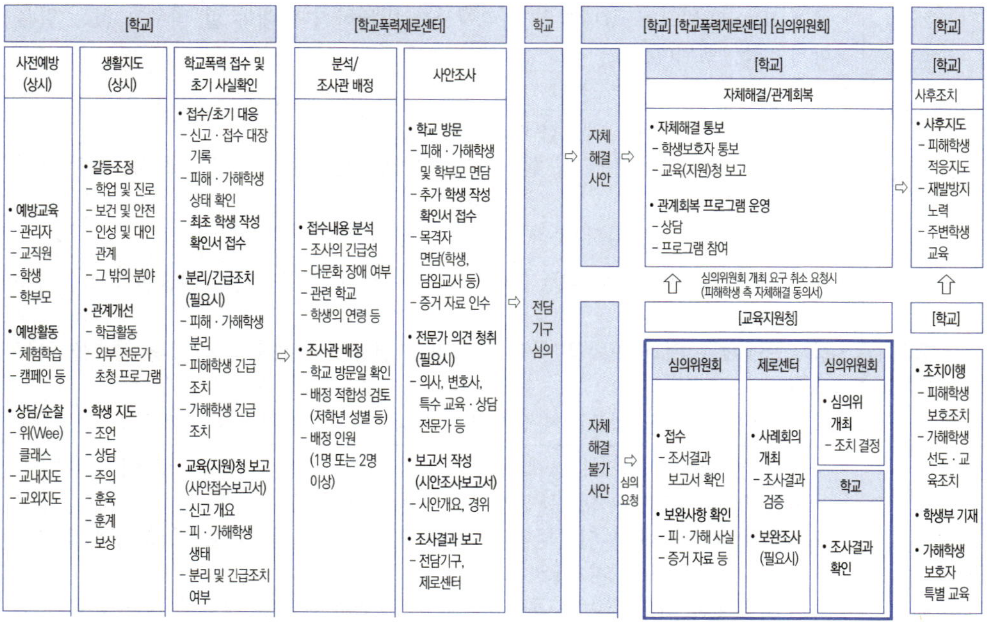

[그림 12-1] 학교폭력 사안처리를 위한 흐름도

1) 사전예방(상시)

학교폭력 예방의 첫 단계는 사전 예방이다. 학교는 다양한 예방 교육 프로그램을 통해 학생들에게 학교폭력의 심각성과 예방의 중요성을 교육한다. 이 교육에는 과제 발표, 체험 활동, 학교 프로그램 등이 포함된다. 또한, 학교는 또래 조정, 캠페인 활동, 상담 및 멘토링을 통해 학생들 간의 갈등을 조정하고 예방 활동을 강화한다. 실태조사를 통해 학교 폭력의 현황을 파악하고, 연간 계획을 수립하여 체계적으로 대응한다. 상담 및 신고 시스템을 운영하여 학생들이 학교폭력에 대해 쉽게 신고하고 상담받을 수 있도록 지원한다(교육부, 2023a).

2) 생활지도(상시)

생활지도는 학생들이 학교 생활에서 겪는 다양한 문제를 조정하고 개선하는 과정이다. 교사는 학생들 간의 갈등을 중재하고, 또래 상담과 부모 상담을 통해 문제 해결을 돕는다. 소집단 활동, 특강, 교육 프로그램을 통해 학생들 간의 관계를 개선하고, 학부모 대상 교육과 소통 프로그램을 통해 가정에서도 학생들을 지원할 수 있도록 한다.

3) 학교폭력 접수 및 초기 사후관리

학교폭력 사건이 발생하면, 학교는 즉시 신고와 접수를 받아 초기 대응을 시작한다. 신고가 접수되면 피해 학생과 가해 학생을 보호하고, 학부모에게 통보한다. 관련 부서와 협력하여 초기 상담과 기록을 진행하며, 필요한 경우 학교폭력대책센터에 사건을 전달한다. 학교폭력대책센터에서도 신고를 접수하고, 피해 학생과 가해 학생 보호조치를 시행하며, 초기 대응을 위한 협력을 지속한다.

4) 조사 및 배정

학교폭력대책센터는 사건 접수 후 조사팀을 구성하여 조사를 진행한다. 조사팀은 배정된 담당자와 함께 사건을 조사하고, 조사 결과를 기록한다. 학교에서도 조사팀을 구성하여 내부 조사를 진행하며, 학교폭력대책센터와 협력하여 조사를 완료한다.

5) 심의 및 결정

조사가 완료되면 학교폭력대책센터와 심의위원회는 심의 과정을 통해 사건을 검토하고 결론을 도출한다. 심의위원회는 위원들을 구성하여 조사 결과를 검토하고, 피해자 보호와 가해자 처벌에 대한 결정을 내린다. 결과는 학부모와 학생에게 통보되며, 필요에 따라 추가적인 조치가 취해진다.

6) 자치 해결 및 관계 회복

학교는 자체적으로 문제를 해결하고 관계 회복을 위한 프로그램을 운영한다. 학부모에게 통보하고, 피해 학생을 보호하며, 가해 학생에 대한 처벌을 실시한다. 동시에, 관계 회복을 위한 프로그램을 통해 피해자와 가해자가 소통하고 문제를 해결할 수 있도록 지원한다. 상담과 멘토링을 통해 학생들이 심리적 안정을 찾고 건강한 관계를 회복하도록 돕는다.

7) 사후 조치

사후 조치는 사건이 해결된 후에도 지속적으로 이루어져야 한다. 학교는 피해 학생을 지원하고, 가해 학생을 관리하며, 재발 방지를 위한 교육을 시행한다. 사안처리 결과를 보고하고, 후속 조치 계획을 수립하여 문제를 완전히 해결할 수 있도록 한다. 학부모와의 지속적인 소통을 통해 추가적인 지원을 제공하며, 학생들이 안전하고 건강한 학교 생활을 할 수 있도록 돕는다.

다. 사전 예방활동

1) 관련 법률 및 시행령

학교폭력예방을 위한 관련 법률과 시행령은 다음과 같다.

- 학교폭력예방법 제11조(교육감의 임무)

⑩ 교육감은 제14조 제3항에 따른 전담기구 구성원의 학교폭력 관련 전문성 향상을 위한 교육 등을 실시할 수 있다.

⑬ 교육감은 학교의 장 및 교감을 대상으로 학교폭력 예방 및 대책 등에 관한 교육을 매년 1회 이상 실시하여야 한다.

- 학교폭력예방법 제14조(전문상담교사 배치 및 전담기구 구성)

⑤ 전담기구는 학교폭력에 대한 실태조사(이하 "실태조사"라 한다)와 학교폭력 예방 프로그램을 구성·실시하며, 학교의 장 및 심의위원회의 요구가 있는 때에는 학교폭력에 관련된 조사결과 등 활동결과를 보고하여야 한다.

- 학교폭력예방법 제15조(학교폭력 예방교육 등)

① 학교의 장은 학생의 육체적·정신적 보호와 학교폭력의 예방을 위한 학생들에 대한 교육(학교폭력의 개념·실태 및 대처방안 등을 포함하여야 한다)을 학기별로 1회 이상 실시하여야 한다.

② 학교의 장은 학교폭력의 예방 및 대책 등을 위한 교직원 및 학부모에 대한 교육을 학기별로 1회 이상 실시하여야 한다.

③ 학교의 장은 학교폭력을 예방하기 위하여 교사·학생·학부모 등 학교구성원이 학교폭력에 대한 책임을 인식하고 실천할 수 있도록 필요한 사항을 정하여 운영할 수 있다.

④ 학교의 장은 제1항에 따른 학교폭력 예방교육 프로그램의 구성 및 그 운용 등을 전담기구와 협의하여 전문단체 또는 전문가에게 위탁할 수 있다.

⑤ 교육장은 제1항, 제2항 및 제4항에 따른 학교폭력 예방교육 프로그램의 구성과 운용계획을 학부모가 쉽게 확인할 수 있도록 휴대전화를 이용한 문자메시지 전송, 인터넷 홈페이지 게시 및 그 밖에 다양한 방법으로 학부모에게 홍보하여 참여가 활성화될 수 있도록 노력하여야 한다.

⑥ 교육부장관은 학교폭력 예방 및 대책 등에 관한 홍보영상을 제작하여 「방송법」 제2조 제3호에 따른 방송사업자에게 배포하고 송출을 요청할 수 있다.

⑦ 그 밖에 학교폭력 예방교육의 실시와 관련한 사항은 대통령령으로 정한다.

- 학교폭력예방법 제19조(학교의 장의 의무)

④ 학교의 장은 학교폭력 예방을 위하여 필요한 경우 해당 학교의 학교폭력 현황을 조사하는 등 학교폭력 조기 발견 및 대처를 위하여 노력하여야 한다.

- 학교폭력예방법 시행령 제17조(학교폭력 예방교육)

① 법 제11조 제13항에 따른 교육에는 다음 각 호의 사항이 포함되어야 한다.

1. 법 제13조의2에 따른 학교의 장의 자체해결 요건 및 절차 등에 관한 사항
2. 법 제16조 제1항 각 호외의 부분 단서에 따른 가해자(교사를 포함한다. 이하 제17조의2에서 같다)와 피해학생의 분리 및 피해학생에 대한 긴급 보호 조치에 관한 사항
3. 법 제 17조 제5항 및 제6항에 따른 가해학생에 대한 조치에 관한 사항
4. 그 밖에 학교폭력 예방 및 대응에 필요한 학교의 장 및 교감의 역할에 관한 사항

② 학교의 장은 법 제15조 제7항에 따라 학생과 교직원 및 학부모에 대한 학교폭력 예방교육을 다음 각 호의 기준에 따라 실시한다.

1. 학기별로 1회 이상 실시하고, 교육 횟수·시간 및 강사 등 세부적인 사항은 학교 여건에 따라 학교의 장이 정한다.
2. 학생에 대한 학교폭력 예방교육은 학급 단위로 실시함을 원칙으로 하되, 학교 여건에 따라 전체 학생을 대상으로 한 장소에서 동시에 실시할 수 있다.
3. 학생과 교직원, 학부모를 따로 교육하는 것을 원칙으로 하되, 내용에 따라 함께 교육할 수 있다.
4. 강의, 토론 및 역할연기 등 다양한 방법으로 하고, 다양한 자료나 프로그램 등을 활용하여야 한다.
5. 교직원에 대한 학교폭력 예방교육은 학교폭력 관련 법령에 대한 내용, 학교폭력 발생 시 대응요령, 학생 대상 학교폭력예방 프로그램 운영 방법 등을 포함하여야 한다.
6. 학부모에 대한 학교폭력 예방교육은 학교폭력 징후 판별, 학교폭력 발생 시 대응요령, 가정에서의 인성교육에 관한 사항을 포함하여야 한다.

학교폭력 예방교육의 실시 의무는 학교장에게 있다(법률 제15조). 학교폭력 예방 프로그램은 '학교폭력 전문기관'에서 구성 및 실시한다(법률 제14조 제5항). 단, 전문 단체 또는 전문가에게 위탁할 수 있다(법률 제15조 제4항). 학생, 교직원, 보호자를 따로 교육하는 것이 원칙이나, 내용에 따라 함께 교육할 수 있다(시행령 제17조 제2항).

학생들은 학기별로 1회 이상, 연 2회 이상의 학교폭력 예방교육을 받는다. 학교 단위로 실시함이 원칙이며, 강의, 토론, 역할연기 등 다양한 방법을 활용하여 교육이 이루어진다(시행령 제17조 제2항 제2호). 또한, 교과 및 창의적 체험활동 교육과정을 활용하여 실시한다.

교직원들은 학기별로 1회 이상, 연 2회 이상의 학교폭력 예방교육을 받아야 한다. 교직원 교육에는 학교폭력 관련 법에 대한 내용, 발생 시 대응요령, 학생 대상 예방 프로그램 운영 방법 등을 포함한다(시행령 제17조 제2항 제5호). 보호자들도 학기별로 1회 이상, 연 2회 이상의 학교폭력 예방교육을 받아야 한다. 보호자 교육에는 학교폭력 징후 판별, 발생 시 대응요령, 가정에서의 인성교육에 관한 사항을 포함한다(시행령 제17조 제2항 제6호). 학교폭력 예방교육 시 장애학생 및 다문화학생의 인권보호와 관련 내용을 포함해야 한다.

생각해 볼 문제

1. 현재 학교에서 시행하고 있는 안전 예방 전략 중에서 어떤 부분이 가장 효과적이라고 생각하나요? 예를 들어, 안전 교육 프로그램, 정기적인 시설 점검, 비상 대응 훈련 등 여러 전략 중에서 가장 효과적인 요소는 무엇일까요?
2. 교직원과 보호자를 대상으로 하는 학교폭력 예방교육의 중요성에 대해 생각해 보세요. 교직원과 보호자의 역할이 학생들의 학교폭력 예방에 어떻게 기여할 수 있는지, 그리고 이들이 학생들과 효과적으로 소통하고 지원할 수 있는 방법은 무엇인지 생각해 봅시다.

학습활동

•학교안전사고의 정의, 유형, 예방전략을 정리해 봅시다.

정의	유형	예방전략

•학교폭력 예방에 관한 주요 개념과 방법을 마인드맵으로 만들어 봅시다.

마인드맵

제13장

업무관리와 학교회계

교육 현장의 중심인 학교는 단순히 지식 전달의 공간을 넘어서, 복잡하고 다양한 기능을 수행하는 종합적인 조직체이다. 이러한 학교의 원활한 운영을 위해서는 체계적인 업무관리와 투명한 재정 운영이 필수적이다. 본 장에서는 학교 업무관리와 학교 회계라는 두 가지 핵심적인 영역을 심도 있게 다룬다. 효율적인 업무관리 시스템은 교직원들이 교육에 더 집중할 수 있는 환경을 조성하며, 투명하고 책임 있는 학교 회계는 한정된 자원을 최적으로 활용하여 교육의 질을 높이는 데 기여한다. 예비 교원들은 이 장을 통해 학교 운영의 실무적 측면을 이해하고, 미래의 교육자로서 학교 조직의 효과적인 관리와 운영에 기여할 수 있는 역량을 갖추게 될 것이다.

1. 학교업무관리

가. 학교업무관리의 개념과 역할

학교업무관리는 학교의 다양한 운영 업무를 체계적으로 관리하여 교육 목표를 효율적으로 달성하는 과정을 의미한다. 이는 학사 관리, 행정 관리, 시설 관리, 인사 관리 등 학교 운영 전반을 포함하며, 각 업무의 효율성을 높이고, 학교 전체의 운영을 최적화하는 데 중점을 둔다. 학교업무관리의 주요 역할에 대해 주요 영역별로 살펴보면 다음과 같다(경기도교육청, 2024).

〈표 13-1〉 학교업무관리의 영역별 역할

영역	세부영역	주요내용	업무상세
학사 관리	학사 일정 수립	연간 학사 일정 계획, 시험 일정, 방학 일정 조정	학사 일정 작성, 교사 및 학생에게 일정 공지, 학사 일정 변경 관리
	수업 시간표 작성	교사와 학생들의 시간표 작성, 강의실 배정 조정	교사 및 학급별 시간표 작성, 강의실 예약 및 배정, 시간표 변경 관리
	성적 관리	학생들의 성적 기록, 성적표 발급, 성적 향상 방안 마련	시험 및 과제 성적 기록, 성적표 출력 및 배포, 성적 분석 및 향상 계획 수립
	출결 관리	학생들의 출결 기록, 무단결석 및 지각 관리	출결 데이터 입력, 무단결석 및 지각 학생 통지, 출석 관련 상담 및 지도
행정 관리	예산 편성 및 집행	학교 운영 예산 계획, 부서별 예산 배정, 예산 집행 관리	예산 계획서 작성, 부서별 예산 배정, 예산 사용 내역 보고, 예산 집행 모니터링
	물품 구매 및 관리	운영에 필요한 물품 구매, 재고관리, 자원 배분	필요 물품 목록 작성, 공급 업체 선정, 구매 요청 처리, 재고 조사 및 관리
	문서 처리 및 보관	행정 문서 처리, 중요 문서 체계적 보관	문서 작성 및 결재, 문서 분류 및 보관, 보안 문서 관리
시설 관리	시설 유지보수	학교 건물 및 시설 유지보수 계획 및 실행	시설 점검 일정 수립, 유지보수 작업 계획 및 실행, 외부 수리업체와 협력 관리
	안전 점검	정기적인 시설 안전 점검, 위험 요소 사전 제거	안전 점검 체크리스트 작성, 정기적인 안전 점검 실시, 위험 요소 발견 시 즉각 조치
	청소 및 위생 관리	학교 환경의 청결 유지, 위생 관리	청소 일정 수립, 청소 인력 관리, 위생 상태 모니터링

영역	세부영역	주요내용	업무상세
인사 관리	교직원 채용	필요한 교직원 채용, 채용 절차 관리	채용 공고 작성 및 배포, 지원서 접수 및 검토, 면접 일정 조정 및 실행
	교육 및 훈련	교직원 역량 강화를 위한 교육 및 훈련 프로그램 계획 및 실행	연수 및 워크숍 계획, 교직원 교육 자료 준비, 교육 프로그램 평가
	평가 및 승진	교직원 업무 성과 평가, 승진 및 보상 체계 관리	성과 평가 기준 마련, 교직원 평가 실시, 승진 및 보상 계획 수립
	복리후생 관리	교직원 복리후생 관리, 만족도 증진	복리후생 프로그램 기획, 교직원 복지 혜택 관리, 교직원 만족도 조사 및 개선안 마련

나. 주요 업무 관리 영역

학사 일정 수립은 연간 학사 일정을 계획하고 조정하는 작업이다. 여기에는 학기 시작과 끝, 시험 일정, 방학 일정 등이 포함된다. 학사 일정을 작성하고 교사 및 학생에게 이를 공지하며, 필요 시 학사 일정을 변경 관리한다. 또한 학사 일정에 따른 행사 계획을 수립한다. 예를 들어, 한 학교가 새로운 학년을 준비하면서 연간 학사 일정을 작성하고 이를 교사와 학생들에게 공지하여 시험과 방학 계획을 알리는 작업이 포함된다(경상남도교육청, 2020).

수업 시간표 작성은 교사와 학생들의 시간표를 작성하고 강의실 배정을 조정하는 작업이다. 교사 및 학급별 시간표를 작성하고, 강의실 예약 및 배정을 조정하며, 시간표 변경 사항을 관리한다. 또한 교사 및 학생의 시간표 충돌 문제를 해결한다. 예를 들어, 학기 초에 모든 학년의 시간표를 작성하고 각 학급이 사용할 강의실을 예약하는 과정이다.

성적 관리는 학생들의 성적을 기록하고 관리하며, 성적표를 발급하고 성적 향상 방안을 마련하는 작업이다. 시험 및 과제 성적을 기록하고, 성적표를 출력 및 배포하며, 성적 분석을 통해 향상 계획을 수립한다. 또한 성적 통계 보고서를 작성한다. 예를 들어, 시험이 끝난 후 학생들의 성적을 입력하고 성적표를 발급하여 학생들에게 배포하는 과정이다.

출결 관리는 학생들의 출결을 기록하고, 무단결석 및 지각을 관리하는 작업이다.

출결 데이터를 입력하고, 무단결석 및 지각 학생에게 통지하며, 출석 관련 상담 및 지도를 실시한다. 또한 출결 기록을 분석하여 보고한다. 예를 들어, 매일 아침 출석을 확인하고 무단결석한 학생의 부모에게 연락하여 이유를 확인하는 과정이다.

예산 편성 및 집행은 학교 운영에 필요한 예산을 계획하고, 각 부서에 예산을 배정하며, 예산 집행을 관리하는 작업이다. 예산 계획서를 작성하고, 부서별 예산을 배정하며, 예산 사용 내역을 보고하고, 예산 집행을 모니터링한다. 또한 예산 사용의 효율성을 평가한다. 예를 들어, 새 학년도 시작 전에 전체 학교 예산을 계획하고 각 부서에 필요한 예산을 배정하여 관리하는 과정이다.

물품 구매 및 관리는 학교 운영에 필요한 물품을 구매하고, 재고 관리를 통해 필요한 자원을 적절히 배분하는 작업이다. 필요 물품 목록을 작성하고, 공급 업체를 선정하며, 구매 요청을 처리하고, 재고를 조사 및 관리한다. 또한 물품 사용 현황을 보고한다. 예를 들어, 교실에서 사용할 교재와 학용품을 주문하고 도착한 물품을 적절히 배분하는 과정이다.

문서 처리 및 보관은 학교의 각종 행정 문서를 처리하고, 중요 문서를 체계적으로 보관하는 작업이다. 문서를 작성하고 결재를 받으며, 문서를 분류하고 보관하며, 보안 문서를 관리한다. 또한 문서 폐기 일정을 수립하고 실행한다. 예를 들어, 회의록을 작성한 후 결재를 받고 이를 체계적으로 분류하여 보관하는 과정이다.

시설 유지보수는 학교 건물과 시설의 유지보수 작업을 계획하고 실행하여 안전하고 쾌적한 환경을 제공하는 작업이다. 시설 점검 일정을 수립하고, 유지보수 작업을 계획 및 실행하며, 외부 수리업체와 협력을 관리한다. 또한 유지보수 비용을 관리한다. 예를 들어, 학교 운동장의 잔디를 정기적으로 관리하고 고장 난 교실의 전등을 수리하는 과정이다.

안전 점검은 정기적으로 시설 안전 점검을 실시하고, 위험 요소를 사전에 제거하는 작업이다. 안전 점검 체크리스트를 작성하고, 정기적인 안전 점검을 실시하며, 위험 요소 발견 시 즉각 조치를 취한다. 또한 안전 점검 결과를 보고한다. 예를 들어, 화재 안전 점검을 통해 소화기의 위치와 상태를 확인하고 문제를 즉시 해결하는 과정이다.

청소 및 위생 관리는 학교 환경의 청결과 위생을 유지하여 건강한 학습 환경을 조성하는 작업이다. 청소 일정을 수립하고, 청소 인력을 관리하며, 위생 상태를 모니터링한다. 또한 위생 교육 프로그램을 운영한다. 예를 들어, 매일 학교 건물을 청소하고 위생 상태를 점검하여 문제가 발생하지 않도록 관리하는 과정이다.

교직원 채용은 필요한 교직원을 채용하고, 채용 절차를 체계적으로 관리하는 작업이다. 채용 공고를 작성 및 배포하고, 지원서를 접수 및 검토하며, 면접 일정을 조정 및 실행한다. 또한 채용 후 신입 교직원을 위한 오리엔테이션을 실시한다. 예를 들어, 새로운 교사를 채용하기 위해 채용 공고를 작성하고 지원자를 면접하는 과정이다.

교육 및 훈련은 교직원의 역량 강화를 위한 교육과 훈련 프로그램을 계획하고 실행하는 작업이다. 연수 및 워크숍을 계획하고, 교직원 교육 자료를 준비하며, 교육 프로그램을 평가한다. 또한 교직원 발전 계획을 수립한다. 예를 들어, 교사들에게 새로운 교육 기법을 소개하는 연수 프로그램을 기획하고 실행하는 과정이다.

평가 및 승진은 교직원의 업무 성과를 평가하고, 승진 및 보상 체계를 관리하는 작업이다. 성과 평가 기준을 마련하고, 교직원을 평가하며, 승진 및 보상 계획을 수립한다. 또한 평가 결과를 피드백 제공한다. 예를 들어, 연말에 교사들의 성과를 평가하고 우수한 교사를 승진시키는 과정이다.

복리후생 관리는 교직원의 복리후생을 체계적으로 관리하여 만족도를 높이는 작업이다. 복리후생 프로그램을 기획하고, 교직원 복지 혜택을 관리하며, 교직원 만족도 조사를 실시하고 개선안을 마련한다. 또한 복리후생 예산을 관리한다. 예를 들어, 교직원을 위한 건강 검진 프로그램을 기획하고 이를 통해 교직원의 건강을 관리하는 과정이다.

학교에서 실제로 수행되고 있는 업무를 부서별로 편성한 사례를 확인해 보면서 학교 업무에 대해 파악해 보자.

〈표 13-2〉 학교업무분장표

부서	분장업무	업무내용
1 교무부	교무기획	교무기획, 일과운영, 학교규칙, 의식행사, 학사관리(연혁), 의무취학관리(정원외 등), 학생표창, 장학금관리
	학적	기본학적관리, 전출·입, 출석관리, NEIS 생활기록부 관리, 학교생활기록부 정정 자료 처리
	NEIS	NEIS 시스템 관리, 정보공시

부서	분장업무	업무내용
	교육홍보	보결수업, 학교게시판, 교육홍보(보도 자료), 학교앨범제작
	다문화교육	다문화, 탈북, 특수학급 교육
	특수교육	특수학급교육, 통합교육기획, 장애이해교육
2 연구부	연구기획	연구기획, 학교(년 · 급)교육과정 편성 및 운영, 학교안내, 학교평가, 교육과정설명회, 장학기획(컨설팅), 행복학교, 전문적학습공동체 운영
	학교특색	교내학예회, 한자 인증제
	교원연구	교원연수, 수업공개, 연구대회지원
	평가	학생평가, 교원능력개발평가, 수학(체험)교육
	교과서	교과서 · 지도서 수급, 교과서(검인정도서) 선정 · 구입, 교직단체
	영어교육	영어교육, 영어대회, 영어회화강사 관리, 원어민업무
3 안전인성	안전인성교육	안전인성기획, 교내외생활지도, 학교폭력예방운영, 정서행동검사, 학생인권교육
	체험학습	수련활동, 현장체험학습, 건강증진 프로그램, 기타체험학습
	안전교육	각종 안전교육, 녹색어머니회 운영, 소방재난교육(학생)
4 과학환경	과학환경교육	과학환경기획, 과학교육기획, 과학행사기획, 과학실운영(교구, 자료, 기자재 구입), 에듀파인(교구), 발명교실, 영재교육, 행복학교(학년형)
	생태환경	생태 · 환경교육, 융합인재교육(STEAM), 학교 실내외 환경구성, 교내외 청소, 분리배출
	대외행사 및 복지교육	대외 학예행사응모(문예, 미술 외), 경제교육, 이웃돕기, 교육기부, 바우처 사업, 경로효친교육
5 정보교육	정보교육	정보교육기획, 정보보안관리, 개인정보보호, 저소득층 정보화 지원 관리, 학내망 관리 운영(웹 · 보안서버관리), 정보자료실 관리, 전산소모품관리(프린터, 잉크), 교단선진화 및 기자재 관리, 각종 소프트웨어 관리, S/W교육
	홈페이지	학교홈페이지 운영, 사이버 학습(새미, e-러닝학습)관리, EBS활용교육, 정보화 교육, 스마트 교육, 정보통신 윤리교육, 컴퓨터 경진대회, 무선인프라 및 디지털교과서
	학습자료	학습준비물, 학습교구관리, 시청각자료 및 기자재관리
6 체육교육	체육교육	체육교육기획, 운동회, 줄넘기 급수제, 체육교구 관리, 각종 체육행사 추진, 놀이활동
	스포츠클럽	스포츠클럽, PAPS 운영, 교기육성, 스포츠동아리, 방송
	보건교육	보건실운영, 보건위생교육, 성교육, 건강기록부 관리, 학교환경위생정화, 금연교육, 건강검사, 신체발달상황검사, 저체력 · 비만아동 특별 프로그램 운영
	영양교육	학교급식교육, 급식소 관리, 식습관개선교육, 조리종사원 지원

부서	분장업무	업무내용
7 진로상담	진로상담교육	진로상담기획, 진로교육, 두드림 교육(기초 · 교과 부진학생 지도)
	상담교육	상담, 상담실관리, 양성평등교육, wee프로젝트, 표준화검사, 꿈키움교실(대안교실),
	학부모	학부모회운영, 평생교육
	자치봉사활동	학생 자치회 조직 · 운영, 학생 동아리 조직 · 운영, 봉사활동, 청소년단체, 학습준비실 관리
	독서교육	독서교육, 독서지원시스템 관리, 독서행사, 도서실 및 사서 관리
	나라사랑교육	나라사랑 교육, 계기교육, 통일안보교육, 독도교육
8 방과후교육	방과후교육	방과후교육기획, 방과후 학교, 방과후 보조인력 관리
	돌봄교실	초등돌봄교실, 대학생 멘토링
	음악교육	학교예술교육, 예술강사지원사업, 오케스트라지도, 악기관리, 음악실관리

다. 학교업무관리 시스템

1) 전자 문서 관리

- 내용: 전자 문서 관리는 학교 내의 모든 문서를 디지털 형식으로 생성하고 저장하며, 필요할 때 쉽게 검색하고 사용할 수 있도록 하는 시스템이다. 이는 종이 문서의 사용을 줄이고, 문서 관리의 효율성을 높이는 데 기여한다.
- 할일: 전자 문서 작성, 디지털 서명 및 승인, 전자 문서 저장 및 보관, 문서의 접근 권한 관리
- 예시: 교무 회의록을 전자 문서로 작성하고, 이를 디지털 서명을 통해 승인받은 후 학교 서버에 저장하여 필요할 때 쉽게 접근할 수 있게 하는 과정

2) 온라인 결재 시스템

- 내용: 온라인 결재 시스템은 학교 내 결재 과정을 디지털화하여 결재 절차를 간소화하고, 신속하게 결재를 진행할 수 있도록 하는 시스템이다. 이를 통해 결재

문서의 이동 시간을 줄이고, 결재 진행 상황을 실시간으로 확인할 수 있다.
- 할일: 결재 문서 작성 및 제출, 결재자 지정 및 알림, 결재 진행 상황 모니터링, 결재 완료 후 문서 보관
- 예시: 예산 집행을 위한 결재 문서를 작성하여 온라인 시스템을 통해 결재자에게 제출하고, 결재자가 디지털 서명을 통해 승인하는 과정

3) 디지털 기록 보관

- 내용: 디지털 기록 보관은 학교의 중요한 기록을 디지털 형식으로 보관하여 보안성과 접근성을 높이는 시스템이다. 이를 통해 기록의 손실을 방지하고, 필요한 기록을 신속하게 검색하고 활용할 수 있다.
- 할일: 기록의 디지털화, 기록 보관 시스템에 저장, 기록 접근 권한 설정, 기록의 정기적인 백업 및 유지 관리
- 예시: 학생들의 성적표와 출결 기록을 디지털 형식으로 보관하여 필요할 때 언제든지 쉽게 검색하고 조회할 수 있게 하는 과정

3) 문서 생성

- 내용: 문서 생성은 필요한 행정 문서, 회의록, 보고서 등을 디지털 형식으로 작성하는 작업이다. 이를 통해 문서 작성의 효율성을 높이고, 문서의 표준화를 도모할 수 있다.
- 할일: 문서 템플릿 사용, 문서 내용 작성, 디지털 서명 및 승인 절차 진행
- 예시: 학교 예산 계획서를 작성할 때 표준 템플릿을 사용하여 문서를 작성하고, 이를 디지털 서명을 통해 승인받는 과정

5) 문서 저장

- 내용: 문서 저장은 생성된 문서를 안전하게 보관하여 필요할 때 쉽게 접근하고 사용할 수 있도록 하는 작업이다. 디지털 형식으로 저장된 문서는 검색이 용이하

고, 보안성이 높다.

- 할일: 문서 저장 위치 지정, 저장된 문서의 분류 및 태그 설정, 백업 시스템 운영
- 예시: 전자 문서 관리 시스템에 중요한 회의록을 저장하고, 이를 카테고리별로 분류하여 필요한 때 쉽게 찾을 수 있도록 하는 과정

6) 문서 검색

- 내용: 문서 검색은 저장된 문서를 필요할 때 신속하게 찾아 사용하는 작업이다. 이를 위해 문서 관리 시스템은 강력한 검색 기능을 제공하여 문서의 제목, 내용, 작성자 등을 기준으로 검색할 수 있다.
- 할일: 키워드 기반 검색, 필터 및 정렬 기능 사용, 검색 결과의 접근 권한 확인
- 예시: 특정 학생의 성적 기록을 검색할 때 해당 학생의 이름이나 학번을 입력하여 관련 문서를 신속하게 찾는 과정

7) 문서 폐기

- 내용: 문서 폐기는 더 이상 필요하지 않은 문서를 안전하게 삭제하는 작업이다. 이를 통해 불필요한 문서의 보관을 줄이고, 보안성을 유지할 수 있다.
- 할일: 폐기할 문서 선정, 폐기 절차 승인, 안전한 문서 삭제 및 폐기 기록 보관
- 예시: 일정 기간이 지나 더 이상 보관할 필요가 없는 문서를 선택하여 폐기하고, 이 과정을 기록으로 남기는 과정

라. 4세대 나이스

나이스란 National Education Information System의 약자로서 2022년 개발된 교육행정 지원시스템이다. 나이스는 여러 차례 수정, 보완을 거쳐 왔다. 2014년 차세대 나이스 이후 개정이 없이 이어져보다 거의 10년 만인 2023년 4세대 나이스로 개편되었다.

4세대 나이스는 지능형 나이스를 추구하고 있다. 나이스 플러스(NEIS+) 시스템을 통해 교사의 편리한 수업관리, 교육과정 설계 및 재구성, 학생 선택중심 교육과정을 지원한다. 대외 기관 시스템을 연계하여 교직원의 행정업무를 경함할 뿐 아니라 교원, 지방공부원, 계약제교원, 교육공무직 등 학교 구성원의 특성에 맞는 인사 및 급여 시스템을 구축하고 있다. 그리고 민원과 대국민 서비스를 확대하여 일반인도 편리하게 이용할 수 있도록 구축하고 있다. 뿐만 아니라 유치원에도 이를 적용하여 유치원 업무 지원을 확대하교 유아교육 전주기 업무지원 서비스를 구현하고 있다.

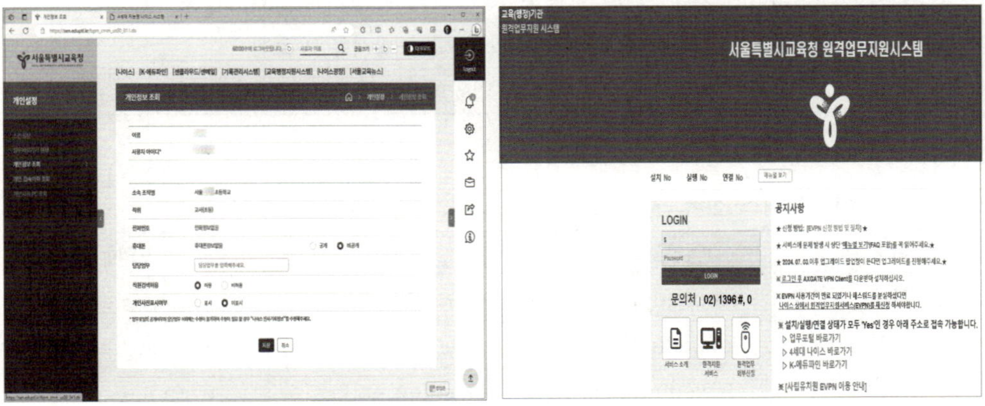

[그림 13-1] 4세대 나이스 화면(서울특별시교육청)

〈표 13-3〉 4세대 나이스 개편 내용

영역	개편내용
공통업무	사용자 권한관리 개선
	업무포털 편리성 강화
	교육디지털 원패스 적용
	표준기반 기관 연계 확대
교무업무	자유학기제, 고교학점제 등 다양한 수업운영 방식 지원
	교육과정 편성 기능 개편/개선
	메뉴 간소화 및 교무 업무분장 기반 권한 관리
	학교급별 다양한 메뉴/기능 제공
학교수업지원	학습자 맞춤형 수업운영 지원

영역	개편내용
일반행정	계약제 교원/사립학교 교직원/교육공무직 인사관리 강화
	임용 자격 및 가산점 검증을 위한 외부기관 연계 확대
	시도교육청별 다양한 수당 및 지급 산정 기준 관리
	학생배치(증기배치계획, 학급편성) 수립 기초 자료 관리
	국세청 원스톱서비스 연계 연말정산 프로그램 개선
학교행정	학교생활기록부 등위변조 여부 확인(블록체인 저장)
	급식, 교육복지, 방과후학교, 초등돌봄, 교과용도서, 학교폭력 등 영역별 기능 개선 및 편의성 제고
대국민 서비스	온라인 채용 행정정보공동이용센터를 통한 구비 서류 감축
	검정고시 온라인 원서접수 확대 및 구비서류 제로화
	온라인 발급 창구 정부24로 일원화 및 온라인 민원사무 확대

〈표 13-4〉 4세대 나이스 전국교육청 접속 주소 URL

시도	업무포털	나이스	EVPN
서울	sen.eduptl.kr	sen.neis.go.kr	evpn.sen.go.kr
경기	goe.eduptl.kr	goe.neis.go.kr	evpn.goe.go.kr
인천	ice.eduptl.kr	ice.neis.go.kr	evpn.ice.go.kr
대전	dje.eduptl.kr	dje.neis.go.kr	evpn.dje.go.kr
세종	sje.eduptl.kr	sje.neis.go.kr	evpn.sje.go.kr
대구	deg.eduptl.kr	deg.neis.go.kr	evpn.deg.go.kr
광주	gen.eduptl.kr	gen.neis.go.kr	evpn.gen.go.kr
부산	pen.eduptl.kr	pen.neis.go.kr	evpn.pen.go.kr
강원	gwe.eduptl.kr	gwe.neis.go.kr	evpn.gwe.go.kr
충북	cbe.eduptl.kr	cbe.neis.go.kr	evpn.cbe.go.kr
충남	cne.eduptl.kr	cne.neis.go.kr	evpn.cne.go.kr
전북	jbe.eduptl.kr	jbe.neis.go.kr	evpn.jbe.go.kr
전남	jne.eduptl.kr	jne.neis.go.kr	evpn.jne.go.kr
경북	gbe.eduptl.kr	gbe.neis.go.kr	evpn.gbe.go.kr
경남	gne.eduptl.kr	gne.neis.go.kr	evpn.gne.go.kr
제주	jje.eduptl.kr	jje.neis.go.kr	evpn.jje.go.kr

마. 효율적인 업무관리 전략

효율적인 업무관리는 학교의 목표를 효과적으로 달성하고, 자원을 최적화하며, 교직원과 학생들의 만족도를 높이는 데 중요한 역할을 한다. 이를 위해 다양한 전략과 도구를 사용하여 업무 프로세스를 개선하고, 직원의 역량을 강화하며, 협업과 의사소통을 강화할 수 있다.

업무 프로세스 개선은 학교 내의 모든 절차와 과정을 분석하고 이를 최적화하여 효율성을 높이는 것이다. 이를 통해 불필요한 작업을 줄이고, 시간을 절약하며, 자원을 더 효과적으로 활용할 수 있다. 업무 절차 간소화는 중복되거나 불필요한 절차를 제거하여 업무 과정을 간단하게 만드는 것이다. 자동화 시스템을 도입하여 반복적이고 시간이 많이 소요되는 업무를 자동화한다. 작업 흐름을 최적화하여 업무 흐름을 분석하고 병목 현상을 제거하여 업무 진행 속도를 높인다. 예를 들어, 수작업으로 처리하던 출석 체크를 전자 출석 시스템으로 전환하여 시간과 인력을 절약할 수 있다. 또한, 결재 과정을 온라인화하여 문서 이동 시간을 줄이고, 결재 진행 상황을 실시간으로 확인할 수 있다.

교직원의 역량을 강화하기 위한 교육과 훈련 프로그램을 제공하여 업무 능력을 향상시키고 새로운 기술과 지식을 습득할 수 있도록 한다. 이를 통해 교직원들이 자신의 역할을 더 잘 수행할 수 있게 하며, 학교의 목표를 효과적으로 달성할 수 있다. 정기적인 교육 프로그램을 운영하여 최신 교육 기법과 기술을 습득할 수 있도록 한다. 분야별 전문가를 초청하여 심도 있는 워크숍을 개최하고, 직원들이 전문 지식을 습득할 수 있도록 한다. 정기적인 평가를 통해 직원의 발전 방향을 제시하고 성과를 높이기 위한 피드백을 제공한다. 예를 들어, 교사들을 대상으로 새로운 교육 기술을 활용한 수업 방법을 교육하는 연수 프로그램을 운영할 수 있다. 또한, 행정 직원들을 대상으로 효율적인 업무 처리 방법과 최신 행정 기술을 교육하는 워크숍을 개최할 수 있다.

효율적인 업무 관리를 위해서는 조직 내의 협업과 의사소통이 원활하게 이루어져야 한다. 이를 통해 모든 구성원이 공통의 목표를 이해하고 협력하여 업무를 수행할 수 있다. 온라인 협업 도구와 플랫폼을 사용하여 교직원 간의 소통을 원활하게 하고 공동 작업을 효율적으로 관리한다. 정기적인 회의와 워크숍을 통해 업무 진행 상황을 공유하고 문제를 해결하기 위한 논의를 진행한다. 명확한 의사소통 체계를 구축하여 정보의 전달이 정확하고 신속하게 이루어지도록 한다. 예를 들어, 교사들이 수업 계획을 공유하고 학급 운영에 대한 의견을 나눌 수 있는 온라인 협업 툴을 도입할 수 있다. 또한, 매주 정기적인 교직원 회의를 개최하여 학교 운영과 관련된 주요 사항을 논의하고 공동의 목표를 설정할 수 있다.

시간 관리는 효율적인 업무 관리를 위한 중요한 요소이다. 각자의 업무 시간을 효과적으로 관리하여 생산성을 높이고, 업무 목표를 달성할 수 있도록 한다. 우선순위를 설정하여 중요한 업무를 먼저 처리할 수 있도록 하고 계획을 세운다. 특정 시간대에 특정 업무에 집중할 수 있도록 타임 블로킹을 활용한다. 일정 관리 도구를 사용하여 업무 일정을 체계적으로 관리하고 중요한 마감일을 놓치지 않도록 한다. 예를 들어, 매주 초에 주간 계획을 수립하여 중요한 업무를 우선적으로 처리하고 시간을 효율적으로 분배할 수 있다. 또한, 일정 관리 앱을 사용하여 교사들이 수업 준비와 회의 일정을 관리하고 중요한 일정에 대한 알림을 받을 수 있다.

이와 같은 효율적인 업무 관리 전략을 통해 학교는 운영의 효율성을 극대화하고 교육 목표를 효과적으로 달성할 수 있다. 각 전략은 서로 상호 보완적으로 작용하여 학교 전체의 생산성과 만족도를 높이는 데 기여한다.

2. 학교회계

가. 학교회계의 개념과 유형

1) 학교회계의 개념

학교회계는 학교의 재정 활동을 체계적으로 관리하여 재정 투명성과 책임성을 확보하고, 교육 목표를 효과적으로 달성하는 과정을 의미한다. 이를 통해 학교는 자원을 효율적으로 사용하고, 재정 운영의 신뢰성을 높일 수 있다.

학교회계는 재정 투명성, 책임성, 효율성을 목표로 한다. 재정 투명성은 모든 재정 활동을 명확하게 기록하고 공개하여 이해 관계자들이 학교 재정을 신뢰할 수 있게 하는 것이다. 책임성은 재정 사용에 대한 명확한 책임을 지고, 효율적인 재정 관리를 도모하는 것을 의미한다. 효율성은 제한된 자원을 효율적으로 사용하여 교육 목표를 달성할 수 있도록 하는 것을 말한다. 이를 통해 학교는 자원의 낭비를 줄이고, 예산의 효과적인 사용을 보장하며, 교육 활동을 지원하고 학교의 전반적인 운영 효율성을 높일 수 있다(교육부, 2023b).

학교회계는 투명성, 책임성, 일관성의 세 가지 기본 원칙에 따라 운영된다. 투명성은 모든 재정 활동이 명확하게 기록되고 공개되어야 하며, 이해 관계자들이 쉽게 접근할 수 있어야 한다는 것을 의미한다. 이를 통해 재정 운영의 신뢰성을 확보할 수 있다. 책임성은 재정 사용에 대한 명확한 책임을 지고, 잘못된 재정 운영에 대해 책임을 물을 수 있어야 한다는 것을 의미한다. 이는 효율적인 재정 관리와 자원 사용을 보장한다. 일관성은 재정 관리가 일관된 기준과 절차에 따라 이루어져야 하며, 이를 통해 재정 활동의 예측 가능성을 높여야 한다는 것을 의미한다. 이는 재정 계획 수립과 집행의 안정성을 보장한다.

학교회계의 개념, 목적, 기본 원칙을 통해 학교는 재정 활동을 체계적으로 관리하고, 교육 목표를 효과적으로 달성할 수 있다. 예를 들어, 예산 사용 내역을 정기적으로 공개하고, 학교 운영 위원회와 학부모에게 보고함으로써 투명성을 확보할 수 있다. 또한, 예산 집행 시 승인 절차를 명확히 하고 지출 내역을 철저히 기록하여 감사에 대비함으로써 책임성을 높일 수 있다. 마지막으로, 매년 동일한 기준으로 예산을 편성하고 재정 보고서 작성 시 동일한 양식을 사용함으로써 일관성을 유지할 수 있다.

나. 학교회계의 구성요소

예산 편성은 학교 운영에 필요한 자금을 계획하고 배분하는 과정이다. 첫 단계로 필요 자원 분석을 통해 인력, 물품, 시설 등의 요구 사항을 작성한다. 예를 들어, 각 부서에서 다음 학기에 필요한 교재, 실험 도구, 유지 보수 비용 등을 분석하여 예산 계획에 반영한다. 다음으로 각 부서의 요구 사항을 종합하여 전체 예산 계획을 수립한다. 최종적으로 예산 계획을 학교 운영위원회나 관련 당국에 제출하여 심의하고, 확정된 예산을 각 부서에 배분한다.

예산 집행은 편성된 예산을 실제로 사용하여 학교 운영을 지원하는 과정이다. 자금을 각 부서와 프로젝트에 배정하고, 자금 사용 내역을 기록하며 지출이 계획에 맞게 이루어지도록 관리한다. 예를 들어, 교육부서에 교재 구입비를 배정하고, 행정부서에 운영비를 배정하여 필요한 시기에 자금을 사용할 수 있도록 한다. 지출 내역을 정기적으로 보고하여 예산 사용 상황을 모니터링하고, 효율적인 자금 관리를 도모한다.

구분	일정	주체	주요내용
단위학교 준비시항	연중	학교장	• 세입 · 세출예산 편성자료의 꾸준한 수집 • 연도별 · 월별 자금 집행상황 파악 • 의존수입을 제외한 단위학교 자체수입 재원의 정확한 추계
⬇			
학교회계 예산편성 기본지침 시달	회계연도 개시 2개월 전까지 (12월 31일까지)	교육부	• 회계연도 개시 2개월 전까지 단위학교에 시달 • 예산과목 및 내용 등 학교예산운영에 관하여 필요한 제반내용 ✤ 법령의 구체적인 집행명령(훈련)으로서의 구속력을 지니며, 예산 편성시 본 매뉴얼을 반드시 준수
⬇			
교직원의 예산요구서 제출	12월 하순 ~1월 상순	학교장	• 세입예산의 규모 추정 • 학교 교직원에 대한 사전 교육 실시 • 학교 예산편성 방향 및 계획에 따라 부서별 예산요구서 제출 • 교육과정운영 및 학교운영을 위하여 필요한 사업 및 재정 소요액 등 기록
⬇			
연간 총 전입금 및 분기별 자금교부계획 통보	회계연도 개시 50일전까지 (1월 10일까지)	교육부	• 학교회계로 전출되는 금액의 총 규모 및 분기별 자금교부계획 통보 • 목적사업의 경우 대상학교 및 지원규모가 지정되는 대로 수시 통보
⬇			
예산조정작업 및 예산안 확정	회계연도 개시 31일전까지 (1월 28일까지)	학교장	• 단위학교의 총 세입규모 확정 • 예산조정회의를 거쳐 예산안 확정
⬇			
예산안 제출	회계연도 개시 30일전까지 (1월 29일까지)	학교장	• 회계연도 개시 30일전까지 학교운영위원회에 제출

[그림 13-2] 학교회계 예산 편성과정

회계 감사는 학교의 재정 활동을 검토하고 평가하여 재정 운영의 투명성과 책임성을 검증하는 과정이다. 감사 계획을 수립하고, 재정 활동과 관련된 자료를 수집 및 분석하여 문제점을 파악한다. 예를 들어, 예산 사용 내역과 지출 증빙 자료를 수집하여 분석한 후, 감사 결과를 바탕으로 보고서를 작성하고, 학교 운영위원회에 보고하여 개선 사항을 제안한다. 마지막으로 감사 결과에 따른 개선 조치를 실행하여 재정 운영의 투명성과 책임성을 강화한다. 회계 기록 및 보고는 학교의 모든 재정 거래를 정확히 기록하고 이를 보고하는 과정이다. 모든 수입과 지출을 체계적으로 기록하고, 정기적으로 재무 보고서를 작성하여 학교의 재정 상태를 투명하게 공개한다.

구분	일정	주체	주요내용
예산안 통지	회의개최 7일전까지	학교운영 위원회장	• 학교운영위원회장은 회의 개최 7일 전까지 학교운영위원회위원에게 예산안 통지
⬇ 학교 예·결산 소위원회 개최		학교운영 위원회장	• 예산심의의 효율성·전문성 제고를 위하여 학교운영위원회장은 학교 예·결산소위원회 개최
⬇ 학교장 제안 설명 및 관계자 의견 청취		학교운영 위원회장	• 학교의 교육시책방향, 재정여건, 예산편성방향 및 내용에 대한 학교장 제안 설명 • 예산과 관련된 교직원 의견 청취
⬇ 예산안 심의결과 송부	회계연도 개시 5일전까지 (2월 23일까지)	학교운영 위원회장	• 회계연도 개시 5일전까지 심의 종료 • 학교장에게 예산안 심의 결과 송부
⬇ 예산확정	2월말까지	학교장	• 학교장은 학교회계 세입·세출예산 확정
⬇ 예산공개	예산확정 후 10일 이내	학교장	• 학교 홈페이지 게시 등을 통한 예산서 공개

[그림 13-3] 예산안 심의 및 예산 확정 절차

구분	일정	주요내용
회계연도 종료	회의개최 7일전까지	• 당해 회계연도의 징수행위 및 지출원인행위 종료
출납폐쇄정리	회계연도 종료 후 20일 (3월 20일)	• 회계연도 종료 후 20일이 되는 날 • 당해 회계연도에 징수행위 및 지출원인행위가 된 사항의 세입금 수납 및 세출금 지출 마감
학교장 제안 설명 및 관계자 의견 청취	결산서 제출 전	• 제 장부 마감 및 세입 · 세출 결산서 작성 • 예산의 이 · 전용 내역, 이월경비내역, 예비비사용내역 ※ 예비비사용명세서, 세출예산 이 · 전용명세서, 이월경비 내역, 계속비 조서, 기타 심의에 필요한 자료
예산안 심의결과 송부	회계연도 종료 후 2개월 이내 (4월말까지)	• 학교운영위원회에 제출 • 학교운영위원들에게 회의개시 7일전까지 결산서 개별 통지
예산확정	회계연도 종료 후 4개월 이내 (6월말까지)	• 학교장이 결산 내용 설명 • 학교운영위원회위원장은 회계연도 종료 후 4개월 이내에 결산심의 결과를 학교장에게 통보
예산공개	심의 결과 통보 후 10일 이내	• 학교 홈페이지 게시 등을 통한 예산서 공개

[그림 13-4] 결산 절차

다. 학교회계관리 시스템

회계 소프트웨어는 학교의 재정 활동을 기록하고 관리하는 프로그램이다. 이를 통해 재정 데이터를 효율적으로 관리하고, 재정 보고서를 자동으로 생성할 수 있다. 회계 소프트웨어는 예산 편성, 지출 관리, 수입 기록 등의 기능을 제공하여 학교의 재정 운영을 체계적으로 돕는다. 회계 소프트웨어는 예산을 계획하고 배분하는 과정을 자동화한다. 이를 통해 예산 편성 과정이 간편해지고, 예산 집행 중 발생할 수 있는 오류를 줄일 수 있다. 지출 관리 기능을 통해 자금 사용 내역을 기록하고 추적하며 예산 사용을 모니터링할 수 있다. 수입 기록 기능을 통해 학교의 모든 수입을 체계적으로 기록하고 관리한다. 또한, 월별, 분기별, 연간 재정 보고서를 자동으로 생성하여 제공함으로써 재정 상태를 명확히 파악할 수 있다. 학교는 회계 소프트웨어를 사용하여 모든 지출 내역을 기록하고, 월말에 자동으로 생성된 재정 보고서를 운영위원회에 제출하여 재정 관리의 효율성과 정확성을 높인다.

예산 관리 도구는 학교의 예산을 체계적으로 관리하기 위한 도구로, 예산 편성부터 집행, 평가까지의 모든 과정을 지원한다. 예산 관리 도구를 통해 예산 사용의 효율성을 높이고, 재정 투명성을 확보할 수 있다. 예산 계획 기능을 통해 예산 편성 과정에서 다양한 시나리오를 시뮬레이션하고, 가장 효율적인 예산 배분을 계획할 수 있다. 예산 모니터링 기능을 통해 예산 집행 과정에서 실시간으로 예산 사용 상황을 모니터링하고, 예산 초과 사용을 방지할 수 있다. 성과 평가 기능을 통해 예산 사용 결과를 평가하고, 이를 다음 예산 계획에 반영함으로써 지속적인 개선을 도모할 수 있다. 학교는 예산 관리 도구를 사용하여 연간 예산 계획을 수립하고, 각 부서의 예산 사용 상황을 실시간으로 모니터링하여 예산 초과를 방지하고 있다.

라. 학교회계의 문제점과 개선방안

재정 투명성을 강화하기 위해 모든 재정 활동을 명확하게 기록하고 공개해야 한다. 이를 통해 이해 관계자들이 학교 재정을 신뢰할 수 있도록 하며, 재정 운영의 투명성을 확보할 수 있다. 모든 재정 활동을 기록하고, 이를 체계적으로 관리하는 것이 중요하다. 재정 보고서를 정기적으로 작성하여 학부모와 운영위원회에 공개함으로써 투명성을 높인다. 또한, 재정 운영 위원회를 구성하여 재정 운영에 대한 감시와 조언을 제공받을 수 있다. 예를 들어 학교는 매월 재정 보고서를 작성하여 학부모들에게 공개하고, 운영위원회를 통해 재정 운영에 대한 감시와 조언을 받고 있다.

예산 집행의 효율성을 높이기 위해 자원의 낭비를 줄이고, 예산 사용의 효과를 극대화해야 한다. 이를 통해 학교는 예산을 효과적으로 사용하여 교육 목표를 달성할 수 있다. 예산 사용 상황을 실시간으로 모니터링하고, 불필요한 지출을 방지하는 것이 중요하다. 이를 위해 예산 관리 도구와 회계 소프트웨어를 활용할 수 있다. 또한, 예산 사용 결과를 평가하여 다음 예산 계획에 반영함으로써 지속적인 개선을 도모할 수 있다. 학교는 예산 관리 도구를 통해 예산 사용 상황을 실시간으로 모니터링하고, 불필요한 지출을 방지하며, 예산 사용 결과를 평가하여 다음 예산 계획에 반영하고 있다.

생각해 볼 문제

1. 현재 학교에서 수행되고 있는 행정 업무 중에서 가장 비효율적이라고 생각되는 부분은 무엇일까요? 그 이유는 무엇일까요? 이러한 비효율성을 개선하기 위해 어떤 구체적인 조치를 취할 수 있을지 논의해 봅시다.
2. 학교 회계 소프트웨어를 도입하면 어떤 장점과 단점이 있을까? 소프트웨어 도입 후 학교 재정 관리에 미치는 구체적인 영향을 분석하고, 이를 통해 재정 투명성과 효율성이 어떻게 향상될 수 있는지 논의해 봅시다.

학습활동

• 학교업무관리의 개념, 역할, 영역, 시스템 등을 정리해 봅시다.

정의	역할

영역	시스템

• 학교회계 영역별로 내용을 정리해 봅시다.

예산편성	예산집행

회계감사	기타

참고문헌

경기도교육청 (2024). 2024 학교 업무매뉴얼(초등) 수정. 경기도교육청.

경상남도교육청 (2020). 학교행정업무매뉴얼. 경상남도교육청.

경상남도교육청 (2024). 2024. 교육공무원 평정업무 처리요령. 경상남도교육청.

고영아 (2009). 학교안전사고와 손해배상책임. 재산법연구, 25(3), 381-408.

고전 (2011). 교원능력개발평가 법제화의 쟁점과 과제. 교육행정학연구, 29(4), 125-144.

교육부 (2020). 인공지능 시대 교육정책방향과 핵심과제. 교육부.

교육부 (2021). 교육 디지털 전환 실행계획. 교육부.

교육부 (2022a). 2022 개정 고등학교 교육과정 총론 해설서. 교육부.

교육부 (2022b). 2022 개정 중학교 교육과정 총론 해설서. 교육부.

교육부 (2022c). 2022 개정 교육과정 총론 주요 사항. 교육부.

교육부 (2022d). 미래교육체제 전환을 위한 교육과정 개편 방안. 교육부.

교육부 (2023a). 2023년도 개정판 학교폭력 사안처리 가이드북. 교육부.

교육부 (2023b). 2023년도 국립 유, 초, 중, 고, 특수학교 학교회계 매뉴얼 알림. 교육부.

교육부 (2024a). 2024년도 교원자격검정 실무편람. 교육부.

교육부 (2024b). 교육공무원 호봉획정시 경력환산율표의 적용 등에 관한 예규. 교육부.

교육부 (2024c). 개정 2024 교육활동보호 매뉴얼. 교육부.

교육부, 한국교육개발원 (2024). 개정 2024 교육활동보호 매뉴얼. 수탁연구자료 CRM 2024-28.

김달효 (2016). 중등 교원양성기관 학생들의 교원단체에 관한 인식 분석. 교육문화연구, 22(2), 5-28.

김도기, 김효정 (2013). 수업컨설팅의 개념과 위상. 교원교육, 29(3), 131-156.

김창군, 임계령 (2010). 학교폭력의 발생원인과 대처방안. 법학연구, 38, 173-198.

김회용, 노재화, 방선욱, 송선희, 신붕섭, 이병석 (2022). 교육학개론. 양서원.

류민영 (2013). 교원능력개발평가 정책네트워크의 특성을 통한 정책과정 분석. 교육행정학연구, 31(2), 227-255.

박종덕, 조흥순 (2021). 중학교 교사가 경험하는 학교 업무 갈등에 관한 연구-근거이론 방법의 적용- 교육정치학연구, 28(2), 111-139.

서울대학교교육연구소 (1995). 교육학용어사전-교육실습(教育實習, student teaching). 하우출판사.

서울특별시교육청(2024). 2024 교육공무원 인사실무 매뉴얼. 서울특별시교육청.

송윤희, 남민우, 엄미리 (2014). 델파이 조사를 통한 대학 수업컨설턴트 역량 탐색. 교육과학연구, 45(2), 1-24.

신현석, 조대연, 김종윤 (2020). 학교업무정상화를 위한 서울시 교사 직무분석과 정책제안 연구. 교육문제연구, 33(2), 85-103.

이경규, 김용규 (2018). 학교체육수업의 안전사고 현황분석. 인문과학연구, 43, 31-54.

이동엽(2011). 게이미피케이션(Gamification)의 정의와 사례분석을 통해본 앞으로의 게임시장 전망. 디지털디자인학연구, 11(4), 449~457.

이명주 (2017). 교원의 개념적 구조와 교권침해 사례 분석. 교육논총, 54(3), 1-28.

이상수 (2010). 수행공학을 적용한 수업컨설팅 모형. 교육공학연구, 26(4), 87-120.

이정미, 김민조, 김민희, 박소영, 나민주 (2020). 단위학교 교무-행정업무간 이관 요구 분석 및 업무 조정 방안 연구. 교육행정학연구, 38(2), 167-192.

인천광역시교육청 (2024). 2024 개정판 학교폭력 사안처리 요령. 인천광역시교육청.

정연홍, 박경희 (2021). 학교업무적정화 선도학교 정책 효과성 분석: G교육청 사례를 중심으로. 인문사회21, 12(3), 1373-1386,

정주영 (2024a). 교육실무원(전산) 특강자료 중 일부 -디지털교육과 인공지능. 부산교육연구정보원.

정주영 (2024b). 에듀테크 활용 교수법 특강 자료.

정주영, 이미화(2021). 게이미피케이션(Gamification)을 적용한 수업의 학습몰입 및 수업참여도 분석. 교육혁신연구, 31(3), 163-187.

정주영, 이미화, 안세훈(2024). 디지털교육과 AI. 교육과학사.

정주영, 천정미(2022). 교육학입문. 교육과학사.

조인식, 정필운 (2015). 학교에서 안전교육에 대한 비판적 연구. 법과인권교육연구, 8(2), 43-64.

최경실, 주철안 (2015). 교권침해 실태에 대한 중학교 교사의 인식 조사. 교육혁신연구, 25(1), 75-95.

한국교육학술정보원 (2021). AI 교육 가이드라인. 한국교육학술정보원.

한국교육학술정보원 (2023a). 교육과정 연계 디지털 리터러시 교육 가이드라인 개발 연구. 한국교육학습정보원.

한국교육학술정보원(2023b). 에듀테크 수업 활용 가이드북. 한국교육학술정보원.

Abeysekera, L., & Dawson, P. (2015). Motivation and cognitive load in the flipped classroom: Definition, rationale and a call for research. *Higher Education Research & Development, 34*(1), 1-14.

ALA Digital Literacy Task Force (2013). *Digital Literacy, Libraries, and Public Policy.* American Library Association.

Becker, S. A., Brown, M., Dahlstrom, E., Davis, A., DePaul, K., Diaz, V., & Pomerantz, J. (2018). *NMC Horizon Report: 2018 Higher Education Edition.* Louisville, CO: EDUCAUSE.

Bell, S. (2010). Project-based learning for the 21st century: Skills for the future. *The*

Clearing House, 83(2), 39-43.

Bergmann, J., & Sams, A. (2012). *Flip your classroom: Reach every student in every class every day.* International Society for Technology in Education.

Bishop, J. L., & Verleger, M. A. (2013). *The flipped classroom: A survey of the research.* In ASEE National Conference Proceedings, Atlanta, GA.

Blumenfeld, P. C., Soloway, E., Marx, R. W., Krajcik, J. S., Guzdial, M., & Palincsar, A. (1991). Motivating project-based learning: Sustaining the doing, supporting the learning. *Educational psychologist, 26*(3-4), 369-398.

Brame, C. (2013). *Flipping the classroom.* Vanderbilt University Center for Teaching.

Buck Institute for Education. (2015). *Gold Standard PBL: Essential Project Design Elements.*

Chen, F., Lui, A. M., & Martinelli, S. M. (2017). A systematic review of the effectiveness of flipped classrooms in medical education. *Medical Education, 51*(6), 585-597.

Chou, Y. K. (2019). *Actionable gamification: Beyond points, badges, and leaderboards.* Packt Publishing Ltd.

Collins, A., & Halverson, R. (2018). *Rethinking education in the age of technology: The digital revolution and schooling in America.* Teachers College Press.

Csikszentmihalyi, M. (1990). *Flow: The psychology of optimal experience.* New York: Harper & Row.

Deterding, S., Dixon, D., Khaled, R., & Nacke, L. (2011). *From game design elements to gamefulness: Defining "gamification".* In Proceedings of the 15th International Academic MindTrek Conference: Envisioning Future Media Environments (pp. 9-15).

Dicheva, D., Dichev, C., Agre, G., & Angelova, G. (2015). Gamification in education: A systematic mapping study. *Educational Technology & Society, 18*(3), 75-88.

Fadel, C., Bialik, M., & Trilling, B. (2015). *Four-dimensional education: The competencies learners need to succeed.* Center for Curriculum Redesign.

Gilster, P. (1997). *Digital literacy.* New York: Wiley Computer Publishing.

Hwang, G. J., Lai, C. L., & Wang, S. Y. (2015). Seamless flipped learning: A mobile technology-enhanced flipped classroom with effective learning strategies. *Journal of Computers in Education, 2*(4), 449-473.

Kapp, K. M. (2012). *The gamification of learning and instruction: Game-based methods and strategies for training and education.* John Wiley & Sons.

Kapp, K. M. (2013). *The gamification of learning and instruction fieldbook: Ideas into practice.* John Wiley & Sons.

Krajcik, J. S., & Blumenfeld, P. C. (2006). *Project-based learning. In R. K. Sawyer (Ed.), The Cambridge handbook of the learning sciences (pp. 317-334).* Cambridge University Press.

Larmer, J., Mergendoller, J., & Boss, S. (2015). *Setting the standard for project based learning: A proven approach to rigorous classroom instruction.* ASCD.

Lee, J., Lim, C., & Kim, H. (2017). Development of an instructional design model for flipped learning in higher education. *Educational Technology Research and Development, 65*(2), 427-453.

Long, D., & Magerko, B. (2020). *What is AI literacy? Competencies and design considerations.* In Proceedings of the 2020 CHI Conference on Human Factors in Computing Systems

Markham, T., Larmer, J., & Ravitz, J. (2003). *Project based learning handbook: A guide to standards-focused project based learning for middle and high school teachers.* Buck Institute for Education.

OECD (2018). *The future of education and skills: Education 2030.*

O'Flaherty, J., & Phillips, C. (2015). The use of flipped classrooms in higher education: A scoping review. *The Internet and Higher Education, 25*, 85-95.

Plass, J. L., Homer, B. D., & Kinzer, C. K. (2015). Foundations of game-based learning. *Educational Psychologist, 50*(4), 258-283.

Prensky, M. (2001). Digital natives, digital immigrants. On the horizon, 9(5).

Ryan, R. M., & Deci, E. L. (2000). Self-determination theory and the facilitation of intrinsic motivation, social development, and well-being. *American Psychologist, 55*(1), 68-78.

Selwyn, N. (2016). *Education and technology: Key issues and debates.* Bloomsbury Publishing.

Thomas, J. W. (2000). *A review of research on project-based learning.*

Brisk Teaching (2024).https://www.briskteaching.com

Classpoint (2024). https://classpoint.io

교육문화연구소(2024). https://edulabkorea.com. 우리나라 교육과정의 변천사.

국가교육과정정보센터 (2024). https://ncic.re.kr. 우리나라 교육과정.

국가기록원(2024). https://archives.go.kr. 교원윤리헌장.

국가법령정보센터(2023). https://law.go.kr. 교육공무원 승진규정.

국가법령정보센터. https://law.go.kr.

캔바 (2024). https://canva.com

저자 약력

정주영 부산대학교 교육학박사(Ph.D., 교육공학전공)
부산인적자원개발원 연구위원
부산대학교 교수학습지원센터 전임연구원
한국교육개발원(KEDI) 학교컨설팅 컨설턴트
한국교육정보미디어학회 이사
해군교육사령부 교육발전자문위원
동의대학교 교수학습개발센터 소장
동의대학교 교육대학원 부원장
현 동의대학교 메타버스교육연구소 소장
현 동의대학교 대학원 융합미디어교육공학과 주임교수
현 동의대학교 교직학부 교수

홍광표 부산대학교 교육학박사(Ph.D., 교육공학전공)
부산대학교 교육발전연구소 전임연구원
경성대학교 교육학과 겸임교수
경상남도교육청 교육정책 자문위원
현 한국수산해양교육학회 이사
현 한국기업교육학회 이사
현 부산영화고등학교 이사
현 울산과학대학교 유아교육과 교수

이미화 부산대학교 교육공학박사(Ph.D., 교육공학전공)
동의대학교 교육대학원 강사
에듀앤메타 대표
울산광역시 평생교육총연합회 부회장
울산광역시 평생교육사협회 자문위원
현 울산광역시 중구청 윤리위원회 위원
현 울산경찰청 집회 · 시위 자문위원회 위원
현 경상일보 칼럼니스트
현 동의대학교 메타버스교육연구소 자문교수
현 동의대학교 교직학부 교수

교단에 서는 첫걸음
알아야 할 모든 교직실무

2024년 9월 5일 1판 1쇄 인쇄
2024년 9월 10일 1판 1쇄 발행

저자와의 협의하에 인지생략

저 자: 정주영 홍광표 이미화
발행인: 한 정 주
발행처: 교육과학사

경기도 파주시 광인사길 71
전화 (031)955-6956~8 / 팩스 (031)955-6037
Home-page : www.kyoyookbook.co.kr
E-mail : kyoyookbook@daum.net
등록 : 1970년 5월 18일 제2-73호

낙장 · 파본은 교환해 드립니다.
Printed in Korea.

정가 19,000원
ISBN 978-89-254-1986-2